LES ÉMOTIONS

Sous la direction de
Jean-Marc Colletta et Anna Tcherkassof

Les émotions

Cognition, langage et développement

MARDAGA

© 2003 Pierre Mardaga éditeur
Hayen, 11 - B-4140 Sprimont (Belgique)
D. 2003-0024-01

Les émotions : une problématique pluri- et interdisciplinaire

Jean-Marc Colletta et Anna Tcherkassof

Lidilem, Université Stendhal et IUFM, Grenoble
L.P.S., Université Pierre Mendès-France, Grenoble

La problématique des émotions, souvent absente des préoccupations des chercheurs en sciences humaines au cours du XXe siècle, fait aujourd'hui un retour en force sur la scène intellectuelle. Fait curieux, ce retour en force ne tient ni aux avancées substantielles de la psychologie des émotions, qui n'ont guère d'audience au-delà de la scène scientifique, ni à un quelconque renouveau de la psychanalyse, qui s'est pourtant elle aussi intéressée à la question. Il tient plutôt à de récentes découvertes dans le domaine des neurosciences (voir Damasio, 1999). L'évolution des techniques d'imagerie médicale (imagerie par résonance magnétique, tomographie par émission de positons) a ainsi permis de montrer que les émotions jouent un rôle important dans les processus de raisonnement et de décision... ce qui remet en cause la traditionnelle opposition entre la raison et les passions. Cela dit, les spécialistes des émotions n'avaient pas attendu pour montrer que la cognition joue un rôle tout à fait important dans l'expérience émotionnelle et l'analyse des éprouvés affectifs (voir à ce sujet Rimé & Scherer, 1993 ; Cosnier, 1994 ; de Bonis, 1996 ; Christophe, 1998 ; Luminet, 2002).

En sciences humaines, le fait nouveau est que les disciplines ayant traditionnellement investi le champ (psychologie, sciences cognitives, sciences sociales) ne sont plus les seules à s'intéresser aux émotions ou à leurs manifestations comportementales. En sciences du langage, certains ont commencé à orienter leurs travaux vers cette problématique, qu'il soient linguistes, spécialistes de l'interaction verbale ou du discours, ou prosodistes. De fait, plusieurs rencontres récentes ont permis à des linguistes et des psychologues d'échanger autour de leurs approches des émotions (voir Plantin, Doury & Traverso, 2000 ; Colletta & Tcherkassof, 2001 ; Schneider, 2002). D'autres rencontres, axées sur les aspects multimodaux de la communication parlée, ont permis des regards croisés entre gestualistes et linguistes (voir Santi, Guaïtella, Cavé & Konopczynski, 1998; Cavé, Guaïtella & Santi, 2001). Enfin, l'intérêt des prosodistes pour la problématique des émotions est vif, puisqu'en filigrane de leurs travaux, il s'agit d'améliorer les systèmes de reconnaissance et de synthèse de la parole (voir à ce sujet les *Proceedings of the ISCA Workshop on Speech and Emotion, Newcastle, Northern Ireland, sept. 5th-7th, 2000*, les *Actes des Premières Journées Prosodie, Grenoble, 10-11 oct. 2001*, les *Proceedings of the First International Conference on Speech Prosody, Aix-en-Provence, 11-13 avril 2002*, ainsi que Keller *et al.*, à paraître).

A l'évidence, les émotions appellent un traitement pluridisciplinaire, qu'il s'agisse d'éclairer les processus neurophysiologiques qui les sous-tendent ou d'observer leurs manifestations verbales, vocales et non verbales, qu'il s'agisse de les appréhender en laboratoire ou dans des conditions écologiques, qu'il s'agisse de les théoriser ou d'analyser leur rôle dans les processus cognitifs, les conduites de communication ou les activités d'apprentissage, qu'il s'agisse, enfin, d'étudier leurs fonctions dans les pathologies mentales ou le développement de l'enfant.

Quelques explications à propos du présent ouvrage. En juin 2001, à Grenoble, nous avons organisé une rencontre internationale autour du thème *Emotions, Interactions et Développement*. Cette rencontre faisait suite à un symposium organisé à Nancy en 1998 par Benoît Schneider (dont les actes sont publiés dans Schneider, 2002), faisant lui-même suite à une autre rencontre, organisée à Lyon en 1997 par Christian Plantin et ses collègues (dont les actes sont publiés dans Plantin, Doury & Traverso, 2000). Le colloque *Emotions, Interactions et Développement* a une nouvelle fois donné l'occasion à des chercheurs d'horizons divers (psychologie, sciences cognitives, éthologie, sciences du langage et de la parole) de confronter leurs travaux concernant les émotions. Le présent volume rassemble une partie des textes des contributeurs à ce colloque :

– les textes des conférenciers invités (N. Frijda, K.R. Scherer, J. Cosnier, B. Rimé, C. Plantin, A. Auchlin, P. Harris et F. Pons), spécialistes internationalement reconnus des émotions, à qui il avait été demandé de faire le point sur les connaissances actuelles dans leur domaine ou de théoriser la question des émotions à partir de leur approche;

– les textes d'une quinzaine de participants, sélectionnés par le comité scientifique du colloque (on trouvera les textes des autres participants dans Colletta & Tcherkassof, 2001). Plus brefs, ces textes présentent des résultats d'expérimentations ou des analyses menées à partir du matériau verbal, vocal ou non verbal des manifestations émotionnelles.

Ce volume est organisé en trois parties, correspondant à trois approches distinctes de la problématique des émotions.

La première partie présente des textes relevant de l'approche psychologique et cognitive. En effet, depuis quelques décennies, la question de l'interaction cognition/émotion occupe une place prépondérante en psychologie des émotions. Il faut savoir que le rôle et la fonction des processus cognitifs dans le processus émotionnel font sans cesse l'objet de nouvelles considérations théoriques. Parallèlement aux efforts de conceptualisation des processus cognitifs consentis par la psychologie des émotions, un secteur important de la recherche concerne la nature et les fonctions sociales des émotions. La fonction expressive, la fonction communicative des émotions en particulier, a toujours été et reste encore l'approche privilégiée des émotions, et l'étude des différents registres relatifs à l'expression et à la communication émotionnelle ouvre de nouvelles perspectives qui permettent de faire progresser notre compréhension des émotions.

Le texte introductif de Nico Frijda plonge d'emblée le lecteur dans cette approche fonctionnaliste des émotions : une émotion ne serait pas une émotion si elle ne nous exhortait pas à agir et à exprimer. Plus précisément, N. Frijda soulève dans son exposé la question du lien entre émotion et motivation et souligne la nature motivationnelle des émotions. Plus que de simples sentiments, les émotions sont des états de motivation se jouant entre le sujet et le monde. Ces états motivationnels se révèlent à travers les états de préparation à l'action, action relationnelle du sujet visant à établir, maintenir ou rompre l'interaction avec autrui ou à modifier la relation avec l'environnement au sens large. Les considérations théoriques de N. Frijda permettent ainsi d'appréhender en une perspective intégrée le fonctionnement mental humain, longtemps morcelé par la psychologie scientifique en trois grandes «facultés» : la cognition, la motivation et l'émotion.

Les différentes facettes et niveaux des fonctions expressives et communicatives des émotions sont ensuite abordées dans cette première partie. Le registre facial est évoqué par les travaux de Monique de Bonis et Dimitri Liousine, qui examinent la question de l'invariance des expressions faciales et dont les données expérimentales fournissent une première démonstration de l'existence de primitives iconiques dans la reconnaissance des expressions émotionnelles faciales. Le registre vocal est au cœur de la contribution de Klaus Scherer et de ses collègues. Ces auteurs prônent le développement de l'étude des expressions vocales dans le cadre d'une conception de la réaction émotionnelle qui comprenne à la fois la composante dynamique et la composante socio-interactive de cette dernière. Les résultats préliminaires de la recherche qu'ils ont menée suggèrent que la prise en compte du décours temporel dans l'étude des processus cognitifs impliqués dans le traitement de l'information avec les composantes émotionnelles est nécessaire. La contribution de Jacques Cosnier, quant à elle, s'élargit aux aspects non verbaux de la communication parlée. L'auteur revient sur ce qu'il nomme les «deux voies» de la communication : la voie langagière, la plus abondamment décrite par le passé, et la voie de la communication corporelle et de l'empathie, qui a permis des découvertes intéressantes. Au regard de ces découvertes, il avance l'hypothèse de «l'analyseur corporel» en vertu de laquelle le corps et les émotions jouent un rôle clé dans la communication, tant au regard de l'activité énonciative du locuteur qu'au regard de l'activité interprétative de l'interlocuteur.

Enfin, une attention de plus en plus importante est accordée, en psychologie des émotions, à une dimension essentielle de l'émotion, celle de la verbalisation de l'expérience émotionnelle : le partage social des émotions. Trois contributions y sont consacrées. Celle de Bernard Rimé et Gwénola Herbette fait un tour d'horizon des principaux effets émotionnels, cognitifs et sociaux observés à la suite de toute expérience émotionnelle. Emmanuelle Zech, quant à elle, présente des recherches visant à examiner et tester des hypothèses permettant de comprendre l'étonnant paradoxe que constitue le fait que si les gens croient que parler de leurs émotions leur permet de gérer l'événement émotionnel exprimé, l'examen de l'évolution de l'impact émotionnel des événements montre que les épisodes partagés ne suscitent pas une meilleure récupération que les épisodes non partagés. En dernier lieu, le rôle et les fonctions sociales du partage émotionnel sont notamment mis en évidence à travers la recherche de Magalie Espitalier *et al.*, qui se propose d'étudier l'effet du partage social des émotions sur la cohésion de groupe.

Cette première partie contribue ainsi à souligner à quel point les émotions sont, comme l'affirme Bernard Rimé, aussi bien «des produits cognitifs que des produits sociaux».

La seconde partie rassemble les contributions de linguistes, de prosodistes et de gestualistes. En sciences du langage, comme le signale Christian Plantin dans ce volume, les émotions en soi ne peuvent constituer un objet d'étude : les méthodes qu'utilisent les linguistes (analyse syntaxique, sémantique ou pragmatique, analyse du signal de parole, grilles d'observations des interactions et des comportements...) ne permettent pas de modéliser des processus internes aux sujets. En revanche, les émotions sont lexicalisées en langue, laissent des traces dans les choix lexicaux, syntaxiques ou pragmatiques opérés en discours, et sont perceptibles dans le signal de parole aussi bien que dans les conduites non verbales des locuteurs. Ce sont ces manifestations émotionnelles que cherchent à décrire et analyser les linguistes, que ce soit en langue ou dans les usages du langage au quotidien, après les avoir, il est vrai, longtemps ignorées.

La contribution de Christian Plantin, à l'horizon très large, sert d'introduction à cette seconde partie. L'auteur présente d'abord les choix qui s'offrent au linguiste désireux de travailler sur les marques des émotions — les décrire, au niveau lexical comme au niveau discursif, ou analyser leur fonctionnement en contexte, pour le locuteur dont les stratégies discursives varient au gré des affects, ou dans la dynamique interactive des échanges parlés —, et s'interroge sur la position de l'analyste (voir également à ce sujet le texte d'Auchlin). Il présente ensuite dans le détail les outils lexicaux du codage linguistique et syntaxique des émotions, montrant combien les ressources offertes par les langues naturelles sont riches en la matière — une donnée qui a toujours embarrassé les psychologues cherchant à catégoriser les émotions. C. Plantin revient ensuite sur les techniques rhétoriques préconisant le recours à la communication émotionnelle avant de présenter, dans une tentative de synthèse intégrant les travaux de Scherer et d'autres auteurs, les axes permettant de classer les marques linguistiques des émotions. La contribution de Fabienne Martin concerne plus précisément les codages linguistiques des états émotionnels disponibles en langue française. Elle illustre parfaitement la démarche du grammairien confronté aux marques linguistiques des émotions. Fabienne Martin analyse les caractéristiques syntaxiques et sémantiques des énoncés à prédicat psychologique du type « x est heureux/honteux/déçu/ etc. pour y ».

Mais la majeure partie des contributions renvoie à l'analyse du discours et à la pragmatique. Antoine Auchlin, qui travaille depuis plusieurs années à la construction d'une analyse expérientielle du discours, examine des exemples de *blends expérientiels*. Pour produire leur effet (en termes d'affects positifs ou négatifs), certains tours du discours requièrent à la fois l'interprétation du contenu sémantique et le traitement des aspects occurrentiels ou séquentiels de la chaîne parlée. Cette analyse le conduit à articuler émotion, cognition et discours dans une théorisation originale de la compétence discursive. Robert Vion revient sur les outils disponibles en analyse du discours pour décrire et analyser le fonctionnement des manifestations émotionnelles. Il s'intéresse en particulier aux phénomènes énonciatifs que sont les modalisations, la modulation et la tension discursive, la mise en scène énonciative et les activités de recadrage discursif. La contribution de Claire Maury-Rouan et Béatrice Priego-Valverde fournit précisément une illustration de l'utilisation de ces outils d'analyse : elles décrivent les formes discursives employées par des patients souffrant de douleurs invalidantes, et examinent leur occurence en relation à la capacité des sujets à verbaliser un ressenti douloureux. Martina Drescher s'appuie quant à elle sur le cadre interactionniste et ethnométhodologique de l'analyse conversationnelle pour théoriser les manifestations émotionnelles comme des pratiques discursives et interactives, ou comme étant co-construites par les participants à l'interaction parlée au même titre que les connaissances. M. Drescher met en lumière quatre procédés discursifs participant à la construction conjointe des significations émotionnelles. La contribution de Marie-Cécile Lorenzo-Basson s'inscrit dans le cadre de la pragmatique des interactions parlées, et concerne plus particulièrement l'interaction commerciale. Elle s'intéresse aux techniques de vente mises en œuvre par le démarcheur à domicile, et décrit les conduites d'empathie et d'échoïsation manifestées par celui-ci. La contribution suivante relève également de la pragmatique, mais il s'agit de la pragmatique des actes de langage. Le statut de l'acte expressif tel qu'il a été défini par Searle et Vanderveken a toujours fait problème. Emmanuelle Danblon y revient et analyse l'acte expressif et ses variantes à la lumière de connaissances nouvelles, et dans une perspective génétique faisant remonter l'acte expressif au cri.

Les deux dernières contributions jettent un éclairage sur d'autres types de manifestations émotionnelles. Geneviève Caelen-Haumont et Bernard Bel traquent les indices de l'«émotion ordinaire» dans la prosodie de la parole spontanée et du chant, en y repérant des mélismes (figures mélodiques). Quant à Philippe Juven, il observe, à l'aide de données audio-visuelles, les manifestations posturo-mimo-gestuelles et proxémiques de la relation interpersonnelle et des émotions dans une interaction entre un vendeur de meubles et ses deux clientes.

Dans la troisième partie de ce volume, nous avons regroupé les textes traitant des émotions dans une perspective développementale. Dans un texte qui sert d'introduction à cette dernière partie, Paul Harris et Francisco Pons présentent les résultats d'études qui montrent que la perception et la compréhension des émotions évolue avec l'âge : les enfants prennent d'abord en compte les caractéristiques de la situation, puis les désirs ou motivations de l'acteur, puis l'état de ses croyances ; les émotions complexes (joie et tristesse mêlée, par exemple), sont comprises plus tardivement. Les auteurs abordent également d'autres questions telles celle des différences inter-individuelles et celle des variables causales (types de familles, expériences conversationnelles) influant sur le développement de la compréhension des émotions. La contribution de Catherine Garitte et Florence Legrand concerne également le développement social et affectif de l'enfant. C. Garitte et F. Legrand testent l'hypothèse selon laquelle les enfants faisant preuve d'humour ont de meilleures compétences sociales que les autres ; leur étude, conduite auprès d'enfants de 8 et 10 ans, débouche sur des résultats mitigés. Anne Gombert et Annie Piolat étudient le développement affectif de manière plus indirecte, en s'intéressant au lexique émotionnel utilisé par des enfants de 11 ans dans des récits écrits. Elles montrent que divers paramètres influent sur la mobilisation de ce lexique dans une tâche narrative. Les observations de Emmanuelle Auriac-Peyronnet ont également été effectuées en contexte scolaire, mais concernent cette fois la communication parlée. E. Auriac-Peyronnet analyse les rires produits lors d'une interaction entre pairs avec les outils de l'analyse interlocutoire élaborée par l'équipe de Alain Trognon (Nancy), et s'interroge sur leur incidence cognitive et interactive. Enfin, la contribution de Mylène Hubin nous ramène à l'époque du maternage, puisque celle-ci s'intéresse aux conduites maternelles d'apaisement et observe leurs manifestations au cours de la toilette du nourrisson.

A la faveur de la lecture de ces textes, l'auteur pourra remarquer combien les perspectives sont différentes entre l'approche des spécialistes des émotions, celle des linguistes, et celle des développementalistes. Mais, dans le même temps, il ne manquera pas de remarquer qu'en dépit de ces différences, de nombreuses passerelles existent, tant au niveau théorique (à travers les citations d'auteurs) qu'au niveau des objets de recherche (le partage social des émotions, par exemple, prend des formes linguistiques et discursives qui intéressent le linguiste ; le codage vocal des émotions, autre exemple, intéresse aussi bien les sciences cognitives que les sciences du langage). Il reste à poursuivre dans cette voie pluri- et interdisciplinaire, et nous espérons que cet ouvrage y aura contribué.

Pour terminer, nous tenons à remercier les auteurs pour leur contribution, ainsi que le comité scientifique du colloque *Emotions, Interactions et Développement*, qui a contribué à élaborer la forme finale de cet ouvrage.

PREMIÈRE PARTIE

L'APPROCHE PSYCHOLOGIQUE ET COGNITIVE DES ÉMOTIONS

Passions : l'émotion comme motivation

Nico H. Frijda
Université d'Amsterdam

INTRODUCTION

On a décrit les émotions comme des sentiments, comme des expériences intimes. On a aussi décrit les émotions comme des états cognitifs, des cognitions ou des jugements remplis de chaleur (des cognitions chaudes), mais des états cognitifs tout de même. Ou encore, on les a décrites comme des états d'excitation corporelle augmentée, de la pulsation cardiaque, de la pression, de la transpiration. Mais la psychologie contemporaine est encline à oublier un aspect fondamental des émotions, reconnu plus clairement par le passé : celui d'être des passions. Leur forme la plus authentique, la plus paradigmatique est d'être des passions, dans le sens moderne de ce mot. Les émotions peuvent être des états qui nous emportent. Elles peuvent nous emporter à penser d'une certaine manière et à agir sans se soucier des conséquences. Elles peuvent bâtir et détruire nos relations personnelles et modifier notre vie, bouleversant ce qu'elles rencontrent dans leur cours, déracinant les gens et les situations, comme un fleuve. Le plus singulier, le plus marquant dans les émotions, et ayant le plus de conséquences pour la conduite et la construction de la vie, c'est d'être des états de motivation.

Excusez-moi cette image d'un fleuve, mais elle peut servir à souligner le caractère passionnel du phénomène émotionnel, c'est-à-dire la force de sa force dans son déploiement complet. Comme le dit la philosophie Sufi : «L'amour et le feu se ressemblent, mais la chaleur de l'amour est la plus chaude» (Bulleh Shah, 18 siècle, Pakistan). Ou, en français : «L'amour, c'est quand on ne sait pas où l'on va»; dans cette ville, évidemment, je cite Stendhal[1].

Passion : j'entends par ce mot une motivation à poursuivre un but émotionnel, soit en pensée, soit en action, avec une préséance sur d'autres préoccupations possibles. Elle domine la pensée, elle vole l'attention aux autres devoirs ou buts; du moins, elle tend à le faire. Elle exige la priorité dans la distribution des ressources attentionnelles et l'exécution des actions.

Une passion, ainsi définie, partage des traits essentiels avec les émotions de tous les jours. Les émotions, de façon générale, sont des états motivationnels. Elles sont constituée d'impulsions, de désirs ou aversions, ou plus généralement, elles comportent des changements de motivation. Elles poussent l'individu à modifier sa relation avec un objet, un état du monde, ou un état de soi, ou à maintenir une relation existante malgré des obstacles ou des interférences. Pour ceci, elles exigent la priorité, elles absorbent l'attention, elles résistent à la distraction.

Notons une caractéristique essentielle de ces *motivations* : elles sont relationnelles. Elles se jouent entre le sujet et le monde. Les émotions ne sont pas des états subjectifs, intérieurs à une personne, ou du moins pas en première instance. Evidemment, une émotion peut rester intérieure à une personne, et rester limitée à son expérience intime. Mais, même dans ce cas, la tendance à l'action est présente, se manifeste de façon plus discrète, se manifestant dans le ressenti et à travers l'imagination. En colère, on pense à ce qu'on voudrait faire à l'adversaire ou, de façon plus discrète encore, à ce qu'on aimerait qu'il lui arrive. Dans l'inquiétude, les pensées vont de-ci de-là sans repos, raidissant le dos pour faire face à ce qui pourrait arriver. L'expérience subjective, le ressenti des émotions, est largement le reflet des tendances à l'action, comme le montrent les recherches portant sur la description des expériences émotionnelles. Les émotions dites « de base » sont caractérisées par des modes de préparation distincts et spécifiques : la peur par la tendance à s'éloigner ou à se protéger, la colère par l'opposition et l'hostilité, la honte et la culpabilité par la soumission ; et les émotions de joie et de tristesse par des tendances plus diffuses d'augmentation et de diminution de l'activation générale[2].

Certaines émotions ne comportent pas, à proprement parler, de tendance à l'action ; c'est en effet le cas pour la tristesse. Néanmoins, elles s'inscrivent tout de même dans la conception des émotions comme états motivationnels. Elles comportent la perte de toute tendance à l'action, et par conséquent une perte ou une diminution de motivation. La tristesse et le désespoir se caractérisent souvent par l'apathie, le seul but valable de l'activité ayant disparu ; ou, tout au plus, ils se caractérisent par la motivation impuissante d'appeler à l'aide, par les pleurs, ou une motivation diffuse à rechercher l'objet perdu.

1. ACTIONS ÉMOTIONNELLES

Pour décrire les motivations dans l'émotion, je me sers de la notion de « préparation à l'action ». Ces états motivationnels ne sont pas seulement des sentiments, des expériences intimes, ni seulement des pensées concernant ce qu'on voudrait faire. Ce sont des états à être prêt à agir se prolongeant dans des préparations du corps. Ces préparations vont de l'abaissement des seuils de déclenchement des réactions motrices, en passant par des préparatifs musculaires et physiologiques effectifs — tensions des muscles, accélération du pouls — jusqu'aux mouvements effectifs et aux actions cognitives comme la pensée et l'imagination. Elles comportent la formation et l'exécution de plans pour des actions volontaires. La motivation de se protéger ou d'échapper à la proximité de la menace, qui est au cœur de la peur, peut s'exprimer par l'excitation autonome, les expressions faciales et le corps entier, de légères tensions facilitant une fuite éventuelle, une fuite effective ou la formation du projet de s'en aller à la première occasion qui s'offre.

En bref, les motivations émotionnelles régissent des répertoires d'actions, et la préparation à l'action se rapporte aux actions de ces répertoires. Puisque les motivations visent à établir, modifier, ou maintenir des relations avec autrui, ou avec le monde physique, les actions, elles aussi, sont relationnelles. Autrement dit, ce sont des actions qui se jouent dans la relation avec d'autres individus, ou avec des objets matériels ou idéels. Et ce sont des actions qui visent à modifier ou établir une relation avec le monde, plutôt qu'à modifier le monde lui-même. La colère vise en premier lieu à empêcher autrui de nuire à nos intérêts, ou à notre progression vers nos buts. Ce n'est que secondairement qu'on vise à nuire à autrui.

Deux sortes d'actions servent ce but. La première vise à établir, maintenir ou modifier la relation avec l'objet de façon directe, en modifiant la relation spatiale ou la réception sensorielle. La deuxième le fait indirectement, en influençant les sentiments et activités d'autrui, de sorte qu'autrui modifie la relation. Les actions directes comprennent l'approche et le recul, et l'ouverture et la fermeture sensorielle, comme prêter ou ne pas prêter attention, regarder ou fermer les yeux, toucher ou éviter le contact physique, se mettre à l'abri ou se livrer aux regards et à l'approche des autres, empêcher un autre de s'approcher ou de nous importuner, ou lui laisser la voie libre. Notons qu'une grande partie des mouvements appelés expressions faciales et d'autres mouvements expressifs sont des mouvements relationnels de ce type. L'expression de surprise est une action d'orientation visuelle, celle du dégoût une de rejet; les expressions de peur sont des mouvements de recul et de protection de soi par lesquels on se rend moins vulnérable. Le caractère relationnel de ces mouvements apparaît peut être le plus clairement dans les actions motivées par les émotions positives, c'est-à-dire celles qui établissent ou renforcent une interaction. Le toucher peut se prolonger par une réponse acceptant le toucher, cherchant à le faire durer, répondant par un toucher réciproque. Regarder autrui peut se prolonger par un jeu de regard mutuel. Approcher un ou une autre peut mener à une approche mutuelle ou à une union de quelque sorte. Ces actions peuvent donc établir des relations et des interactions au sens le plus littéral. Le répertoire d'actions relationnelles directes est très large, surtout le répertoire d'actions sociales. Les mouvements d'approche vont d'une prise de position corporelle qui confronte l'autre de face, à sourire et se mettre à parler, à étendre une main de façon vive et ample, jusqu'à l'avance locomotrice. L'approche peut se mêler à du recul, à travers des mouvements hésitants, incomplets, ou des actions dans lesquelles, par exemple, le regard établit un contact mais les mains sont maintenues derrière le dos. Plus généralement, les actions peuvent être exécutées de façon ouverte et avec abandon, ou fermées et de façon retenue et réservée, embrassant une grande variété de tonalités affectives correspondant aux motivations variées correspondantes.

Les actions du deuxième type, celles qui sont de nature à influencer autrui, sont d'une nature interactive encore plus explicite ; on peut en effet les appeler des actions ou expressions interactives[3]. Elles doivent leur origine à leurs effets sociaux. Il existe des expressions faciales qui paraissent destinées à susciter la réponse d'autrui, et qui en tant que telles servent aux buts émotionnels de l'émetteur. Ce genre d'expressions a reçu une attention approfondie de la part de Fridlund (1994), bien qu'il néglige les actions expressives du premier type. Pleurer en est l'archétype. Pleurer, c'est d'abord inviter ou ordonner à autrui de venir à l'aide ; c'est aussi adoucir autrui, afin qu'il renonce à son attitude malveillante ou agressive. En effet, il existe, semblerait-il, une sensibilité à entendre ou à voir pleurer qui suscite la sollicitude ou, du moins, l'apaisement. Les expressions visées ici peuvent toutes être considérées comme des ordres, des invitations, ou des supplications. D'autres exemples sont le sourire qui tend à susciter la disposition d'entrer en contact amical, le rire qui invite à la participation à une interaction non sérieuse, de jeu disons (on appelle son prédécesseur chez le chimpanzé et le bonobo par le visage ludique, le « play face »[4]). Les expressions de colère sont en premier lieu des actions d'intimidation qui servent à décourager l'hostilité d'autrui, ou à dissuader la désobéissance[5].

2. LA NOTION DE MOTIVATION

Pourquoi considérer les émotions comme des états motivationnels ? La notion de motivation implique la présomption que les phénomènes observables — les réponses, les expériences, les réactions physiologiques — sont dirigés vers un état final, et qu'en principe, les phénomènes se manifesteront jusqu'à ce que cet état final ait été atteint. Pourquoi appliquer cette notion aux émotions ? Il y a des alternatives auxquelles j'ai fait allusion au début de mon propos. On pourrait concevoir les émotions comme des expériences subjectives associées à des réponses motrices. On pourrait les concevoir comme des ensembles de réponses motrices et physiologiques tout court, déclenchées directement par des événements tels qu'ils sont compris par le sujet.

Il y a plusieurs raisons pour faire cas de l'hypothèse des motivations. Elles dérivent de cinq classes de phénomènes :
– les expériences subjectives d'impulsion et d'«être poussé»;
– l'«équifinalité» des diverses actions engendrées par un même type d'événement donné;
– les aspects prosodiques du comportement et de l'expérience intime;
– la persistance du comportement malgré des interruptions et des obstacles, et la reprise de l'action ou de la pensée après l'interruption;
– les indices d'activation latente.

Expériences d'impulsion et d'«être poussé»

Le terme «passion» dérive des mots *pathèma* en Grec et *passio* en Latin. Ces deux mots s'opposent à la notion d'action, en impliquant une notion de passivité, c'est-à-dire des comportements et des sentiments ne provenant pas d'intentions préalables du sujet. L'occurrence de tels comportements appelle une explication. Tant que les comportements ne relèvent pas d'automatismes ou de réflexes, ils laissent supposer l'existence de sources internes non intentionnelles chez le sujet. Les expériences d'impulsion, en outre, correspondent à l'occurrence de comportements qui s'opposent à la volonté et aux intentions conscientes du sujet. Elles correspondent aux phénomènes d'exigence de priorité décrits auparavant, et aux aspects prosodiques du comportement qui seront décrits par la suite.

Equifinalité

Les différentes actions engendrées par une émotion donnée partagent une même fonction. L'expression faciale de la peur — les yeux contractés, le front plissé, et le mouvement de recul de la tête et des épaules — se comprend comme une réaction de protection de soi[6], tout comme se comprennent aussi les actions de se cacher, de fuir, d'éviter des objets ou circonstances ou certaines pensées, et d'appeler à l'aide. Lors de la colère, on blesse un antagoniste par des coups de poing, par des insultes et par la calomnie, et on l'effraye par des cris et autres ostentations de force. On s'attire l'affection d'autrui par des sourires, des cadeaux, des caresses, de la sollicitude. On n'explique ces diversités et ces variations sur un même thème qu'en supposant l'existence d'une tendance ou inclinaison commune sous-jacente. L'équifinalité, en outre, suggère un autre critère de motivation : l'apprentissage de n'importe quelle action quand celle-ci produit un état final donné, comme l'extinction d'une menace ou l'obtention d'une récompense[7]. Notons que l'état final, le « but » de la motivation, peut être plus diffus que la modification d'une relation spécifique avec un objet spécifique. Il peut consister à obtenir une relation générale comme, par exemple, une relation non sérieuse, « libre » avec le monde ou avec un partenaire, comme dans le jeu ou la joie.

Les aspects prosodiques du comportement et de l'expérience

Les mouvements ont des propriétés temporelles qui vont au-delà de ce que leur fonction requiert. Il y a des différences de vitesse, de variabilité, d'ampleur, d'angularité, de continuité, d'étendue. Par exemple, on peut manifester sa surprise par l'ouverture des yeux, mais aussi par l'interruption d'autres mouvements, par l'ouverture de la bouche, par l'écartement des doigts et des bras. Le mouvement peut durer ou non, il peut apparaître brusquement ou plus graduellement, etc. Tous ces aspects apparaissent clairement dans la respiration[8]. Celle-ci présente d'autres paramètres que les seules fréquence et amplitude, par exemple la durée des pauses post-inspiratoires et post expiratoires, l'angularité des transitions inspiratoire-expiratoire, et la raideur ou la rondeur des inspirations et expirations proprement dites.

La compréhension des aspects prosodiques nécessite le recours à des notions dynamiques comme celles d'énergie ou d'activation déployée dans les efforts vers un état final, d'urgence ou d'impatience d'obtenir des buts, et de contraintes s'opposant au libre déploiement des actions. Autrement dit, on est contraint d'utiliser des notions motivationnelles, cette fois du côté dynamique plutôt que du côté du contenu ou de la direction que l'équifinalité met en jeu.

Persistance

Il faut également faire appel aux mécanismes dynamiques pour comprendre la persistance, c'est-à-dire les faits concernant les actions qui se poursuivent ou reprennent malgré des obstacles et des interruptions. Elles peuvent reprendre avec plus de force qu'auparavant, et se prolonger même si elles sont devenues inutiles, comme une colère qui persiste malgré des excuses, ou des accès de rire ou de pleurs qui continuent jusqu'à ce qu'ils soient déchargés.

Activation latente

Le seuil de déclenchement d'une action est variable. Pour se mettre en colère, il faut parfois une frustration sévère, parfois un léger contretemps suffit. La différence dépend, entre autres, des événements et émotions précédentes, de l'humeur du moment, c'est-à-dire d'une activation en-deçà du seuil de la disposition de réponse. Ces traits convergent vers la notion de «priorité de contrôle», la prédominance des actions et pensées suscitées par l'émotion sur les autres activités.

L'importance de l'aspect motivationnel des émotions ne permet pas seulement de rendre compte des phénomènes décrits; l'aspect motivationnel sert aussi à rendre compte de ce qui distingue les émotions des réflexes apétitifs, agressifs et de protection tels qu'on les trouve chez les animaux primitifs comme les mollusques et les poissons. Une pieuvre émet son encre quand il y a une perturbation; un coquillage se ferme. Il y a peu de variabilité dans les réactions et peu d'ajustements aux circonstances. Par contre, la flexibilité est le signe distinctif des émotions — flexibilité qui va jusqu'à l'abstention d'agir si cela est approprié aux circonstances, comme dans certaines angoisses et le désespoir. La flexibilité des mécanismes relationnels, il me semble, représente l'important gain évolutionnaire qui va de pair avec le développement phylogénétique.

La perspective motivationnelle rend compte également de l'organisation des réactions émotionnelles. Un des problèmes, en psychologie des émotions, est de comprendre la cohérence assez variable entre ces composantes. Parfois, une réaction physiologique va de pair avec une réaction motrice; parfois, elles sont indépendantes. Il y a rarement une réaction en bloc, une réaction de synchronisation complète des composantes. Cela se comprend si l'on considère l'émotion comme un état motivationnel qui peut activer plusieurs réponses selon les circonstances; j'y reviendrai plus en détails ultérieurement.

3. FORMES DE MOTIVATIONS ÉMOTIONNELLES

On peut distinguer plusieurs sortes de motivations dans les émotions, et plusieurs mécanismes psychologiques et dispositions neurales pour les assurer. Les différentes sortes de motivations se distinguent selon leur objet et leur généralité ou spécificité. Ce sont les motivations affectives (dans un sens particulier à préciser), la motivation en tant que telle — ou l'activation —, la motivation à chercher de l'information — ou l'attention —, et les motivations relationnelles spécifiques.

En ce qui concerne les motivations affectives, je me sers du mot «affect» pour indiquer les expériences de plaisir et de peine (peine au sens large, comprenant la souffrance mentale ainsi que la douleur physique), et les états fonctionnels, même inconscients, qui correspondent à ces expériences. Les affects, le plaisir et la peine peuvent être caractérisés du point de vue fonctionnel comme des «réglages» en vue d'accepter ou de ne pas accepter une stimulation, une situation ou un état de soi. Ce sont des états de «réglage», c'est-à-dire qu'ils représentent la propension ou inclinaison à subir ou ne pas subir l'interaction avec l'objet en question, ou à subir ou ne pas subir l'état en question. Le plaisir, dans ce sens abstrait, peut être défini comme la propension ressentie ou actée à accepter la situation, stimulus ou état, et la peine comme la propension à ne pas les accepter[9]. Je parle de «réglage» : les affects se manifestent non seulement dans des expériences subjectives, mais aussi dans une tendance accrue ou décrue à interagir avec autrui, à rechercher des rencontres sociales, à accepter des contacts initiés pour d'autres buts[10], et, quant aux émotions agréables, dans la propension à élargir son champ attentionnel et à se construire de nouvelles idées et de nouveaux projets[11].

La deuxième catégorie d'états motivationnels est l'activation. Par «activation», j'entends, suivant en cela Pribram (1981), un état tonique, de durée indéfinie, d'être prêt à agir. Le terme réfère aux états d'être motivé à interagir avec le monde ou un objet dans le monde — soit de façon indéterminée, comme quand on est bien réveillé et de bonne humeur, soit au niveau spécifique d'accroître ou de diminuer l'interaction, et d'atteindre un but. L'activation peut varier selon des degrés d'intensité, de l'apathie et du désintérêt à l'extrémité inférieure à l'enthousiasme et la ferveur à l'extrémité supérieure. Notons que l'activation telle qu'elle est définie ici ne correspond pas à l'*arousal* (l'excitation) du système nerveux autonome. L'activation correspond à l'activité du système neural appelé le «Seeking System» («système de recherche») par Panksepp (1998), le «Behavioral Activation System» par Gray (1987), et le «Behavioral Facilitation System» («système de facilitation du comportement») par Depue & Iacono (1989), lequel système est probablement localisé autour du système dopaminergique du diencéphale.

Comme l'activation, l'attention peut varier en degré et en spécificité. On peut être motivé à chercher, ou être ouvert à, de l'information — de l'information en général ou de l'information concernant un sujet ou un objet spécifique. Le mode d'attention peut aussi varier. L'attention peut se diriger vers un objet ou une localisation spécifique, ou être diffuse, globale, et passive, comme lorsque l'on se promène et que l'on s'ouvre à toute impression.

Enfin, considérons les motivations relationnelles spécifiques. Elles constituent l'aspect central des émotions dites «de base». Ces émotions, comme je l'ai déjà indiqué, s'orientent autour de préparations à l'action à établir une relation plus ou moins spécifique. On a distingué l'approche-pour-posséder (dans le désir), l'évitement (comme dans la peur), l'approche hostile (dans la colère), la soumission (comme dans la honte et le sentiment de culpabilité), la dominance (comme dans la fierté), la réorientation (comme dans la surprise) et l'activation «libre» ou de jeu (comme dans la joie)[12]. Pour plusieurs d'entre elles, des circuits neuraux spécifiques ont également été identifiés[13].

La plupart des émotions comprennent des dispositions motivationnelles des quatre niveaux. La joie, par exemple, est le plus souvent un état de plaisir, d'activation accrue, d'intérêt et d'attention et de désir d'interaction «libre» et non sérieuse. Mais on ne peut pas associer toutes les émotions à des modes de motivation spécifiques relevant de l'un ou de plusieurs niveaux. Certaines émotions n'impliquent que des états de plaisir ou de peine (la détresse en est un exemple), ou d'activation seulement (comme «être excité»), ou l'attention et l'activation (comme «être fasciné»). Il existe des catégories d'émotions dans lesquelles la motivation est variable, comme la jalousie. Elle peut être excitée ou apathique, et prendre la forme de la colère, du désespoir ou de la peur. Mais quand il y a une raison pour appeler une réaction «une émotion», c'est qu'il y a, en général, un changement de motivation de quelque sorte. On parle d'émotion quand le corps a été touché, au plan d'une modification motivationnelle.

4. LES RÉPERTOIRES D'ACTIONS

Comme je l'ai indiqué, la motivation régit des activités diverses et de complexité variable. Bien qu'il existe des activités toutes faites, comme les expressions faciales, la plupart des activités reposent sur des programmes d'action. Cela signifie qu'elles sont variables, s'adaptant aux circonstances et en interaction avec celles-ci, se spécifiant si besoin est, ne devenant concrètes qu'au moment de l'exécution. Les mouvements d'approche sont dictés par la distance, par le terrain et par les ressources énergétiques actuelles du sujet. Même les actes élémentaires dont un bébé est capable, comme se saisir d'un objet, sont la réalisation d'un programme plutôt qu'une série de mouvements ; les mouvements de préhension d'un objet dépendent de la position du bébé relative à celle de l'objet, et ne s'expliquent que par le rôle directeur de la motivation à saisir, celle de tenir en main[14].

Ces programmes sont en partie innés, comme ceux qui dirigent les actions de défense, de fuite et d'interaction sexuelle. Mais les répertoires comprennent aussi des programmes d'action acquis, comme insulter, se servir d'un revolver, ou étrangler. Il y a aussi des programmes construits sur-le-champ. On apprend des insultes, mais on en invente aussi sous le coup de l'indignation. Les sources s'entrelacent. Les techniques du baiser sont sans doute innées mais sont suppléées par ce qu'on a vu à la télévision et se raffinent en fonction du goût personnel et des réactions du partenaire.

Ensuite, le répertoire d'actions que la motivation régit comprend aussi les mécanismes attentionnels qui s'appliquent à l'information fournie par les sens ou par la pensée et la mémoire. L'attention est primordiale pour le développement des émotions et leur régulation. Le répertoire comprend également des actions cognitives : évoquer des souvenirs, élaborer la signification d'événements et approfondir les connaissances au sujet de leurs conséquences possibles, et s'efforcer de trouver des solutions pour faire face au problème émotionnel. Ces actions cognitives se classent parmi les actions relationnelles, soit parce qu'elles modifient les relations au niveau de l'imagination (pendant des ruminations outragées par exemple), soit du fait qu'elles préparent à des actions d'autres genres. Plusieurs de ces actions cognitives sont au cœur des mécanismes de l'émotion. Par exemple, l'identification du responsable d'un malheur, les attributions de malveillance ou d'innocence. Les activités cognitives peuvent faire partie des actions émotionnelles de manière tout à fait centrale, comme les activités d'élargissement et de construction (« broaden and build »[15]) engendrées par les émotions positives, qui forment le sens même de ces émotions. Pour accomplir les fins de la colère, il faut identifier l'adversaire et sa vulnérabilité, et trouver la méthode optimale pour lui nuire.

Les émotions influencent les pensées de diverses façons, suscitant ou réfrénant l'élaboration cognitive, créant et fixant des croyances, déterminant l'acceptation ou le rejet d'informations[16]. Toutes ces influences se comprennent en grande partie comme des actions servant à faire face à la situation émotionnelle ou à se servir des opportunités rencontrées[17].

Enfin, le répertoire d'actions comprend des activités physiologiques, autonomes ou autres. Il existe des interactions étroites entre les différentes actions. Non seulement toutes peuvent être activées par l'événement qui déclenche l'émotion, mais elles s'influencent mutuellement. Il est probable, par exemple, que la préparation d'une activité motrice virulente, comme dans la colère, active par avance le système nerveux sympathique, comme la relâche motrice l'apaise.

A l'évidence, la plupart des programmes et actions énumérés ne sont pas spécifiques des émotions. Ils recouvrent tout le domaine des aptitudes humaines dont disposent les individus. Ce qui les institue comme programmes et actions émotionnelles, c'est la motivation qui les fait émerger. Cela s'applique même aux actions dont l'origine, peut-être, réside dans la fonction émotionnelle, comme les expressions du visage qui peuvent fonctionner simplement comme des signaux sociaux.

5. LA STRUCTURE DES MOTIVATIONS ÉMOTIONNELLES

Mais qu'est-ce au juste qu'une motivation, et comment opère-t-elle pour déterminer les actions ?

En général, on conçoit les motivations comme des processus organisateurs. Elles organisent les actions par une activation sélective de certains programmes d'action et autres dispositions d'activité. Cette activation est à concevoir comme une préparation à l'activité plutôt qu'une activité effective, puisque, pour cette dernière, la présence d'un objet-cible est généralement nécessaire. Une activité sexuelle ne survient pas seulement en raison d'un niveau hormonal élevé; pour cela, il faut la présence, réelle ou imagée, d'un partenaire possible. Les théories de la motivation disent que la motivation « charge » les programmes et les dispositions d'action[18]. Ces programmes et dispositions d'action relèvent d'un niveau inférieur dans une hiérarchie de processus au sein de laquelle la motivation représente le niveau le plus élevé. Les programmes, lorsqu'ils sont chargés, chargent à leur tour les programmes plus spécifiques ou les actions proprement dites, selon un modèle hiérarchique de l'organisation de l'action. Parmi les activités d'ordre inférieur se trouvent les « supports logistiques » de l'activité, les réactions physiologiques. Ce modèle hiérarchique a été élaboré par Gallistel pour la motivation[19], et par Jeannerod (1997) pour les actions motrices. C'est l'état motivationnel qui lie les actions et les activités de sorte qu'elles forment un ensemble fonctionnel.

Mais l'ensemble n'est qu'un ensemble fonctionnel. Leur activation effective n'est pas une nécessité, basée sur des liens entre les composantes, car l'activation ne suit le chargement que lorsqu'il existe des circonstances facilitant ces (ou certains de ces) programmes et dispositions. Il est plus approprié de considérer la motivation comme un élément dans ce qu'on appelle un modèle hétérarchique, ou de treillage. Une motivation donnée peut charger un ensemble de dispositions à l'action, mais chacune de ces dispositions peut être également chargée par d'autres motivations, comme des circonstances spécifiques. Ensemble, ils mènent à l'activation effective et à l'exécution de l'action.

Comment les motivations sélectionnent-elles les programmes appropriés ? On peut élaborer des hypothèses à partir de l'expérience consciente des désirs et impulsions dans les émotions. Elles renvoient à plusieurs modèles.

Beaucoup d'émotions comportent le désir conscient d'un état final spécifique. Dans la peur, on désire la sécurité, dans la colère l'impuissance d'un adversaire ou la disparition d'un obstacle, dans l'affection la proximité et le bien-être d'un être particulier. Les motivations que ces désirs reflètent visent un état du monde particulier, ou une certaine modification de la relation avec ce monde. Il y a anticipation d'un état futur. Ces anticipations peuvent effectivement servir à sélectionner les actions qui sont, en principe, capables d'achever ce but. Par la fuite, on s'approche effectivement de la sécurité et exercer de la force est de nature à supprimer un obstacle.

Ce modèle est plausible pour l'activité volontaire mais l'est moins pour les émotions. En général, on ne réfléchit pas avant de sourire ou d'embrasser, et souvent on accomplit des actions dont on sait qu'elles vont produire des effets désastreux, comme s'égosiller lors d'une querelle maritale, ou attaquer un adversaire plus fort. La sélection, évidemment, pourrait s'accomplir de façon plus automatique, fondée sur des expériences antérieures ou l'exemple d'autrui. Après tout, crier a pour fonction d'intimider. Mais l'anticipation des résultats d'une action requiert une sophistication qui paraît inimaginable dans la plupart des émotions, surtout celles des enfants, des animaux et des humains adultes excités. De plus, certaines émotions ne semblent pas régies par des anticipations. La fuite ne vise pas tant une sécurité future qu'à s'éloigner du danger présent et à l'affaiblissement de la peine.

Ceci amène à la deuxième conception. Les motivations visent un gain de plaisir ou la disparition de la peine. Les actions connues ou supposées pouvoir le faire sont chargées. Souvent, ces actions peuvent être découvertes sur le champ, «on-line» comme on dit, par leur feedback immédiat. S'éloigner affaiblit la pression d'une menace, et l'approche la rend plus forte, ce qui dirige le mouvement dans l'espace.

Les liens entre la peine et l'éloignement, et le désir et l'approche sont peut-être innés, ce qui amène à une troisième manière de concevoir la connexion entre motivation et actions pour l'accomplir. Il existe des liens directs entre certains événements déclencheurs et des programmes d'action. Le sursaut en est un exemple : un bruit inattendu et intense le déclenche. De façon semblable, un événement peut déclencher une motivation quand l'action chargée par l'événement nécessite d'autres actions pour pouvoir s'accomplir. Si un objet d'apparence appétissante suscite le désir de le manger, on doit franchir une distance et tendre la main avant de pouvoir le mettre à la bouche. On a à sa disposition, en fait, un certain nombre d'actions possibles pour accomplir ce but, comme il sied aux motivations. Le modèle s'applique à nombre d'émotions. La tendresse, par exemple, est suscitée par un objet attendrissant, c'est-à-dire, entre autres, un objet invitant à le caresser et à le cajoler de par son apparence intrinsèque (la peau douce et molle, ou les caractères-déclencheurs enfantins). La caresse se poursuit jusqu'à l'aboutissement d'une satisfaction souvent difficile à définir.

Cet exemple souligne une propriété importante des programmes d'action, laquelle est étroitement liée à la motivation. Les programmes flexibles et adaptatifs comportent des critères de complétion. Caresser, c'est établir un contact de peaux tendre et paraissant plaire à l'objet de la tendresse, de sorte qu'on se sente étroitement lié à cet objet. L'action se poursuit jusqu'à ce que le contact et la proximité se soient produits et que les sensations et les réactions de l'objet le confirment. On aurait, pour ainsi dire, cette complétion en tête quand on commence. Dans un sens, l'anticipation joue en effet un rôle, bien qu'à un niveau inconscient et implicite. Une anticipation implicite est un constituant indispensable de toute action dirigée, y compris des actions simples comme marcher ou saisir. Toute initiation d'une action produit une «copie efférente» de la situation finale, et se termine quand cette situation est atteinte[20], et elle est guidé par ce que Von Holst et Mittelstaedt appellent «le principe de réafférence», la comparaison entre la copie efférente et l'efférence actuelle venant de l'action. L'action se poursuit jusqu'à ce qu'il y ait correspondance entre les deux. En outre, lors de l'exécution de l'action, les réactions de la cible de l'action modifient la copie efférente qui guide l'action. Ici encore, on retrouve l'importance de l'interaction dans le développement des émotions. La motivation se nourrit de l'interaction.

La tendresse se nourrit des réactions d'acceptation ou de plaisir de la personne caressée.

Ce qui est intéressant, c'est que la suite des actions semble guidée par un but ultérieur, la satisfaction finale, bien que cette suite d'actions se développe de proche en proche. L'efférence d'une action partielle mène à une autre action partielle, et ainsi de suite, jusqu'à la satisfaction finale, qui correspond à la motivation. L'exemple le plus clair est, peut-être, celui de l'activité sexuelle[21]. Etant donné qu'il y a une motivation sexuelle vivante, percevoir ou imaginer un objet attrayant suscite le désir de l'approcher; l'approche une fois réalisée provoque l'envie de toucher, et le toucher suscite le désir de caresses, et ainsi de suite. Evidemment, l'imagination engendre des anticipations, qui peuvent remplacer les réafférences actuelles.

Les détails de ces processus par lesquelles la motivation génère les actions sont encore largement obscurs; ce que je propose est avant tout une hypothèse. Il est vraisemblable que les choses sont plus compliquées. Par exemple, les états finals d'un programme d'action (comme l'attente de la sensation d'avoir l'objet en main, dans une action de préhension) déterminent probablement l'action dès le début. Comprendre la motivation nécessite une connaissance plus approfondie des mécanismes du mouvement volontaire.

6. LE DÉCLENCHEMENT DES ÉMOTIONS

Les émotions sont déclenchées par la signification des événements pour le sujet. Cela signifie que ce qui déclenche les émotions, ce sont les événements tels qu'ils sont évalués par le sujet. Le déclenchement passe par l'évaluation ou, en anglais, l'*appraisal*. L'évaluation repose sur la confrontation des événements et des dispositions affectives et cognitives du sujet : ses sensibilités, ses intérêts, ses expériences antérieures et ses schémas cognitifs et sémantiques.

Dans l'émergence d'une émotion, il y a deux aspects majeurs, distingués par Lazarus (1991) sous les noms d'évaluation primaire et d'évaluation secondaire. L'évaluation primaire concerne la pertinence d'un événement eu égard aux sensibilités et aux intérêts du sujet. Le caractère agréable ou désagréable de l'événement est le produit de l'évaluation de sa pertinence (favorable ou défavorable). L'évaluation secondaire a trait à ce que le sujet envisage de pouvoir faire (ou de ne pas pouvoir faire) pour s'arranger avec ce que l'événement pourrait lui faire ou offrir.

Ensemble, ces deux aspects constituent les patterns d'évaluation («appraisal patterns»). A différentes émotions correspondent différents patterns d'évaluation ; ceci est la substance de la théorie cognitive des émotions et des théories de l'évaluation[22] en particulier. Comme le dit Scherer, les émotions sont des réponses dirigées par des évaluations[23]. Par exemple, l'émotion de colère est caractérisée par un pattern d'évaluation du type «défavorable aux intérêts, causé par quelqu'un d'autre, et contrôlable» (le pattern supposé le plus approprié varie selon les différentes théories). Autrement dit, un événement évalué de cette façon déclenchera l'état motivationnel correspondant, c'est-à-dire le mode de préparation à l'action d'hostilité. Les patterns précis correspondants aux différentes émotions font actuellement l'objet de recherches[24].

Notons que la théorie cognitive des émotions suppose que ces évaluations sont en principe inconscientes et automatiques. Ce sont des structures d'information inconscientes, bien qu'elles puissent aboutir à une impression émotionnelle diffuse comme «c'est malin» ou «quel scélérat!». C'est seulement par une réflexion secondaire et après coup qu'on se rend compte des éléments d'information d'où sont issues ces impressions ainsi que les modifications de préparation à l'action.

Plus important que leur nature consciente ou inconsciente est le contenu ou le format de ces structures d'information. Contenu et format ne sont pas équivalents à ceux d'une proposition. Les structures ne se traduisent pas aisément par des mots. Ce sont des structures d'information enregistrées dans les affects et les préparations à l'action, et ce dans un format propice à les activer. Les produits d'évaluation entrent les préparations à l'action et les modifient, de la même façon que la distance perçue induit la préparation de mouvements de saut ou de préhension. Quand les produits d'évaluation deviennent conscients, c'est en termes de leur signification pour le sujet de poursuivre ses buts ou de s'arranger avec ses sentiments. Tout ceci se rapporte aux distinctions faites par la théorie de la représentation des connaissances ou des souvenirs, qui distingue les représentations «propositionnelles» des représentations «implicatrices» ou «schématiques»[25]. Les informations en provenance de l'extérieur ou de la mémoire n'ont de valeur ou de pouvoir émotionnel qu'à condition qu'elles soient transformées en des termes ayant une signification eu égard aux affects ou aux actions. Il s'agit alors d'une information «incorporée», *embodied cognition*, comme on dit couramment. L'expérience «être frustré» n'est pas l'activation du concept de frustration, mais c'est l'expérience de projets d'action ne pouvant pas s'accomplir, et la modification des préparations actuelles que cela entraîne. L'expérience «être menacé» n'est pas la connaissance des risques, mais consiste en des sensations de douleur ou de malheur réelles ou anticipées. L'évaluation d'un événement comme favorable aux intérêts ne consiste pas (ou pas nécessairement) en la prévision de situations agréables à venir, mais en la perception d'une voie d'accès s'ouvrant vers les progrès désirés. L'évaluation s'inscrit dans l'éventail des projets d'actions du sujet.

Implicite dans ces évaluations est donc leur nature positive ou négative, c'est-à-dire qu'elles sont en accord ou non avec les intérêts du sujet ou avec ses sensibilités. Elles traduisent les événements comme étant en accord ou en désaccord avec les constellations désirées qui définissent les intérêts. Le contenu des états motivationnels consiste précisément en cet accord ou désaccord, celui-ci dirigeant le chargement et la persistance des programmes d'action.

Pour comprendre ces processus, il faut supposer l'existence de dispositions motivationnelles que les événements mettent en activité. Il faut faire l'hypothèse de dispositions spécifiques pour un ensemble d'états motivationnels, chacune correspondant à l'une des formes distinctes de préparation à l'action. Chaque disposition consisterait en un ensemble de programmes d'action, et un approvisionnement pour activer ou charger cet ensemble de programmes d'action. De tels approvisionnements sont sensibles à un pattern défini d'informations. Une émotion est suscitée quand un événement, tel qu'il est évalué, correspond à une ou plusieurs de ces sensibilités. L'hypothèse des dispositions motivationnelles est plausible, en partie en raison de l'universalité des émotions dites «de base». Cette universalité est probable puisque chaque langue connue paraît posséder un mot pour au moins un membre des 15 classes d'émotions[26]. De plus, il existe des preuves qu'un nombre restreint de circuits cérébraux distincts traite des activités émotionnelles distinctes[27].

CONCLUSION

J'espère avoir montré qu'un aspect important des émotions est leur aspect motivationnel. Les émotions, de par leur nature, poussent les individus à agir et, surtout, à modifier leur relation avec le monde, un objet ou une situation dans le monde, ou le soi. Ou encore, elles poussent les individus à se désintéresser de cette relation, à la rompre, ou à rester explicitement indifférents à l'interaction avec autrui.

La nature motivationnelle des émotions fait de ces dernières des processus et des expériences de poids pour l'interaction et les manières de vivre. Elle fait des émotions autre chose, et davantage, que de simples expériences intimes, et davantage que des expériences qui donnent de la couleur ou de la chaleur aux cognitions. Les motivations forment un processus de base constituant ce qu'on appelle les émotions.

Elles ne sont pas le seul processus à constituer les émotions. Les motivations obéissent à ce que les événements signifient pour l'individu. Elles répondent aux processus d'évaluation, d'attribution d'une signification aux événements, qui résultent eux-mêmes de l'interaction entre les événements et les intérêts, sensibilités et connaissances de l'individu. On peut dire que ce qu'on appelle les émotions fait le pont entre la cognition et l'action. Un pont qui va plus loin que l'action proprement dite, parce que celui-ci se poursuit dans les actions cognitives qui créent de nouvelles cognitions, et ainsi de suite. Enfin, ce sont surtout les motivations, et les actions qu'elles poussent à accomplir, qui lient les cognitions au corps, et donc les pensées au monde social.

NOTES

[1] Stendhal, 1820.
[2] Davitz, 1969; Frijda, 1986; Frijda, Kuipers & Terschure, 1989.
[3] Frijda, 1986.
[4] Goodall, 1972. Tout ceci est traité de façon extensive par Owen & Bachorowski, 2000.
[5] Voir De Waal, 1982.
[6] Frijda & Tcherkassof, 1997.
[7] Mook, 1996.
[8] Boiten, 1993, in press; Boiten, Frijda & Wientjes, 1994.
[9] Frijda, 2000.
[10] Isen, 2000.
[11] Fredrickson & Branigan, 2001.
[12] Frijda, Kuipers & Terschure, 1989.
[13] Voir Panksepp, 1998.
[14] Voir Jeannerod, 1997.
[15] Fredrickson & Branigan, 2001.
[16] Pour des traitements extensifs de ce domaine, voir Frijda, Manstead & Bem, 2001.
[17] Frijda & Mesquita, 2001.
[18] Je me sers du mot «charge» comme traduction du mot anglais «potentiate», signifiant une susceptibilité accrue pour entrer en opération, et donc un abaissement du seuil d'activation.
[19] Gallistel, 1980. Voir aussi Mook, 1996.
[20] Von Holst & Mittelstaetd, 1950; voir Gallistel, 1980; Mook, 1996.
[21] Frijda, 1998.
[22] Voir les contributions dans Scherer, Schorr & Johnstone, 2001.
[23] Scherer, 2000.

[24] Voir encore les contributions dans Scherer, Schorr & Johnstone, 2001.
[25] Voir Philippot, 2000; Power & Dalgleish, 1997; Teasdale & Barnard, 1993.
[26] Voir Hupka, Lenton & Hutchinson, 1999.
[27] Panksepp, 1998.

Emotions, expressions faciales et primitives iconiques

Monique de Bonis et Dimitri Lioussine[1]

Unité de Résonance Médicale, U2R2M
Institut de Psychologie de l'Académie des Sciences de Russie, MSH, Paris

INTRODUCTION

La question de savoir si les expressions faciales sont des signes invariants, tant biologiques que culturels, des émotions est une question récurrente en psychologie (Duchenne de Boulogne, 1862 ; Darwin, 1872) jusqu'aux études plus récentes d'Ekman (1972). Enoncée dans sa forme la plus radicale, la thèse de l'invariance est qu'il existerait des preuves formelles de l'existence d'expressions faciales universelles pour la joie, la peur, la tristesse, la colère et le dégoût, c'est-à-dire pour les émotions primaires ou de base. En d'autres termes, il y aurait un petit nombre de configurations faciales (les signes) pour lesquelles il serait possible d'associer un sens et un seul (les émotions).

Dès le début des années 1970, l'existence d'une relation univoque entre des indices faciaux (ou iconiques) et leur interprétation (verbale) a été sérieusement remise en cause dans un double cadre théorique : celui de la sémiotique ou théorie des signes et de la sémantique des émotions par Wierzbicka (1973, 1999)[2]. Deux hypothèses principales ont été avancées : d'une part, il existerait des unités faciales plus primitives que le visage, et seules ces unités seraient susceptibles d'être des invariants et des universaux ; d'autre part, la preuve de cette invariance ne pourrait être apportée que par la mise en relation de ces signes (iconiques) avec des primitives sémantiques, c'est-à-dire avec des énoncés formulés dans un métalangage. Un métalangage plus abstrait que le langage naturel, commun à un ensemble de langues, serait susceptible de rendre compte de la sémantique des signes faciaux. L'avantage principal de ce métalangage est qu'il permettrait d'échapper aux inconvénients liés à la nature polysémique des unités lexicales généralement utilisées pour traduire en mots l'expression faciale des émotions. En conséquence, des scénarios devraient remplacer les indices lexicaux pour une meilleure représentation sémantique des émotions (*cf.* de Bonis, 1996, p. 167-203).

Dans une première partie, on se propose de rappeler quelques principes issus des théories semiotico-sémantiques en rapport avec la question de l'invariance des émotions. L'accent sera mis en particulier sur une propriété fondamentale de l'invariance : l'indépendance du signe par rapport au contexte. La notion de contexte est prise ici dans un sens très restrictif : le visage lui-même et non, dans une acception plus large, la communication interpersonnelle (Russell & Fernandez-Dols, 1997).

Dans une seconde partie, on présentera les résultats d'une série de recherches empiriques dans lesquelles l'hypothèse de l'invariance de la signification d'un signe expressif (*i.e.* une bouche souriante) à travers la variabilité de contextes faciaux (yeux en colère, tristes, effrayés, de dégoût) a été mise à l'épreuve.

1. LES PRINCIPES FONDAMENTAUX DE LA THÉORIE DES PRIMITIVES SÉMANTIQUES

On peut définir par 7 principes les fondements d'une analyse des indices faciaux en termes de primitives sémantiques (Goddard, 1994). Les trois premiers principes : le principe sémiotique, celui de l'analyse exhaustive et celui des primitives sémantiques soulignent le caractère indécomposable d'un signe pour que celui-ci justifie d'un traitement sémantique. Deux conditions sont nécessaires à l'appariement des signes primitifs à des énoncés réécrits selon les règles d'une combinatoire entre ces unités non décomposables.

Tableau 1

Principe sémiotique
Un signe ne peut pas être réduit ou analysé en combinaison de choses qui ne sont pas, elles-mêmes, des signes ; par conséquent, il est impossible de réduire des significations à une combinaison de choses qui ne sont pas des significations elles-mêmes.

Tableau 2

Principe de l'analyse discrète et exhaustive
Les significations peuvent être analysées de façon complètement déterminée ; c'est-à-dire que chaque signification complexe peut être décomposée en d'autres significations discrètes, sans circularité ni résidu.

Tableau 3

Principe des primitives sémantiques Il existe un ensemble fini de significations non décomposables (les primitives sémantiques). Les primitives sémantiques ont une syntaxe qui permet de les combiner en « propositions simples ».

Les autres principes sont propres à la sémantique elle-même. Ils se résument à deux conditions : la possibilité de créer un métalangage qui pourrait résumer de façon économique les langages ordinaires, et la possibilité de définir des équivalences sémantiques aboutissant à des propositions simples, indépendantes des conventions liées à des langues particulières.

Sur la base de ces principes, Wierzbicka (1999) a proposé une liste restreinte des 8 unités faciales minimales (comme par exemple les coins de la bouche relevés ou abaissés) et, pour chaque unité, elle a proposé une interprétation en termes de primitives sémantiques (sentir, penser, savoir, bon, mauvais, etc.). Ainsi, par exemple, les coins de la bouche relevés signifient « J'éprouve quelque chose de bon maintenant ». Quatre primitives sémantiques : « éprouver », « quelque chose », « bon », « maintenant », rendent compte de la structure cognitive du signe en question. Bien qu'il ne soit pas possible de développer plus avant les règles de réécriture utilisées par Wierzbicka pour différencier deux unités lexicales, comme la joie et le bonheur par exemple, il est important de souligner que ces deux « mots-émotion » sont identiques à une ou deux primitives sémantiques près. La puissance de ses règles de réécriture, véritables scripts ou scénarios cognitifs, s'évalue ainsi à partir de la distance qui les sépare, mesurée par le nombre des unités primitives qui permettent de les différencier.

Tableau 4 — Interprétations des unités faciales : un abrégé (Wierzbicka, 1992).

Unité	*Interprétation*
Coins de la bouche levés	Je sens quelque chose de bon maintenant
Coins de la bouche abaissés	Je sens quelque chose de mauvais maintenant Je sais que je ne peux rien faire
Bouche ouverte (sans parler)	Je ne sais pas ce que je peux dire
Lèvres serrées	Je veux faire quelque chose maintenant Je sais : si je fais ça je peux sentir quelque chose de mauvais Je ne veux pas ne pas le faire à cause de ça

2. EXPOSÉ DE LA RECHERCHE

Pour apporter la preuve de l'existence d'unités faciales signifiantes minimales, plus primitives que le visage lui-même, il est nécessaire de montrer que l'interprétation sémantique de telles unités est indépendante du contexte facial. Les recherches que nous allons présenter maintenant sont limitées à une unité faciale : la bouche souriante extraite de l'expression faciale prototypique de la joie. Nous avons inséré cette unité, présumée primitive, dans des expressions prototypiques de peur, de colère et de dégoût. Nous avons ainsi manipulé l'expression tout en maintenant constant un signe : le bas du visage.

La fabrication de visages composites (ou chimériques) a été rendue possible grâce aux développements des technologies de l'image numérique. Ces techniques permettent en effet de fusionner les différentes parties de deux expressions du visage d'un même personnage (images réelles de départ) pour aboutir à une image de synthèse (le visage chimérique). Le procédé de *morphing spatial* développé par Nahas & Huitric (1999) consiste à interpoler des segments se correspondant dans les deux images de départ de façon «à incruster une partie d'une expression faciale à l'intérieur d'une autre avec une transition suffisamment douce pour que le visage de synthèse apparaisse réaliste» (p. 144-145). Pour que cette opération soit réussie, il est nécessaire que les deux visages de départ soient calibrés, aient des formats comparables et que les photos de départ soient prises de face. C'est pourquoi nous avons utilisé pour les visages de départ un échantillon des visages figurant dans l'atlas d'Ekman & Friesen (1976).

3. PROCÉDURE

Nous avons réalisé 4 expériences différentes dans lesquelles le bas du visage de joie (la bouche souriante) était inséré dans une expression de peur, de tristesse, de colère et de dégoût respectivement. Ces expériences ont porté sur des échantillons de 19 à 23 sujets (étudiants en médecine ou en psychologie). La procédure était identique pour toutes les expériences, et nous en donnons ici une description générale (*cf.* de Bonis *et al.*, 1999, pour une description plus détaillée). Les photos de visages ont été présentées successivement, l'une après l'autre, pendant un temps bref (1 min environ) sur un écran selon un ordre aléatoire. Ces photos correspondaient à 5 personnages. Dans chaque expérience, il y avait autant d'expressions prototypiques de la joie ou d'une autre émotion (peur, tristesse, colère et dégoût respectivement) que d'expressions chimériques (*i.e.* joie-peur ou peur-joie, joie-tristesse, tristesse-joie, etc.).

Pour chaque expression, les sujets devaient indiquer, par oui ou par non, quelle(s) étai(en)t la ou les émotions exprimées, sur une liste extensive de mots-émotion composée de 9 mots positifs et de 9 mots négatifs, plus la surprise. Dans chaque expérience, la liste des mots était identique et les sujets étaient libres de choisir autant de mots qu'ils le souhaitaient. L'analyse de la concordance entre les réponses des sujets, estimée par le coefficient de Shrout & Fliess (1979), s'est révélée élevée (de .82 à .94 selon les 4 expériences).

4. RÉSULTATS

Compte tenu de la masse considérable de résultats, il n'est pas possible d'examiner en détail chaque expérience. On se contentera d'indiquer dans un graphique synthétique les pourcentages de reconnaissance de la joie en fonction de la présence ou non d'une bouche souriante dans un visage de peur de tristesse de colère ou de dégoût.

Les différentes courbes correspondent aux pourcentages de reconnaissance de l'émotion de joie telle qu'elle est traduite par un mot. On voit clairement sur ce graphique que la seule présence d'une bouche souriante, quelle que soit l'expression dans laquelle cette bouche est insérée, correspond à une augmentation nette du pourcentage de reconnaissance, tandis que l'expression complète de joie atteint un pourcen-

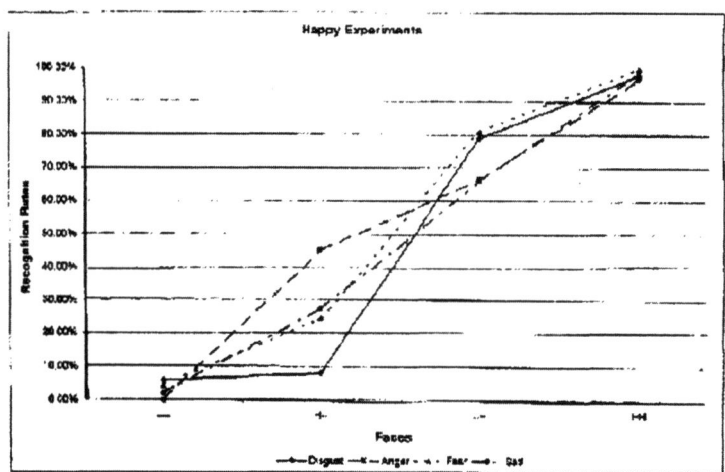

Figure 1 — Reconnaissance de la joie à partir de visages présentant ou non une bouche souriante.

tage proche de 100 % et confirme la stabilité des réponses quelque soient les groupes de sujets considérés. Bien que les pourcentages de reconnaissance varient suivant que la bouche souriante est insérée dans des contextes différents, ces pourcentages dépassent toujours 60 % et atteignent des valeurs aussi élevées que 80 % lorsque la bouche souriante est insérée dans un visage de dégoût ou de peur. Il est important de souligner que les autres mots-émotions suivent à peu de choses près la même évolution selon que l'on présente le visage entier ou les visages chimériques, dans lesquels la bouche souriante est insérée dans des visages de peur, de tristesse, de colère ou de dégoût.

5. DISCUSSION ET CONCLUSIONS

Les données que nous avons présentées montrent :

– qu'il existe bien (au moins) une unité faciale : la bouche souriante, dont la signification est indépendante du contexte ;

– que cette unité, plus petite que le visage lui même, est bien une primitive iconique de l'expression faciale ;

– qu'il existe probablement d'autres primitives iconiques, dont l'identification pourrait être faite à l'aide d'un protocole expérimental comparable à celui que nous avons utilisé ici ;

– que l'appariement de cette primitive iconique à des unités lexicales a montré que cette relation n'était pas univoque. En effet, plusieurs unités lexicales (et non pas une seule) sont associées aux expressions faciales. Pour parvenir à satisfaire la théorie des primitives sémantiques, il est maintenant nécessaire de faire correspondre à cette primitive iconique une primitive sémantique.

Ces résultats fournissent une première démonstration expérimentale de l'existence des primitives iconiques.

NOTES

[1] Remerciements : Nous tenons à remercier Paul Ekman pour l'autorisation qu'il nous a donnée d'utiliser sa banque de données photographiques ; Monique Nahas et son équipe, sans qui la fabrication du matériel de visages chimériques n'aurait jamais pu être réalisée ; Fernando Pérez-Diaz qui a participé activement à l'élaboration statistique des données, ainsi que Paul De Boeck pour ses conseils avisés dans le développement des recherches sur la perception de l'expression faciale.
[2] Dans les limites de cet exposé, il n'est pas possible d'examiner les objections multiples venues de l'éthologie, la psychologie ou encore l'anthropologie (voir Russell and Fernandez-Dols, 1997, pour une mise à jour récente).

L'étude de l'expression vocale des émotions : mise en évidence de la dynamique des processus affectifs

Klaus R. Scherer, Tanja Bänziger et Didier Grandjean
Université de Genève

INTRODUCTION

L'étude des expressions émotionnelles a été dominée durant plusieurs décennies par le courant théorique des «émotions de base», qui défend l'existence d'un nombre réduit d'émotions fondamentales. Cette tradition de recherche, qui trouve ses origines dans les travaux de Darwin, postule l'existence d'un programme neuro-moteur inné associé à chaque émotion fondamentale (Ekman, 1972, 1992; Tomkins, 1962, 1963). Dans cette perspective, les expressions émotionnelles sont également en nombre limité, correspondent à des états relativement statiques et sont universellement partagées.

Les théoriciens issus de ce courant de recherche ont dévolu leur attention essentiellement à l'étude des expressions faciales. De nombreuses études ont été réalisées d'une part dans le but de décrire des prototypes expressifs statiques correspondant aux émotions fondamentales, et d'autre part afin de démontrer l'universalité de la reconnaissance d'un nombre limité d'expressions émotionnelles sur la base de photographies représentant ces prototypes expressifs (cf. Ekman, 1972, 1989; Ekman & Rosenberg, 1997).

L'étude des expressions émotionnelles vocales a été comparativement négligée. Récemment toutefois, le développement des nouvelles technologies de communication a attiré l'attention d'un nombre toujours croissant de chercheurs sur les aspects pragmatiques et para-linguistiques de la communication verbale. Alors que l'étude des expressions faciales à l'aide de photographies favorise une conception figée et statique de l'expression émotionnelle, les expressions vocales qui sont essentiellement dynamiques et changeantes nous contraignent à adopter une conception plus dynamique et variable des réactions émotionnelles elles-mêmes.

Ce chapitre préconise le développement de l'étude des expressions vocales dans le cadre d'une conception de la réaction émotionnelle qui intègre non seulement la composante dynamique, mais également la composante interactive, sociale et la complexité de la réaction émotionnelle. Dans cette perspective, un certain nombre d'études sur l'expression et la communication vocale des émotions qui favorisent une telle conception de la réaction émotionnelle seront présentées.

1. LE MODÈLE DES PROCESSUS-COMPOSANTES

Durant plusieurs décennies, la focalisation de la recherche sur l'étude des expressions faciales émotionnelles a favorisé une conception statique de l'émotion, et la conception d'un individu dépourvu d'interactions avec son environnement matériel et social lors de l'expérience émotionnelle. Le modèle des processus-composantes de Scherer (1984b, 1986, 2001), décrit ci-dessous, offre un cadre théorique qui permet de concevoir l'émotion comme un processus fluctuant et qui replace l'individu dans un contexte situationnel.

Ce modèle stipule que des modifications continuelles de toutes les composantes de la réaction émotionnelle, et notamment de la composante expressive, résultent d'un processus d'évaluation de l'événement ou de la situation inducteurs de l'émotion. L'événement (la situation) est évalué par le sujet en fonction de différents critères.

En premier lieu, *la pertinence de l'événement* pour le sujet est évaluée. Un événement qui se produit soudainement, qui n'est pas familier et peu prévisible, et qui de plus est évalué comme ayant une importance — soit positive soit négative — particulière pour l'individu va réorienter une grande partie des ressources de cet individu et déclencher une série de réactions tant au niveau de son système nerveux central que de son système nerveux périphérique (autonome et somatique). Cette première évaluation sera réalisée très rapidement ; parallèlement, l'individu évalue également *les implications de cet événement relativement à ses buts et à ses besoins*. Différentes réactions observables et non observables telles que des modifications de l'activité autonome ou des changements au niveau des expressions faciales ou vocales seront initiées selon qu'un événement sera évalué, par exemple, comme entravant ou au contraire comme favorisant les buts de l'individu. L'individu évaluera également *son potentiel de maîtrise face à cette situation.* L'évaluation de la contrôlabilité de la situation ainsi que des ressources propres de l'individu influenceront également l'ensemble des réactions expressives, physiologiques, motivationnelles de l'individu. Finalement, le modèle stipule que l'individu évalue *la compatibilité de l'événement avec ses normes et ses standards*, il aura notamment des réactions différentes selon qu'il jugera l'événement comme moral ou immoral.

Ce processus d'évaluation est conçu comme continu et permanent, cela signifie que les situations sont constamment réévaluées selon les critères décrits ci-dessus. L'évolution de la situation au cours du temps, ainsi que l'impact même du sujet et de ses réactions sur la situation, seront donc intégrés progressivement à l'évaluation de la situation par le sujet et en conséquence à ses réactions, notamment à ses réactions expressives.

Ces évaluations — bien que théoriquement réalisées continuellement et en parallèle — affectent séquentiellement les différentes composantes de la réaction émotionnelle. La figure 1 illustre l'effet postulé des évaluations successives d'un événement sur différents éléments de l'expression faciale qui se modifient de manière dynamique.

Contrairement à la perspective issue du courant théorique des émotions de base qui considère qu'il n'existe qu'un nombre limité d'expressions discrètes et statiques correspondant aux émotions fondamenta-

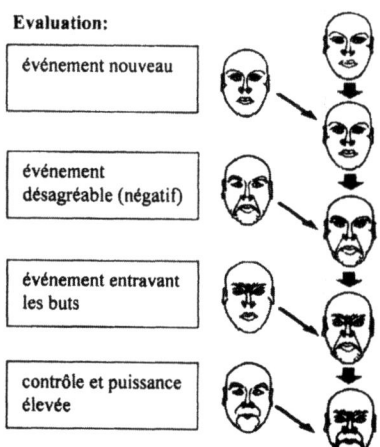

Figure 1 — Illustration de la dynamique des expressions faciales en fonction des évaluations cognitives.

les, ce modèle propose donc une conception de l'expression dynamique et modulable. Différentes composantes de l'expression apparaissent et disparaissent au fil de l'évaluation et de la réévaluation de la situation. L'expression évolue en fonction des évaluations que le sujet effectue relativement à son environnement matériel et social.

2. PRÉDICTIONS POUR L'EXPRESSION VOCALE

Scherer (1986) a proposé une série de prédictions concernant les effets de différents types d'évaluations sur l'expression vocale. Une partie de ces prédictions est rapportée dans le tableau 1. Selon Scherer, les évaluations effectuées par le sujet initient un certain nombre de réactions endocriniennes, somatiques et autonomes. Tout l'appareil de production vocale — le système respiratoire, les systèmes responsables de la phonation et de l'articulation — seront affectés de diverses manières par le résultat des évaluations effectuées par le sujet. Ces réactions, qui incluent par exemple des changements du rythme de la respiration, des modifications de la tension musculaire ou encore des modifications au niveau de la salivation (*cf.* Scherer, 1986) vont à leur tour affecter l'expression vocale du sujet.

En 1996, Banse & Scherer ont publié une étude basée sur des enregistrements produits par des acteurs qui exprimaient 14 états affectifs différents. Dans cette étude, des scénarios décrivant des situations inductrices de différents états ont été soumis à des acteurs qui avaient reçu l'instruction d'exprimer la réaction émotionnelle qu'induirait la situation décrite. Sur la base du modèle décrit ci-dessus, des modifications ont été prédites pour un ensemble de paramètres acoustiques incluant des mesures relatives à l'intensité, à la fréquence fondamentale, au débit et au spectre des enregistrements. Les prédictions ont été formulées et testées pour 12 des 14 états simulés par les acteurs, une partie des prédictions se sont révélées conformes aux résultats obtenus dans cette étude (*cf.* Banse & Scherer, 1996).

Une limitation évidente du cadre conceptuel offert par les théories des «émotions de base» réside dans le faible niveau de différentiation des émotions décrites par ce courant théorique. Dans cette approche classique, les émotions et, par extension, les expressions émotionnelles sont toujours en nombre limité. Leur nombre et leur qualité varient en fonction des auteurs bien qu'il semble exister un consensus sur au moins un sous-ensemble «d'émotions fondamentales» qui correspondraient à la joie, la peur, la tristesse, la colère, le dégoût et la surprise. Dans l'étude de

Tableau 1 — Effets prédits des résultats de l'évaluation sur la voix
(traduit et adapté de Scherer, 1986).

Critères d'évaluation	Effets sur la voix
NOUVEAUTÉ	
la situation est nouvelle	interruption de la phonation, inhalation soudaine, silence, aspiration (son fricatif) avec occlusion glottale (spectre analogue au bruit)
la situation n'est pas nouvelle	pas de changements
AGRÉMENT	
la situation est agréable	expansion pharyngale, relaxation des parois du tractus vocal, tractus vocal raccourci par les coins de la bouche rétractés vers le haut, augmentation de l'énergie dans les basses fréquences, diminution de F1, élargissement léger de la bande spectrale de F1, nasalité vélo-pharyngale, résonances plus élevées *voix ample*
la situation est désagréable	constriction pharyngale, tension des parois du tractus vocal, tractus vocal raccourci par les coins de la bouche rétractés vers le bas, augmentation de l'énergie dans les hautes fréquences, augmentation de F1, diminution de F2 et F3, bande spectrale de F1 étroite, nasalité laryngo-pharyngale, résonances plus élevées *voix étroite*
IMPLICATION POUR LES BUTS/BESOINS	
La situation est pertinente pour les buts et conforme aux attentes	relaxation générale de l'appareil vocal, augmentation de salivation, F0 proche des valeurs de plancher, amplitude faible à modérée, résonances équilibrées avec légère diminution de l'énergie dans les hautes fréquences *voix relâchée* lorsque la situation favorise les buts de l'individu : *voix relâchée et ample* lorsque la situation entrave les buts de l'individu : *voix relâchée et étroite*
La situation est pertinente pour les buts et non-conforme aux attentes	tension générale de l'appareil vocal et respiratoire, diminution de salivation, accroissement de la F0 et de l'amplitude, micro-perturbation de la F0 et de l'amplitude ("jitter" et "shimmer") accroissement de l'énergie dans les hautes fréquences, bande spectrale de F1 étroite, différences prononcées au niveau de la fréquence des formants *voix tendue* lorsque la situation favorise les buts de l'individu : *voix tendue et ample* lorsque la situation entrave les buts de l'individu : *voix tendue et étroite*

POTENTIEL DE MAÎTRISE	
pas de contrôle	hypotonie de l'appareil vocal et respiratoire, F0 basse et étendue de F0 réduite, amplitude faible, pulsations faibles, très peu d'énergie dans les hautes fréquences, bruit spectral, fréquences des formants avoisinant les valeurs neutres, bande spectrale de F1 large *voix molle*
contrôle élevé	*voix tendue* (*cf.* description ci-dessus)
situation contrôlable et puissance élevée	respiration profonde et puissante ; "registre de poitrine", F0 basse, amplitude élevée, beaucoup d'énergie dans toutes les bandes de fréquences *voix pleine*
situation contrôlable et peu de puissance	respiration superficielle rapide ; "registre de tête", F0 élevée, harmoniques très espacées avec relativement peu d'énergie *voie fluette*

ACCORD AVEC LES NORMES	
Normes respectées	*voix ample et pleine* + *relâchée* si la situation est conforme aux attentes + *tendue* si la situation n'est pas conforme aux attentes
Normes violées	*voix étroite et fluette* + *molle* si la situation n'est pas contrôlable + *tendue* si la situation est contrôlable

Banse & Scherer, les 4 émotions «joie», «peur», «colère» et «tristesse» ont été simulées par les acteurs dans 2 variantes pour chaque type d'émotion : «la joie calme» («satisfaction») et «la joie intense» («exaltation»), «l'inquiétude» et «la peur panique», «l'irritation» et «la rage», «la tristesse résignée» et «le désespoir». Dans le modèle des processus-composantes décrit ci-dessus, les 2 types de réactions qui sont regroupés sous la même étiquette par les théories des émotions de base correspondent à des résultats différents sur une partie des critères d'évaluation considérés. Bien qu'il n'existe pas de prédictions concrètes concernant les expressions vocales, les théories des émotions de base stipulent qu'à chaque émotion de base correspond un pattern expressif défini. Cette affirmation est contredite par les résultats de l'étude de Banse & Scherer (1996) qui mettent en évidence des profils acoustiques différents à l'intérieur des «familles» émotionnelles «peur», «tristesse», «joie» et «colère».

En 1986, un article de Frick met déjà en évidence la nécessité de différencier plusieurs expressions vocales habituellement regroupées sous l'étiquette «colère». Frick distingue un type de «colère» lié à l'agression et un type de «colère» lié à la frustration. Son article décrit les différences qu'il observe entre les 2 types de «colère» sur le plan acoustique. Il démontre également que des juges peuvent discriminer correctement un ensemble d'expressions vocales «agressives» relativement à des expressions «frustrées». A ce jour, il apparaît que la très grande variabilité des expressions vocales émotionnelles ne sera pas appréhendée correctement par la recherche en limitant le champ d'étude aux «émotions de base», un cadre théorique tel que le modèle des processus-composantes offre à notre avis davantage de possibilités de développer des prédictions concernant les modifications acoustiques associées aux réactions émotionnelles.

Dans cette perspective, Johnstone (2001) a réalisé des enregistrements des réactions physiologiques ainsi que des enregistrements vocaux d'individus placés en laboratoire dans des situations destinées à manipuler 2 dimensions d'évaluation. L'implication de la situation relativement au but des individus — un événement favorise ou au contraire entrave les buts du sujet — et la contrôlabilité de la situation — le contrôle du sujet sur la situation est soit élevé soit réduit — ont été manipulées dans le cadre d'un jeu d'ordinateur. L'enregistrement des réactions physiologiques des participants a permis de mettre en évidence un effet d'interaction des 2 dimensions manipulées. Conformément aux attentes, les situations qui entravent les buts des individus produisent une réaction plus importante au niveau de l'activation de la branche sympathique du système nerveux autonome des individus relativement aux situations qui favorisent leurs buts. Mais se sont surtout les situations qui à la fois entravent le but des participants et sont peu contrôlables qui produisent l'effet le plus massif sur l'activation sympathique évaluée par le niveau de conductance de la peau (Johnstone *et al.*, soumis). Selon le modèle des processus-composantes de Scherer, les situations évaluées comme entravant les buts et pour lesquels il n'existe que peu de possibilité de contrôle accroissent la probabilité d'apparition chez le sujet d'une réaction émotionnelle qui se situe dans le domaine de l'inquiétude, du stress anxieux, voire de la peur. Dans le contexte de l'étude décrite ci-dessus, il est difficile de qualifier de «peur» l'émotion vécue par les participants dans les situations défavorables et peu contrôlables du jeu. L'enjeu n'étant pas extrêmement important pour les participants, il est plus raisonnable de dire qu'il s'agit ici de réaction de «stress anxieux» ou d'inquiétude. Johnstone a pu mettre en évidence que, dans ces situations défavorables et peu contrôlables, la période d'ouverture de la glotte (mesurée par électroglottographie) diminue en association avec l'augmentation de la conductance de la peau. Sur le plan acoustique, les résultats de Johnstone montrent que cela se traduit par une élévation des valeurs de plancher de la fréquence fondamentale («F0 *floor*»).

Cette étude illustre la possibilité d'intégrer des résultats acoustiques à un modèle théorique explicatif. La différence observée par Johnstone au niveau des valeurs de plancher de la fréquence fondamentale peut être conçue non seulement comme une composante d'une expression d'inquiétude, mais peut être décrite plus spécifiquement dans ce cas comme liée à l'augmentation de l'activation sympathique du sujet qui est elle-même due à une situation perçue comme défavorable et peu contrôlable. Des définitions de cette sorte, fondées sur des bases théoriques explicitement formulées, sont à notre avis nécessaires dans le but de comparer et d'intégrer les résultats rapportés par les différents chercheurs qui étudient les expressions vocales émotionnelles.

3. ÉTUDIER LE PROCESSUS DE COMMUNICATION

Bien que les réactions émotionnelles surviennent probablement très fréquemment dans le cadre d'interactions sociales, elles sont le plus souvent étudiées en isolant les individus. Les expressions faciales et les réactions physiologiques qui font partie de la réaction émotionnelle sont étudiées habituellement en observant des individus qui visionnent des photographies ou des films à forte charge émotionnelle (cf. par exemple Bradley, Cuthbert & Lang, 1996; Sanna, 1998) ou qui interagissent avec un ordinateur (cf. par exemple MacDowell & Mandler, 1990). Les chercheurs qui étudient l'expression vocale des émotions sont quant à eux presque inévitablement confrontés à la dimension sociale de la réaction émotionnelle. Les expressions émotionnelles vocales sont presque toujours étudiées dans le contexte de la communication verbale qui — en principe — se déroule entre deux individus ou plus. L'effet de l'acte de communication qui, en général, accompagne ou se superpose à l'expression spontanée de l'émotion vécue par les participants constitue une préoccupation centrale, mais encore non résolue dans ce domaine de recherche.

A ce jour, un certain nombre de recherches ont été dévolues à la tromperie qui consiste à dissimuler volontairement l'émotion vécue au niveau de l'expression (Ekman & Rosenberg, 1998; Ekman & Frank, 1993). Des théories issues de la psychologie du travail ont mis en avant le rôle du contrôle exercé par certains environnements sociaux sur l'expression émotionnelle des individus («emotion labor», Hochschild, 2000). Au-delà de ces formes de contrôle très conscient et délibéré interviennent également les contrôles qui ont été intégrés et automatisés par les individus au cours de leur développement («display rules», cf. par exemple Matsumoto, 1990). Une large part des différences interculturelles au niveau de l'expressivité s'expliquerait par cette forme de contrôle automatisé. Au-delà de la discussion relative au caractère volontaire versus automatisé du contrôle de l'expression, il semble en tous cas clairement établi que l'expression d'un individu en situation sociale ne constitue pas un reflet direct de son expérience émotionnelle vécue. A ce propos, Scherer (1989) a proposé de distinguer deux composantes au niveau des expressions vocales émotionnelles, la composante déterminée directement par les modifications physiologiques liées à l'activation émotionnelle d'un sujet (effets «push» produits par des déterminants internes au sujet), et la composante déterminée par le contexte, notamment l'environnement social, dans lequel l'individu est placé au moment de la production de l'expression (effets «pull» produits par des déterminants externes au sujet). Les influences respectives de ces deux composantes, sur les expressions émotionnelles observables, sont en général confondues. En pratique, il est difficile de séparer les deux influences et il n'existe à notre connaissance pas de tentative systématique dans ce sens.

Dans le domaine de l'étude des expressions vocales, la question de l'influence des déterminants externes (effets «push») relativement à l'influence des déterminants internes (effets «pull») s'articule généralement autour de la discussion concernant l'utilisation d'enregistrements vocaux produits par des acteurs. Afin de contrôler les différences interlocuteurs, la méthode la plus fréquemment utilisée pour étudier les expressions vocales émotionnelles consiste à enregistrer des acteurs qui simulent un nombre prédéfini de réactions émotionnelles. Il est raisonnable de penser que cette approche amplifie la composante de l'expression déterminée par les facteurs externes. L'utilisation très répandue des expressions simulées par les acteurs est donc souvent critiquée du fait que les expressions ne correspondraient pas ou peu à des expressions émotionnelles «véritables», mais plutôt à des modèles enseignés dans les cours d'art dramatique. Il est en fait peu probable que ces expressions ne correspondent en rien aux expressions émotionnelles qui surviennent en situation sociale dans la vie quotidienne. Afin de paraître crédibles et d'avoir un impact sur leurs auditeurs, l'intérêt des acteurs est d'utiliser des codes d'expressions qui seront interprétés comme authentiques. En revanche, l'exagération des codes sociaux de communication est certainement présente dans les enregistrements réalisés par des acteurs et il est possible qu'une partie de la composante «push», associée normalement à la réaction physiologique émotionnelle, soit absente des enregistrements produits par les acteurs. Afin de progresser dans l'étude des expressions vocales, il apparaît qu'il est urgent de développer l'étude des expressions vocales enregistrées dans des situations destinées à induire des émotions et de comparer les expressions produites par les acteurs avec des expressions qui surviennent dans un contexte d'induction émotionnelle.

Une autre distinction importante dans le contexte de la communication se situe entre l'encodage (l'expression de l'émotion) et le décodage (la perception de l'émotion exprimée) des expressions vocales émotionnelles. Les études qui se centrent sur l'encodage des émotions dans la voix visent essentiellement à définir des profils acoustiques pour un ensemble d'expressions émotionnelles. Ces études utilisent souvent un groupe de juges afin de démontrer que les enregistrements utilisés pour réaliser les profils acoustiques expriment effectivement un certain nombre d'émotions. Dans certains cas, des jugements relatifs à la qualité émotionnelle exprimée sont utilisés afin de sélectionner un ensemble d'expressions pour lesquels l'émotion exprimée est particulièrement bien reconnue, les profils acoustiques sont ensuite réalisés à partir de ces enregistrements. Cette forme de contrôle de la manipulation en ce qui concerne les expressions que l'on étudie comporte le désavantage de confondre en partie l'encodage et le décodage des expressions vocales émotionnelles. Lorsque les enregistrements sont sélectionnés pour leur aptitude à communiquer une qualité émotionnelle à des auditeurs, les résultats sur le plan acoustique seront plus représentatifs de caractéristiques perçues comme émotionnelles que de caractéristiques relatives à l'état émotionnel exprimé. Nous ne souhaitons pas défendre qu'il n'existe aucune correspondance entre les modifications vocales qui surviennent dans un contexte émotionnel et les caractéristiques vocales qui déterminent la perception de l'émotion. La correspondance entre ce qui est exprimé et ce qui est perçu est évidemment nécessaire pour un bon fonctionnement de la communication. Nous pensons toutefois que cette correspondance est imparfaite et que cette distinction est particulièrement importante pour différentes applications de la recherche sur les expressions vocales émotionnelles. Lorsqu'une recherche vise à définir des caractéristiques acoustiques qui pourraient être utilisées à des fins diagnostiques — par exemple afin d'évaluer l'évolution de l'état dépressif d'un individu ou l'évolution de l'état émotionnel d'un client de service téléphonique —, l'identification de toutes les caractéristiques acoustiques qui pourraient être indicatives d'un changement d'état sont essentielles, même si ces caractéristiques ne seraient peut-être pas perçues ou ne seraient peut-être pas interprétées par des auditeurs humains comme indiquant un changement d'état. En revanche, pour des applications telles que la synthèse de la parole où l'on souhaiterait que les caractéristiques acoustiques que l'on manipule communiquent une émotion, il est essentiel de définir quelles sont les caractéristiques qui sont perçues comme émotionnelles.

4. UN MODÈLE DE LA COMMUNICATION ÉMOTIONNELLE

Dans un ouvrage de 1956, le psychologue allemand Egon Brunswik a formulé un certain nombre de principes théoriques et méthodologiques relatifs à l'étude de la perception. Il a appliqué ces principes à l'étude de différents phénomènes parmi lesquels figurent entre autres les illusions perceptives, mais également l'attribution de traits psychologiques à partir de l'observation de l'aspect extérieur d'un individu. L'approche utilisée par Brunswik a été reprise par Scherer (1978) pour étudier les jugements relatifs à des traits de personnalité sur la base de l'expression vocale. Scherer a présenté une version modifiée du modèle de Brunswik et proposé son utilisation comme paradigme pour la recherche sur la communication non verbale. Cette adaptation du modèle de Brunswik peut être représentée par la figure 2 (traduite de Scherer, 1978).

Dans ce modèle, les états internes — dans le cas présent les émotions — sont extériorisés sous la forme d'*indices distaux* qui correspondent dans le contexte de la communication vocale aux caractéristiques acoustiques de la voix. La notion d'*extériorisation* recouvre à la fois la communication intentionnelle des états internes et les réactions comportementales et physiologiques involontairement produites. Sur le plan opérationnel, les états internes sont représentés par des *valeurs de critère* et les indices distaux par des *valeurs d'indicateurs*. Ces deux valeurs doivent être évaluées de manière objective. Les indices distaux sont représentés de manière proximale par des *percepts* qui sont le résultat du traitement perceptif réalisé par l'observateur. Sur le plan opérationnel,

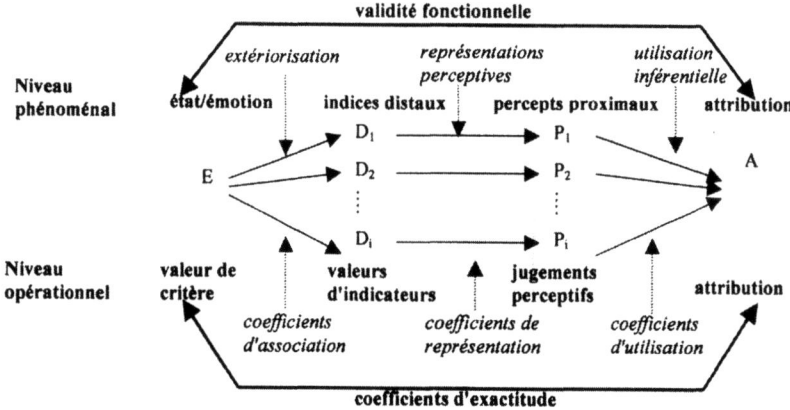

Figure 2 — Adaptation du modèle «lens» de Brunswik pour la perception de l'émotion dans la voix (Scherer, 1978).

les percepts peuvent être évalués par des *jugements* exprimés sous forme de scores sur des échelles/dimensions psychophysiques. Les corrélations entre valeurs d'indicateurs et jugements perceptifs sont désignées par le terme de *coefficient de représentation*, elles indiquent le degré de précision de la projection des indices distaux dans l'espace perceptif de l'individu. L'*attribution* d'un état est le résultat de processus d'inférence basés sur la perception des indices distaux. Ces attributions peuvent être évaluées en obtenant à nouveau des jugements de la part d'observateurs, mais cette fois sur des dimensions psychologiques. Les corrélations entre jugements perceptifs et attributions sont représentées dans le modèle par les *coefficients d'utilisation* qui donnent une mesure de l'utilisation (ou du poids) de chaque indice perçu lors de l'inférence d'un état. L'exactitude des attributions relativement à l'état objectivement observé de l'individu est définie sur le plan opérationnel par la corrélation entre les valeurs de critère et les attributions (*coefficients d'exactitude*).

Ce modèle permet de spécifier et de distinguer les étapes qui sont impliquées dans le processus de communication. La partie gauche du modèle correspond aux processus d'encodage de l'émotion dans la voix, alors que la partie droite recouvre les processus de décodage. En opérationnalisant et en mesurant toutes les étapes décrites par le modèle, il devient possible de représenter le processus de communication et d'évaluer l'importance relative de différentes caractéristiques vocales au niveau de l'encodage et du décodage. Les recherches effectuées dans le domaine de l'expression vocale des émotions incluent le plus souvent une évaluation de l'état émotionnel exprimé (*valeur de critère*). Les recherches centrées sur l'encodage de l'émotion dans la voix mesurent un ensemble de paramètres acoustiques (*valeurs d'indicateur*) afin de décrire les expressions correspondant à différents types d'émotions. Les recherches centrées sur le décodage ont développé parallèlement un ensemble de techniques afin d'obtenir des jugements concernant la qualité émotionnelle de différentes expressions vocales (*attribution*). Les *percepts proximaux* (*jugement perceptifs*) sont plus difficile à évaluer. La principale difficulté réside dans le petit nombre de termes qualificatifs de la voix et de la parole présents dans le vocabulaire courant de la plupart des individus. Une seconde difficulté est mise en évidence par un groupe de chercheurs dans le domaine de l'étude de la voix pathologique. Selon Kreiman & Gerratt (1998), l'évaluation de la qualité vocale sur des échelles telles que « rauque » (« rough ») ou « soufflée » (« breathy ») ne produit pas de jugements fiables. Kreiman & Gerratt contestent à la fois la fidélité test/re-test et la fidélité interindividuelle de ce type de jugements. Selon ces auteurs, les standards de comparaison utilisés par les auditeurs lorsqu'ils effectuent des jugements varient d'un auditeur à l'autre et varient également dans le temps pour un même auditeur.

Nous avons développé une méthode proposée par Granqvist (1996) afin d'obtenir, malgré ces réserves, une estimation des caractéristiques vocales perçues pour un ensemble d'expressions émotionnelles. Cette méthode consiste à demander à des auditeurs/juges d'évaluer l'ensemble des expressions produites par un même individu en les comparant directement pour chaque caractéristique vocale considérée. Un programme informatique a été développé à cet effet. Le programme présente les dimensions vocales — par exemple la hauteur («pitch») ou le volume («loudness» — l'une après l'autre dans un ordre aléatoire. Chaque dimension vocale est représentée par une échelle qui peut être unipolaire ou bipolaire. Les auditeurs doivent disposer les expressions produites par un même locuteur sur chaque échelle en respectant les distances. Cette procédure utilise en partie la méthode classique des «échelles analogues visuelles», dans laquelle la distance évaluée visuellement sur une échelle est utilisée par le sujet pour évaluer de manière répétée une caractéristique donnée. La différence principale entre l'approche «analogue visuelle» classique et cette approche réside dans la présentation simultanée de toutes les expressions — sous forme de symboles visuels identiques pouvant être écouté sur commande de l'auditeur — sur l'échelle vocale. La comparaison directe des enregistrements qui peut être réalisée dans ce contexte permet de pallier au problème de standard de comparaison interne fluctuant soulevé par Kreiman & Gerratt. Afin de répondre au problème des standard interindividuels différents, deux expressions destinées à illustrer chaque dimension vocale jugée ont été ajoutées en dessous de chaque échelle.

Une première série d'études de jugements a permis d'établir que la fidélité inter-auditeurs des réponses est relativement élevée lorsque les jugements sont obtenus par l'intermédiaire de cette procédure. Des jugements ont été obtenus pour huit caractéristiques vocales : l'articulation, la mélodie (intonation), le volume, la hauteur, la rapidité, les qualités rauque, perçante et tremblante. 144 enregistrements d'expressions émotionnelles ont été répartis en 4 groupes, chaque groupe d'enregistrements a été évalué par un groupe différent de 15 à 16 juges sélectionnés aléatoirement. Sur les 32 indices de fidélité calculés (8 échelles multipliées par 4 groupes d'expressions et de juges), l'indice le plus faible a été obtenu pour l'échelle «qualité rauque» et le deuxième groupe de juges. Pour cette échelle et ce groupe, l'indice de fidélité était égal à 0.79, ce qui correspond dans ce cas à une intercorrelation moyenne entre toutes les paires de juges de 0.20. L'indice le plus haut est de 0.99 pour les jugements de «volume». Cet indice a été obtenu par les 4 groupes de juges sur cette dimension, il correspond à des intercorrelations moyennes allant de 0.85 à 0.89. La fidélité inter-juges des réponses est donc clairement dépendante de la dimension vocale évaluée et globalement satisfaisante. Des jugements sur la qualité émotionnelle perçue ont également été obtenus pour les 144 expressions utilisées lors des études de jugements décrites ci-dessus. La qualité émotionnelle a été jugée selon la même procédure que les caractéristiques vocales. Les juges ont été priés de placer les enregistrements sur des échelles correspondant au degré d'émotion perçu. Des jugements ont ainsi été obtenus séparément pour quatre émotions : «colère», «joie», «peur» et «tristesse». La régression multiple des huit dimensions vocales évaluée sur chacune des quatre émotions évaluées permet de rendre compte de 39 % de la variabilité des jugements de «joie», 57 % de la variabilité des jugements de «peur», 65 % de la variabilité des jugements de «tristesse», et 72 % de la variabilité des jugements de «colère». Cette étude démontre, d'une part, qu'il est possible d'obtenir des jugements fiables concernant un ensemble de caractéristiques vocales perçues et, d'autre part, que ces jugements sont clairement liés à la reconnaissance émotionnelle. Il semble dès lors intéressant de développer ce type d'approche afin d'améliorer notre compréhension des processus de décodage de l'émotion à partir d'expressions vocales. Une approche de jugement analytique de ce type paraît indispensable pour la compréhension des mécanismes d'inférence sous-jacents à la communication affective.

5. MÉCANISMES NEUROPSYCHOLOGIQUES SOUS-JACENTS À LA PERCEPTION DE L'EXPRESSION VOCALE

Les paradigmes et les techniques développés dans le champ des neurosciences offrent de nouvelles perspectives à l'étude de la dynamique des processus de décodage de l'expression émotionnelle vocale. Les techniques d'imagerie cérébrale fonctionnelle permettent aujourd'hui d'explorer les processus cérébraux en jeu dans des activités cognitives et émotionnelles déterminées avec des résolutions temporelle et spatiale de plus en plus fines. De plus, l'identification des régions cérébrales spécialisées dans le traitement des aspects linguistiques de la parole d'un côté, et des aspects pragmatiques et affectifs de l'autre, représente un atout important de cette approche.

L'intégration de la dimension temporelle dans l'étude des processus cognitifs impliqués dans la genèse ou la reconnaissance d'émotions est indispensable à une étude réaliste des phénomènes en jeu. En effet, l'ensemble des processus nous permettant soit l'expression, soit l'identification de composantes émotionnelles dans une interaction sociale est toujours caractérisé par son déroulement au sein d'une séquence dynamique. La voix, par ses caractéristiques intrinsèques, est particulièrement représentative d'un processus se déroulant dans le temps et permet, par son étude, de mettre en évidence, dans l'étude des phénomènes émotionnels, l'importance de la dimension temporelle. La technique d'imagerie cérébrale fonctionnelle la plus précise, sur le plan temporel, reste l'électroencéphalographie (EEG). Nous nous intéresserons ici plus particulièrement aux potentiels évoqués. Ces composantes électrophysiologiques sont obtenues en moyennant un grand nombre de mesures permettant d'éliminer le bruit de fond de l'EEG spontané. L'étude de leur décours temporel dans les processus de traitement de l'information permet de mettre en lien leurs caractéristiques et leurs modifications avec les activités cognitives dans laquelle le sujet est engagé.

Comme l'ont suggéré Pascual-Marqui, Michel & Lehman (1995), les processus fonctionnels cognitifs, dans une tâche donnée, peuvent être représentés en micro-états fonctionnels se succédant dans le temps. Il est possible de représenter ces différents micro-états fonctionnels par les différentes cartes topographiques des valeurs de potentiels électriques mesurés sur le scalp et se succédant dans le temps pour une activité cognitive déterminée. Ces micro-états correspondraient à des états mentaux/physiologiques du cerveau d'une durée de quelques dizaines à quelques centaines de millisecondes, et signant l'activité de générateurs neuronaux distribués du cortex cérébral. Cette technique de segmentation permet une analyse fine des différentes activations électrophysiologiques résultant de processus cognitifs.

De nombreux travaux mettent en évidence l'implication différenciée des hémisphères cérébraux en fonction de l'analyse de différents niveaux du langage (par exemple Ross, 1981). L'hémisphère gauche serait spécialisé dans le niveau segmental du langage alors que l'hémisphère droit serait impliqué dans le niveau supra-segmental, et donc prosodique. Dans ce cadre, nous avons réalisé une étude préliminaire sur les processus neurologiques impliqués dans l'inférence de la signification de différents contours intonatifs. Ces aspects prosodiques de la parole sont particulièrement intéressants pour leur capacité à représenter des catégories phonétiques, sémantiques et pragmatiques. Les activités électrophysiologiques durant une tâche de discrimination de prosodie émotionnelle ont été comparées aux activités durant une tâche de discrimination de prosodie sémantique (linguistique) et de discrimination phonémique.

Nous nous centrerons ici essentiellement sur la synthèse des stimuli et illustrerons l'intérêt de la prise en compte de la dimension temporelle par la présentation d'une série de cartes topographiques de potentiels électriques dans une tâche de discrimination de prosodie émotionnelle.

Les stimuli ont été créés avec le synthétiseur vocal «Mbrola», développé par la faculté Polytechnique de Mons en Belgique par Dutoit en 1997. Cette option a été préférée à des stimuli produits par des acteurs; ils permettent en effet une manipulation très précise des caractéristiques acoustiques. Trois mots ont été utilisés dans ce paradigme : «vallon», «talon» et «ballon». Les mots ont été synthétisés sur une durée totale de 400 millisecondes. Les différents phonèmes ([v], [t], [b] et [a], [l], [o~]) duraient 100 ms chacun.

Dans cette expérience, les participants avaient pour tâche de catégoriser les stimuli en trois classes dans trois phases expérimentales différentes :
– discrimination prosodique émotionnelle : joie, tristesse, neutre;
– discrimination prosodique sémantique (linguistique) : interrogatif, affirmatif, neutre;
– discrimination phonémique : «vallon», «talon», «ballon».

Sur la base des prédictions de Banse & Scherer (1996), nous avons modifié deux paramètres acoustiques de ces énoncés vocaux synthétisés afin qu'ils puissent être discriminés sur les plans prosodiques émotionnel et sémantique. Les modifications acoustiques ont porté sur la hauteur («pitch») et l'enveloppe des énoncés vocaux à partir de l'énoncé vocal synthétisé «neutre» (voir figure 3).

Afin de s'assurer que les modifications effectuées sur ces deux paramètres acoustiques reflètent bien les différentes intonations prévues, nous avons effectué une étude de jugement avec 20 participants. Dans une première tâche, ces participants devaient indiquer sur une échelle continue (de «inexistant» à «très fort») l'état émotionnel perçu dans la voix du locuteur, sur cinq émotions : joie, triste, ennui, content et colère (voir figure 4). Les stimuli «joie» obtiennent un score très élevé sur les échelles de «joie» et «contentement», et très bas sur les autres émotions; les stimuli «triste» présentent un pattern inversé : ils obtiennent un score élevé pour les émotions «triste» et «ennui», et très bas sur les émotions positives de «contentement» et «joie». A noter que les stimuli «neutre» sont évalués de manière similaire aux stimuli «triste». Dans une deuxième tâche, les participants devaient discriminer entre trois possibilités : joyeux, triste ou neutre dans la tâche de discrimination émotionnelle; affirmatif, interrogatif ou neutre dans la tâche de discrimination sémantique; «ballon», «talon» ou «vallon» dans la tâche

Figure 3 — Manipulation des dimensions de hauteur («pitch»)
et d'intensité du contour d'intonation dans un mot-cible.

Type de prosodie		Hauteur ou «pitch» (Hz/time)	Energie (dB/time)
Neutre		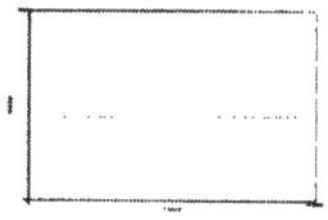	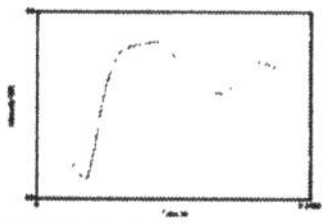
Prosodie émotionnelle	Joie		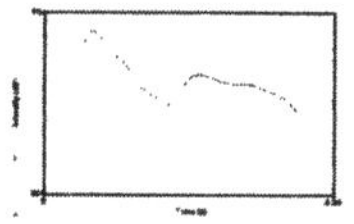
	Tristesse		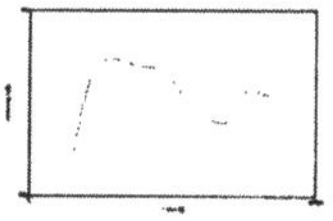
Prosodie sémantique ou linguistique	Interrogatif		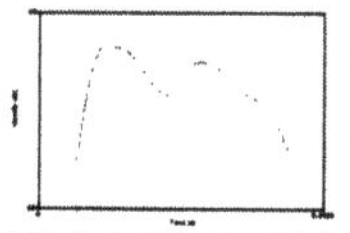
	Affirmatif	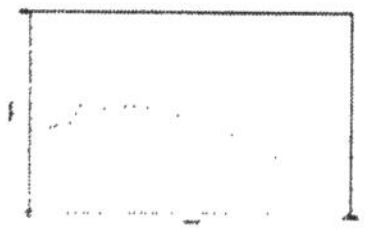	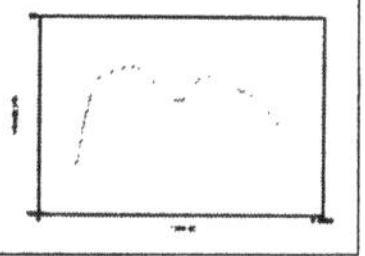

de discrimination phonémique. Les résultats montrent une très bonne reconnaissance des stimuli « joie » (96,8 % de reconnaissance correcte), les stimuli « triste » et « neutre » sont moins bien reconnus (respectivement 69 % et 78,1 % de correct), ceci étant dû à des confusions entre les deux.

La modulation de ces deux paramètres acoustiques permet donc aux participants, dans nos tâches, de discriminer les différents types de prosodies affectives synthétisées. La discrimination des stimuli avec prosodie linguistique modifiée sont également bien reconnus (interrogatif = 94,7 %; affirmatif = 74,9 %; neutre = 77,8 %, avec quelques confusions entre ces deux derniers).

Cette étude de jugement préliminaire a permis de valider nos stimuli en démontrant que ceux-ci sont bien discriminés et identifiés. La figure 5

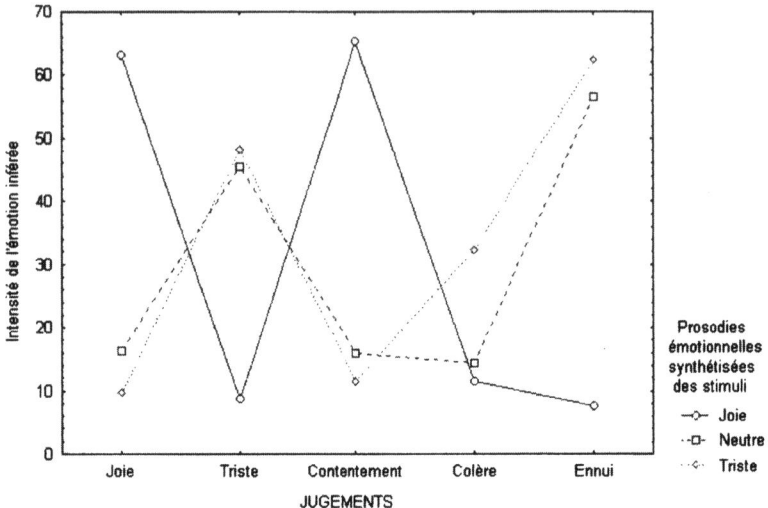

Figure 4 — Moyennes des jugements des stimuli par type d'émotion (N = 20).

ci-dessous présente une illustration de l'importance de la dimension temporelle pour l'étude des processus émotionnels. Sur cette figure, représentant les différences de potentiels entre 125 électrodes appliquées sur le scalp, nous avons mis en évidence les périodes stables versus de transition reflétant des micro-états fonctionnels distincts, et donc l'activation de réseaux neuronaux différents, comme nous l'avons expliqué précédemment. Ce sont les 340 premières millisecondes durant la présentation des stimuli dans la condition de discrimination de prosodie émotionnelle qui sont représentées. Notez que les périodes dites stables présentent une configuration topographique des potentiels semblables, alors que les périodes dites de transition marquent le début d'une nouvelle configuration des potentiels électriques mesurés sur le scalp. Les résultats de telles études permettent d'inférer les régions spécialisées dans le traitement des aspects linguistiques et affectifs de la prosodie et le déroulement temporel de ce traitement.

Nous pouvons donc, aujourd'hui, étudier les activations corticales dans les processus émotionnels en temps réel, ceci permettant ainsi d'explorer de manière pointue ces mécanismes. Notez que des cartes topographiques spécifiques de la discrimination émotionnelle ont pu être mises en évidence, signant par là des processus spécifiques à cette tâche comparée à la discrimination prosodique linguistique.

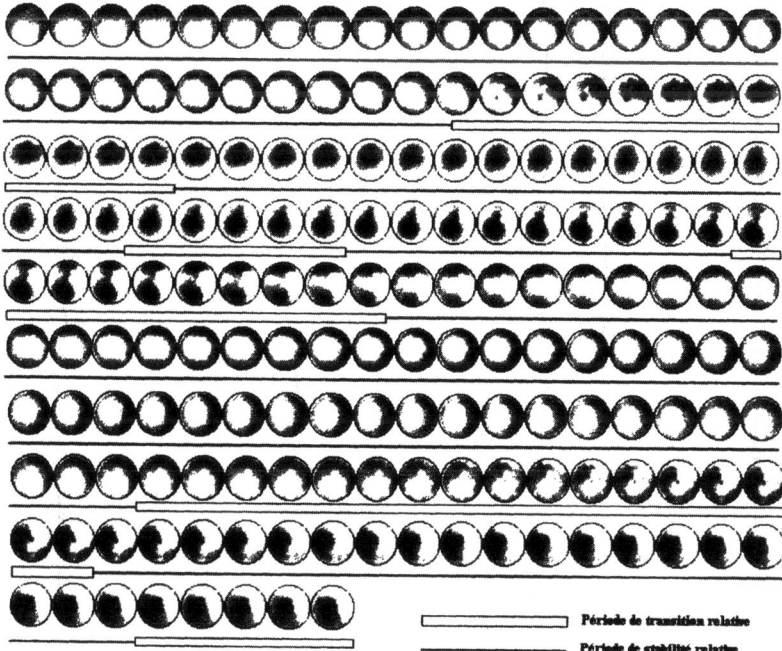

Note : chaque cercle représente une carte topographique du scalp vue de dessus (la partie supérieure de chaque carte représentant la partie antérieure du scalp) toutes les 2 millisecondes durant 340 millisecondes. L'augmentation de l'intensité de gris signale une positivité, les parties claires représentent une négativité. Ces cartes ont été obtenues par moyennage sur 7 participants.

Figure 5 — Cartes topographiques des potentiels évoqués dans une tâche de discrimination de prosodie émotionnelle.

Ces résultats préliminaires mettent en lumière l'importance de la prise en compte du décours temporel dans l'étude des processus cognitifs impliqués dans le traitement d'informations en lien avec des composantes émotionnelles. Il n'est plus possible aujourd'hui d'évacuer la dimension temporelle de l'étude des processus émotionnels, celle-ci permettant de préciser et d'étudier ces processus de traitement de l'information de manière fine et détaillée.

CONCLUSION

Les processus sous-jacents à l'encodage et au décodage des émotions n'ont été que très peu étudiés. La plupart des recherches se sont concentrées sur l'étude des patterns prototypiques de l'expression des émotions de base. Beaucoup moins d'intérêt a été accordé à la manière dont les processus émotionnels affectent les caractéristiques dynamiques de l'expression vocale. De plus, il existe de nombreux travaux sur la reconnaissance des expressions émotionnelles, mais très peu de données concernant les caractéristiques vocales qui permettent aux auditeurs de reconnaître les émotions exprimées. Ce constat peut être généralisé à l'étude de l'ensemble des réactions émotionnelles qui sont souvent observées et décrites sans référence aux mécanismes et aux processus qui donnent lieu aux phénomènes observés. Nous pensons qu'il est important d'étudier plus systématiquement non seulement les processus sous-jacents aux réactions émotionnelles elles-mêmes, mais également les processus mis en jeu par les interactions des réactions émotionnelles avec l'environnement dans lequel elles surviennent.

D'autre part, il apparaît qu'il est très important d'intégrer à l'approche psychologique des phénomènes émotionnels les contributions d'autres approches. En ce qui concerne les expressions vocales, une connaissance plus complète des processus d'encodage et de décodage peut être atteinte en intégrant les connaissances et les méthodes d'autres disciplines telles que la linguistique ou la neurologie. Cette constatation est également valide pour l'étude plus générale des réactions émotionnelles, qui gagnerait à intégrer les apports des nombreuses perspectives qui s'intéressent aujourd'hui à l'étude de l'émotion.

Les deux voies de communication de l'émotion (en situation d'interaction de face à face)

Jacques Cosnier
Université Lumière - Lyon 2, GRIC

1. LA PREMIÈRE VOIE EST LA VOIE LANGAGIÈRE

L'espèce humaine est une espèce bavarde, c'est grâce à cela qu'elle a pu devenir une espèce culturelle, thésauriser des connaissances et créer des sciences, entre autres une science linguistique.

Cette dernière, depuis Saussure et la fondation de la linguistique contemporaine, nous a enseigné que le langage est fait de signes (arbitraires) porteurs de significations et de valeurs, ce à quoi Chomsky a ajouté qu'une grammaire universelle modalisable selon les communautés langagières permettait à chaque individu compétent de générer et de comprendre une infinité de messages utilisant ces signes et ces règles.

On peut dire que ces linguistiques classiques sont des linguistiques du code ; elles imprègnent nos conceptions, qu'elles soient triviales ou savantes. Intuitivement, en effet, nous sommes prédisposés à admettre que nous communiquons avec des unités signifiantes qui transmettent des informations sur des représentations mentales ainsi «signifiées», ces signifiés représentant eux-mêmes des objets abstraits ou concrets, virtuels ou réels, extérieurs au système linguistique bien que souvent définis par lui (des «référents»).

Quel rapport ces rappels élémentaires ont-ils avec les émotions qui nous occupent aujourd'hui ? La réponse est aisée : on sait parfaitement que la parole, expression du code linguistique, est susceptible (1) d'exprimer des émotions, (2) d'en provoquer. La preuve en est donnée par les textes écrits dont le meilleur exemple est celui des romans qui sont justement conçus pour cela : ils racontent des histoires «tristes ou gaies»,

« comiques ou tragiques », etc. C'est un fait que *le code linguistique, même utilisé dans sa forme pure qu'est la forme écrite, est un instrument parfaitement capable de provoquer (transmettre) des émotions.* (On trouvera dans Plantin *et al.*, 2000, plusieurs revues critiques de ces aspects linguistiques et pragmatiques, voir aussi dans le présent ouvrage, l'article de C. Plantin).

Donc, la communication émotionnelle peut fonctionner sans voix et sans gestes... mais tout nous porte à croire que dans la vie courante, elle fonctionne souvent encore mieux avec eux.

D'ailleurs, la linguistique moderne (ou post-moderne), interactionniste ou pragmatique, en intégrant l'oralité dans ses objets d'étude, a élargi la conception du langage : le fameux « système de signes » s'avère hétérogène car les signes observés en situation d'interaction directe paraissent vite être de nature aussi bien verbale que vocale ou gestuelle.

Pour être bref, je ne ferai que rappeler les multiples travaux poursuivis depuis une trentaine d'année (plus même, si l'on remonte à des précurseurs comme Wundt, 1921, ou Efron, 1941) qui ont bien mis en évidence les nombreuses fonctions des gestes dans la communication langagière : déictiques, illustratifs, iconiques et métaphoriques, expressifs, quasi-linguistiques, régulateurs (Cosnier, 1977 ; Cosnier & Vaysse, 1997 ; Cosnier, 2000b)...

Les gestes et les mimiques constitueraient des éléments signifiants qui s'associeraient aux signes linguistiques (et vocaux) pour donner un énoncé langagier hétérogène ou « Totexte » fait de Texte (le Verbal) et de Cotexte (le Gestuel et le Vocal).

Selon ce point de vue, qui me semble aujourd'hui assez généralement admis, la place des émotions dans la communication paraît facile à schématiser : un signal-déclencheur (interne ou externe) suscite un état émotionnel, jouant le rôle de « signifié », dont l'expression comportementale particulièrement mimique et vocale joue le rôle de « signifiant ». Ce dernier, soumis à la double contrainte des schèmes biologiques précablés et des modalisations sociales (*display rules*), constitue un signe que les partenaires-récepteurs, eux-mêmes doublement compétents (biologiquement et culturellement), décoderont et intégreront dans l'échange communicatif.

Les deux schémas suivants illustrent ces propositions.

Comme on le voit, cette conception est formulée en termes de la théorie classique de la communication classique : la communication consiste

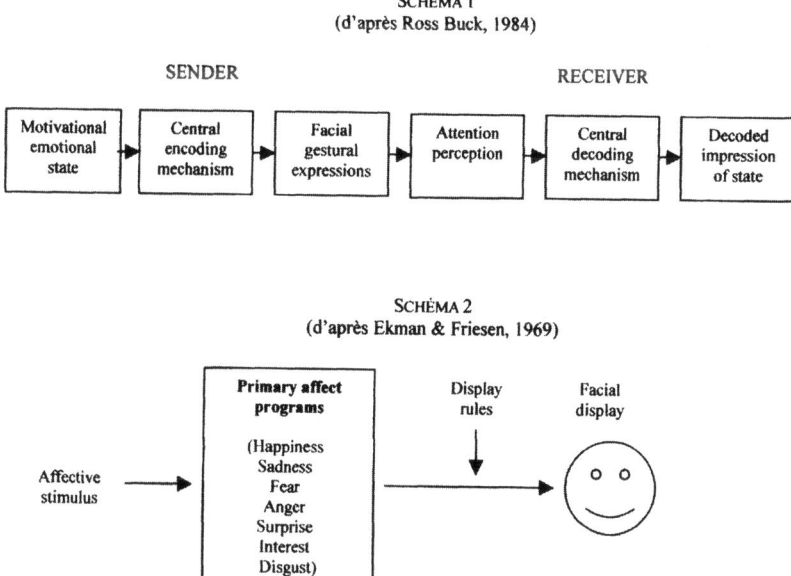

en échanges de signaux, ici des «signaux émotionnels», susceptibles d'être codés et décodés par tout interactant compétent.

Sous cet angle, on peut dire de ce langage total qu'il est, comme le langage uniquement verbal, parfaitement capable d'exprimer et de provoquer des émotions, et de nombreux travaux ont montré que parmi les signes gestuels les plus aptes à transmettre les informations affectives, les expressions faciales et les postures ont un statut privilégié.

2. LA DEUXIÈME VOIE EST CORPORALISÉE : L'EMPATHIE ET L'ANALYSEUR CORPOREL

Le modèle précédent, en termes d'échange d'énoncés communicatifs, malgré son apparente rationalité, nécessite cependant des rectifications et des ajouts lorsqu'on le confronte aux données empiriques.

Les études de la gestualité nous ont en effet amenés progressivement à constater, puis à admettre, que son rôle n'est pas seulement de contribuer à la constitution d'un énoncé signifiant, mais qu'elle joue un rôle actif dans le processus-même créateur de cet énoncé, aussi bien dans ses aspects textuels que cotextuels.

Outre l'activité motrice phonatoire spécifique, et la production de signes gestuels ci-dessus signalée, on observe que l'activité corporelle globale joue un rôle «facilitateur» important pour la production de la chaîne parlée *et même, on peut faire l'hypothèse qu'entre le niveau représentatif mental ou «intentionnel» et la mise en mots, il y aurait très souvent l'intermédiaire d'une mise en corps, dont un reflet serait la mise en geste ; de plus, la mise en corps pourrait elle-même être une source de la mentalisation.*

Cette «pensée imagée», selon l'expression de D. McNeill, est en premier lieu utile, voire nécessaire, pour le «parleur-énonciateur» : ce que confirme le fait qu'un lecteur (parleur-non-énonciateur) n'a pas besoin de cette activité gestuo-corporelle (on peut parfaitement lire à haute voix sans bouger), tandis qu'au contraire, un parleur-énonciateur est en difficulté si sa gestualité est contrainte activement ou passivement, et ceci est vrai aussi bien pour les gestes et les postures que pour les mimiques faciales. *Le corps fournit des supports signifiants multimodaux et, conjointement, sert d'instrument à l'élaboration cognitive et affective.*

Plusieurs types d'expériences ou d'observations illustrent ces fonctions auto-informatives et auto-facilitatrices.

– Il est connu depuis longtemps (*cf.* Titchner, 1908, et de nombreux auteurs après lui) que l'interprétation de portraits ou de photographies de visages provoque chez l'observateur-décodeur des mimiques analogues à celles des images, préalablement ou conjointement à sa réponse verbale.

– De même, j'ai montré avec S. Huyghes-Despointe (2000) que des sujets auxquels on demande d'imaginer et de dessiner des expressions faciales réalisent sur eux-mêmes les mimiques correspondantes au cours de leur activité graphique (figure 1). Le dispositif expérimental consistait à enregistrer en vidéoscopie les visages des dessinateurs et, simultanément, leur production graphique, ce qui permettait de relever la synchronie et l'analogie éventuelle (les expressions faciales étant traitées par le FACS d'Ekman) des dessins produits et des visages. Les émotions provoquant objectivement le plus d'Unités d'Actions étaient dans l'ordre : le dégoût, la joie, la surprise, la colère, la tristesse et la honte ; et, dans la post-enquête, 80 % des 25 sujets déclaraient s'être inspirés de leur propre activité faciale comme modèle à leur activité graphique.

Figure 1 — Le sujet dessine à gauche l'expression de la joie, à droite la tristesse. En cartouche sont filmés les mouvements de la main dessinante.

Ces deux types d'expériences suggèrent que les sujets se réfèrent à leur corps pour induire des représentations mentales par un mécanisme d'auto-feed-back : dans celle de Titchner pour identifier par imitation les expressions d'autrui, dans la nôtre pour induire la représentation mentale à partir de la figuration corporelle.

– Que le corps fournisse ainsi les repères et les supports des représentations discursives, la « loi de désignation du référent présent ou symbolisable » (Cosnier & Vaysse, 1992) en fournit aussi des exemples nombreux. Cette loi peut s'énoncer ainsi : l'évocation discursive d'un objet présent ou symboliquement représentable s'accompagne d'une désignation motrice (généralement pointage digital ou regard) dans la direction de cet objet ou de son représentant. Ainsi, le bras du parleur sera désigné alors que son discours mentionne la fracture du bras d'un ami accidenté, le cuisinier expliquera ce qu'est une dorade royale en passant son doigt sur son propre front, etc.

Il en est de même pour les connotations permanentes du discours : si Paul raconte que Jean est triste, ses mimiques ne refléteront pas la gaieté (ou alors cette discordance attestera d'une relation spéciale entre Paul et Jean).

– Il convient aussi d'évoquer les travaux de G. Calbris, 1990, et D. McNeill, 1992, sur la motivation des gestes et l'intrication étroite de ceux-ci avec la chaîne parlée qu'ils sous-tendent.

– Enfin, et pour en finir avec le corps de l'énonciateur, on a aussi montré que l'activité gestuelle et parolière joue un rôle régulateur sur les activités végétatives. Bouger et parler modèrent les réactions végétatives émotionnelles. Cette autorégulation est variable selon les individus et selon ce que nous avons appelé, empruntant le terme à Watson, l'Organisation Verbo-Viscéro-Motrice : certains sujets sont plus « verbalisés », d'autres plus « motorisés », tandis que d'autres enfin auront peu de moyens auto-calmants efficaces et que de nombreuses combinaisons sont possibles (Cosnier, 1982).

Autant d'éléments aboutissant à la constatation que la mise en corps dans ses différents aspects est souvent aussi utile aux processus cognitivo-émotionnels de l'énonciateur lui-même qu'à la structure signifiante de l'énoncé qui en résulte.

Et cela nous amène à *la seconde voie* de la communication interpersonnelle.

Rappelons que la première voie était celle, déjà bien balisée, selon laquelle l'émetteur-parleur produit un énoncé composite dont les différents signes sont offerts au calcul interprétatif du receveur-écouteur. Mais nous avons vu ensuite que cet énoncé était le produit d'un travail énonciatif complexe où la mise en jeu du corps-parlant jouait un rôle important. Or, il est logique de supposer que si la « mise en corps » est utile au travail énonciatif du sujet, elle joue aussi un rôle important pour le travail dénonciatif de son partenaire.

Le corps de l'énonciataire se livrera à une activité échoïsante, en miroir au modèle effecteur fourni par l'énonciateur, et cette activité permettra, par le mécanisme d'auto-feed-back déjà décrit plus haut, un processus d'empathie inférentielle.

Plusieurs nouveaux arguments étayent cette hypothèse que nous appelons « hypothèse de l'analyseur corporel ».

– En premier lieu, l'observation d'interactions de face à face vidéoscopées (Cosnier, Brunel, 1994, 1997 ; Brunel & Martiny, 2000) permet de localiser les périodes d'accordage optimum (grâce aux commentaires des sujets recueillis en auto-observation différée) et permet de constater que ces périodes coïncident avec de fréquentes échoïsations corporelles (sourires réciproques, changements de postures simultanés, etc.) souvent classées dans les phénomènes de « synchronie interactionnelle ».

– En second lieu, dans une expérience menée avec N. Bonnet (2000a), expérience dénommée « les mimiques de l'interprète », nous avons demandé à 20 sujets d'imaginer les paroles d'un personnage, présenté dans une série de six photographies, en interaction conversationnelle. Les paroles et les gestes des sujets étaient vidéoscopés. Nous

Figure 2 — Le sujet de gauche interprète le sujet de droite qui lui est présenté en photographie.

avons ainsi observé l'imitation fréquente par les sujets interprétants des postures et mimiques du sujet à interpréter : sur les 432 gestes effectués par les sujets, 207 étaient des reproductions partielles ou totales des gestes présentés par le personnage photographié (figure 2).

– En troisième lieu, des données neurophysiologiques récentes montrent que lors de l'observation d'un sujet en mouvement, le cerveau de l'observateur présente des activités analogues à celles qu'il aurait s'il réalisait lui-même cette activité motrice (Rizzolatti, 1995; Jeannerod, 1994).

– Enfin, rappelons les phénomènes spectaculaires de « contagion » affective et motrice des groupes et particulièrement des foules (Hatfield et al., 1994). On sait à quel point les larmes et les rires sont contagieux et souvent irrépressibles.

Tout se passe donc comme si l'on utilisait son propre corps en miroir du corps du partenaire et cette « imitation », « identification », ou « échoïsation » (nous préférons ce terme) du modèle effecteur servirait de source à des représentations et affects tenus pour analogues à ceux du partenaire. *L'intériorisation (ou la « corporalisation ») serait une base des inférences empathiques.*

Rappelons que Liberman & Mattingly (1985) ont émis une hypothèse du même genre pour la perception de la parole connue sous le nom de « théorie motrice de la perception auditive de la parole ».

QUESTIONS OUVERTES EN GUISE DE CONCLUSION PROVISOIRE

La voie de l'empathie par le mécanisme de l'analyseur corporel constitue sans doute un des facteurs fondamentaux de la compréhension d'autrui. Cependant, un certain nombre de questions se posent alors.

La perception intime et synchrone des affects d'autrui peut faciliter la communication mais peut aussi lui nuire, si ces affects sont pénibles ou aversifs pour celui qui les reçoit. On peut alors s'attendre à l'apparition de mécanismes de défense et à la mise en œuvre de diverses stratégies d'évitement et de divergence. Certains de ces mécanismes ont d'ailleurs un statut social, tels les nombreux scripts et rôles attenants de la vie quotidienne. Les règles de politesse en font évidemment partie (Kerbrat-Orecchioni, 1994; Picard, 1995).

En outre, il existe sans doute une clinique de l'empathie : de même qu'il existe des organisations verbo-viscéro-motrices diverses, on peut postuler l'existence d'aptitudes variées à cette utilisation du corps comme instrument de connaissance ; on connaît déjà les facilités d'identification hystériques et, à l'opposé, les difficultés obsessionnelles au partage émotionnel, ainsi que les propensions fusionnelles et projectives des psychotiques et les carences des alexithymiques... Il conviendrait d'étudier plus précisément le fonctionnement de l'analyseur corporel dans ces différents cas.

Il y aurait lieu aussi d'évoquer la question des aspects ontogénétiques de ces mécanismes d'empathie inférentielle (Vinter, 1985; Nadel, 1986; Van der Straten, 1991; Thollon-Behar, 1997) et de leur pathologie éventuelle (*cf.* à ce sujet les travaux de D. Stern, 1989). On sait d'ailleurs que certains auteurs ont émis l'hypothèse d'un défaut de mise en place de la «théorie de l'esprit» chez les enfants autistes (Baron-Cohen *et al.*, 1985), or il est probable que cette seconde voie de la communication interindividuelle que nous venons de décrire joue un rôle fondamental dans ces phénomènes d'inférences sur la pensée d'autrui.

Enfin, dans cet exposé, j'ai fait surtout allusion aux processus fondamentaux et non aux diverses modalités. Ainsi, j'ai par ailleurs (Cosnier, 1994) déjà eu l'occasion de distinguer schématiquement : l'empathie de pensée (comprenant l'empathie de représentations et l'empathie d'affects), et l'empathie d'action. L'empathie de pensée correspond en partie à ce que les cognitivistes appellent «théorie de l'esprit», je crois avoir suffisamment montré quel rôle y joue le corps aussi bien dans les aspects de partage cognitif (ou représentationnel) que de partage affectif; en ce qui concerne l'empathie d'action, elle se traduit de façon mineure dans les échoïsations conversationnelles, plus manifeste dans les comportements mimétiques ludiques ou praxiques (Grosjean, 2001) et elle est à son comble dans les mouvements de foule. Bien évidemment, l'empathie d'action est peu ou prou associée à de l'empathie de pensée, laquelle est réciproquement peu ou prou associée à de l'empathie d'action, puisque c'est finalement dans tous les cas l'analyseur corporel qui sert de moteur commun.

L'impact des émotions : approche cognitive et sociale

Bernard Rimé et Gwénola Herbette[1]
Université de Louvain

INTRODUCTION

L'expérience courante montre que les personnes qui ont fait l'expérience d'un accident, d'une catastrophe, ou de tout autre événement émotionnel majeur, éprouvent ensuite un besoin considérable d'être écoutées, de parler et de reparler de cet événement, parfois d'une manière insatiable. Ainsi, en 1910, William James, que l'on considère comme «le père» de la psychologie américaine, fut témoin direct du grand tremblement de terre qui dévasta San Francisco. Pierre Janet, avec lequel il entretenait une correspondance, fait mention d'un courrier dans lequel James lui faisait part de certaines de ses observations à l'occasion de cette catastrophe (Janet, 1926/1975, p. 326). Selon les mots de Janet, James notait très bien le besoin qu'avaient tous les sinistrés de s'agiter, et surtout de parler, de communiquer leurs impressions indéfiniment. Dans les tentes qui avaient été dressées pour servir de refuge pendant la nuit, précisait James, il était impossible de dormir à cause du bavardage continuel.

Curieusement, ce phénomène, dont on trouve fréquemment la mention sur le mode anecdotique, n'a pas fait l'objet d'études systématiques. Mais les données que l'on peut glaner dans les recherches sur les personnes exposées à des événements négatifs majeurs confirment bien cette propension particulière à la parole et à l'expression de l'émotion vécue par la victime. Ainsi, Pennebaker & Harber (1993) ont étudié l'impact psychosocial du tremblement de terre qui s'est produit en octobre 1989 à Loma Prieta dans la baie de San Francisco, causant des dommages humains et matériels considérables. Leurs données montraient notamment qu'une semaine après le désastre, l'individu moyen dans la population touchée y repensait et en reparlait encore environ 8 fois par jour.

Dans une étude portant sur les sauveteurs qui étaient intervenus lors du naufrage de la plate-forme pétrolière Ekofisk en Mer du Nord, Ersland, Weisoeth & Sund (1989) notèrent que, par la suite, 88 % de ces sauveteurs exprimaient le besoin d'en reparler. Lors de l'examen d'un échantillon de personnes qui venaient de perdre un proche, Schoenberg et collègues (1975) ont également constaté que 88 % de ces individus désiraient partager leurs sentiments et émotions. Dans un groupe de patients qui venaient de faire l'objet d'un diagnostic de cancer, Mitchell & Glickman (1977) notaient que 86 % de ces patients souhaitaient pouvoir parler en profondeur de leur situation avec d'autres personnes.

Le besoin de parler d'une expérience émotionnelle majeure se prolonge souvent sur de longues périodes. Ainsi, Lehman, Wortman & Williams (1987) ont examiné les conséquences psychologiques à long terme de la perte accidentelle d'un enfant ou du conjoint. Ils ont constaté que 4 à 7 ans après le décès, 67 % des parents et 60 % des conjoints en avaient encore reparlé dans un passé très récent. Sydor & Philippot (1996) ont étudié un vaste groupe de coopérants belges qui rentraient dans leur pays en 1994 après avoir été exposés au génocide Rwandais. Les données ont montré que 98 % des personnes de ce groupe avaient reparlé des expériences extrêmes qu'ils avaient traversées. Pour la grande majorité d'entre elles (64 %), cette expression verbale avait été largement répétitive (5 à 6 fois au moins) et s'était adressée à des personnes différentes. Trois à six mois après les événements, 90 % de ces personnes déclaraient encore en reparler actuellement.

Beaucoup d'éléments viennent donc à l'appui du principe selon lequel l'expérience d'un événement émotionnel extrême suscite très généralement le besoin d'en parler et d'en reparler. Selon Janoff-Bulman (1992, p. 108), tout se passe comme s'il y avait chez les personnes qui ont été exposées à de tels événements, une sorte de coercition à la parole et à l'expression.

1. RÉMANENCE DE L'ÉMOTION ET PARTAGE SOCIAL DE L'ÉMOTION

Depuis plus d'une décennie, notre équipe de recherche de l'Université de Louvain a porté l'attention sur le fait que toute expérience impliquant l'émotion entraîne d'importants effets émotionnels, cognitifs et sociaux. Ces effets se manifestent aussi bien à la suite de l'exposition aux situations émotionnelles extrêmes qu'à la suite de n'importe quelle expérience émotionnelle que l'on peut faire dans la vie courante. Ils apparaissent généralement immédiatement après l'exposition émotionnelle, et l'on en observe encore les effets souvent loin en aval du moment de l'exposition. C'est ce que nous avons appelé la « rémanence » de l'émotion (pour une revue, voir Rimé, 1989; Rimé, Philippot, Boca & Mesquita, 1992; Rimé, Finkenauer, Luminet, Zech & Philippot, 1998).

La rémanence de l'émotion comporte plusieurs types de manifestations qui sont très liées entre elles. Une première se présente au niveau cognitif. Des pensées liées à la situation émotionnelle se manifestent au cours des heures, des jours, des semaines, voire des mois qui suivent cette situation. Elles se développent de manière principalement automatique et prennent la forme d'une rumination mentale, de pensées intrusives ou d'images mentales récurrentes. La rémanence de l'émotion comprend aussi une dimension émotionnelle importante dans le vécu émotionnel qui est réactivé par cette activité cognitive. Elle implique enfin un ensemble de manifestations sociales. Les premiers indices sont constitués par un sentiment accru d'isolement social ou de solitude, par le besoin de se trouver au contact d'autres personnes, surtout les intimes, et par le besoin de parler de l'épisode émotionnel. Ces différentes manifestations prennent ensuite leur tournure la plus concrète dans ce que nous appelons le processus de « partage social de l'émotion » (Rimé, 1989). On signifie par là que ceux qui ont vécu une expérience émotionnelle en reparlent autour d'eux, généralement à leurs proches ou intimes, et ce de manière répétitive au cours des heures, des jours, des semaines, voire des mois qui suivent cette expérience. C'est à ce phénomène que nous consacrerons la suite de cet exposé.

Le partage social de l'émotion ne se manifeste pas seulement après l'exposition à une situation traumatique. De nombreuses études ont permis d'établir qu'on l'observe dans 80 à 95 % des cas d'épisodes émotionnels de la vie quotidienne (Rimé, Mesquita, Philippot & Boca, 1991a; Rimé et al., 1992). La propension à l'expression verbale apparaît ainsi comme une conséquence commune de toute expérience émotionnelle, et non plus comme un phénomène apparenté à des expériences susceptibles d'engager l'individu sur la voie de la psychopathologie. On observe d'ailleurs le partage social de l'émotion autant après les situations d'émotion positive qu'après les situations d'émotion négative. Le type d'émotion primaire en cause (joie, colère, peur, tristesse, etc.) ne fait pas davantage de différence quant au partage social. Celui-ci se manifeste en effet à des fréquences comparables après les diverses émotions. Toutefois, il existe certaines exceptions notables à cet égard. Ainsi, lorsque des émotions comme la honte ou la culpabilité ont été impliquées dans l'expérience, elles ont un effet inhibiteur sur le processus de partage social (Finkenauer & Rimé, 1998a).

Dans les études qui ont été menées à ce propos, l'indicateur de base est constitué par la mesure de fréquence du partage social, soit concrètement le nombre de fois que la personne cible a reparlé à d'autres personnes d'un même épisode émotionnel. Les meilleurs prédicteurs connus de cette variable sont, d'une part, l'intensité du bouleversement émotionnel éprouvé lors de l'événement et, d'autre part, l'indice de fréquence de la rumination mentale liée à cet événement (Rimé et al., 1998). Les études ont montré que la propension au partage social de l'émotion ne dépendait pas du niveau d'éducation de l'individu puisqu'on a observé des taux comparables chez des personnes qui détenaient un diplôme universitaire et chez des personnes dont le niveau de scolarité s'était limité à l'enseignement primaire. Par ailleurs, il ne s'agit certainement pas d'un phénomène limité à notre culture puisqu'on l'a observé à des taux comparables dans les différents pays d'Asie, d'Amérique du Nord ou d'Europe où la question a été étudiée (Mesquita, 1993 ; Singh-Manoux, 1998 ; Singh-Manoux & Finkenauer, 2001 ; Yogo & Onoué, 1998 ; Rimé, Yogo & Pennebaker, 1996).

Ces observations et de nombreuses autres ont permis de conclure que le processus de partage social après événement émotionnel est un phénomène d'une très grande généralité. Il est, dans la majorité des cas, initié tôt après l'émotion — habituellement le jour même. Il se prolonge ensuite d'autant plus longtemps que l'épisode impliquait une émotion intense. C'est typiquement un phénomène répétitif puisque dans leur majorité, les expériences émotionnelles sont partagées souvent ou très souvent, et ce avec des personnes cibles différentes.

2. LE PARADOXE DU PARTAGE SOCIAL DE L'ÉMOTION

L'accès au souvenir d'un épisode émotionnel suscite généralement la réactivation des différents niveaux de réponses qui ont été impliqués lors de l'épisode initial, soit des réponses physiologiques, sensorielles et phénoménales (Bower, 1981 ; Lang, 1983 ; Leventhal, 1984). En va-t-il de même lors du partage social de l'émotion ? Rimé, Noël & Philippot (1991b) ont demandé à des étudiants de se rappeler d'un épisode émotionnel récent de leur vie personnelle et de le décrire en détail. Pour certains participants, les instructions précisaient qu'il leur fallait sélectionner un souvenir ayant impliqué une émotion de joie, et pour d'autres, il devait s'agir de colère, de tristesse ou de peur, selon la condition expérimentale. Après le rappel et le partage social détaillé de l'épisode rappelé, on a examiné ce que les participants avaient éprouvé au cours de cette tâche. Pour la plupart, ceux-ci ont dit avoir revu des aspects de l'événement sous forme d'images mentales vives, ils ont rapporté l'expérience de sensations corporelles, et ils ont très généralement fait mention d'un vécu émotionnel intense. Ainsi, il est hors de doute que la réévocation d'une expérience émotionnelle entraîne la réactivation des composantes de cette expérience. Comme on pouvait s'y attendre, le rappel et le partage d'un épisode joyeux a suscité des sentiments plus agréables que le rappel et le partage d'un épisode de tristesse, de colère ou de peur. De manière plus surprenante, on constatait que seule une minorité des participants des trois dernières conditions avaient ressenti cette situation comme douloureuse ou pénible.

Ainsi, même quand elle réactive des images mentales, des sensations corporelles et des sentiments émotionnels associés à des épisodes émotionnels négatifs, la situation de partage social est loin d'entraîner les effets aversifs qu'on attendrait. Une observation supplémentaire est venue à l'appui de ce constat. En effet, à la fin de la procédure de cette étude, la dernière question du protocole demandait aux participants s'ils accepteraient de se prêter immédiatement à un second recueil de données analogue au premier, et impliquant le rappel et le partage d'une autre expérience émotionnelle du même type que celle qu'ils venaient de réévoquer en détail. Le taux de réponses positives s'est élevé à 94 %, et il n'y a pas eu de différences selon la condition expérimentale.

Le partage social de l'émotion apparaît ainsi comme un phénomène paradoxal. D'une part, le partage social réactive les composants de l'expérience émotionnelle partagée, ce qui, dans le cas d'émotions négatives, devrait susciter de l'aversion. D'autre part, qu'il s'agisse d'une émotion positive ou d'une émotion négative, partager une émotion apparaît comme une opportunité que les gens recherchent très volontiers. Sur le plan pratique, dans la vie sociale, on aurait de bonnes raisons d'adopter le principe selon lequel s'ouvrir au partage de l'émotion d'autrui est un cadeau très apprécié.

3. PARTAGE SOCIAL DE L'ÉMOTION ET RÉCUPÉRATION ÉMOTIONNELLE

On doit donc supposer que le partage social de l'émotion répond à de puissants motifs et qu'il entraîne d'importants bénéfices. Quels seraient ces motifs et quels seraient ces bénéfices ? Dans le monde occidental, le sens commun propose une réponse toute faite à cette question. Les stéréotypes occidentaux sont en effet imprégnés de l'idée selon laquelle la verbalisation d'une émotion peut transformer la mémoire de cette émotion. On présuppose ainsi qu'après verbalisation de l'émotion, le souvenir de l'épisode émotionnel aura perdu une partie importante du « poids émotionnel » qu'il comportait à l'origine. On a souvent désigné cette logique du bon sens comme une logique de la « catharsis », à cause de ses origines lointaines dans l'histoire culturelle de la Grèce Antique et, en particulier, dans l'histoire du théâtre grec. Une étude menée dans notre équipe par E. Zech (2000) a démontré l'ubiquité de cette logique en constatant que, dans un vaste échantillon d'adultes, plus de 80 % des personnes interrogées partageaient une telle vision.

Les stéréotypes culturels ont-ils raison? Est-il exact que parler d'un épisode émotionnel entraîne une modification réelle du poids de l'émotion associée au souvenir de cet épisode? Nous avons examiné intensivement cette question à l'occasion d'études qui ont fait appel à des procédures très diverses. Elles étaient néanmoins réunies par un principe commun. Dans tous les cas, nous avons demandé aux participants d'évaluer l'émotionnalité associée à un souvenir d'épisode émotionnel spécifique de leur existence récente. Nous examinions ensuite dans quelle mesure cette donnée se modifiait en fonction du partage social de ce même épisode. Dans les études utilisant une procédure corrélative, nous avons simplement pris en compte le partage social que les participants développaient spontanément après un événement émotionnel dans leur vie courante. Dans les études utilisant une procédure expérimentale, nous avons induit auprès des participants un processus de partage social de l'épisode cible.

Effets du partage social spontané

Dans les études sur les effets du partage spontané, on examine généralement l'évolution de l'impact subjectif d'un épisode émotionnel donné en fonction de la fréquence avec laquelle les répondants ont parlé de cet épisode avec les personnes de leur entourage. La première étude de ce type a été menée par Rimé et al. (1991a). Dans cette étude, ni la fréquence de partage social, ni la latence d'initiation du partage social ne se sont trouvées significativement liées à l'évolution des indicateurs d'impact subjectif. On a ensuite réexaminé cette même question dans le contexte de deux études portant sur des épisodes émotionnels « gardés secrets », c'est-à-dire des épisodes que les répondants n'avaient jamais partagés avec d'autres personnes (Finkenauer & Rimé, 1998a). Contrairement à ce qu'on aurait dû observer en fonction de la logique de la « catharsis », ces épisodes, qui ont échappé à tout partage social, n'avaient pas d'impact émotionnel actuel plus important que des épisodes contrôles ayant fait l'objet d'un partage social normal.

Outre les exemples qui viennent d'être mentionnés, nous avons mené un grand nombre d'études au cours desquelles nous avons eu la possibilité de mesurer à la fois les indices de l'évolution de l'impact d'épisodes émotionnels ainsi que les indices de fréquence du partage social développé à propos de ces mêmes épisodes. Dans tous les cas, et à notre étonnement, le constat a été le même. Ces deux paramètres ne sont pas liés. Nous avons donc été amenés à conclure la question de manière très tranchée. Le simple fait de verbaliser une expérience émotionnelle n'a pas pour effet de modifier le niveau de l'émotion associée au souvenir de cette expérience. Ceci suffit à infirmer en cette matière tout effet de « catharsis ».

Effets de la procédure d'écriture

Si le simple fait de parler d'un épisode émotionnel n'entraîne pas d'effet sur l'impact émotionnel du souvenir de cet épisode, il est possible que la manière d'en parler puisse faire une différence à cet égard. C'est en tout cas ce que pourraient suggérer les données d'études menées aux Etats-Unis par Pennebaker et ses collègues (voir par exemple Pennebaker, 1989). Cet auteur a développé en matière de souvenirs émotionnels une procédure de recherche qui suscite depuis lors un vif intérêt. Elle consiste à demander aux participants de consacrer à plusieurs reprises (trois ou quatre fois, à intervalle d'un jour par exemple) un temps relativement court (20 minutes par exemple) à écrire tout ce qui leur vient à l'esprit à propos de souvenirs d'épisodes émotionnels importants de leur vie. Les participants soumis à une telle procédure sont généralement comparés à des participants contrôles invités pour leur part à remplir une tâche d'écriture comparable, mais portant sur des thèmes sans rapport avec la vie émotionnelle. À l'instar de ce qui a été signalé plus haut, on constate généralement chez les premiers une importante réactivation émotionnelle au cours de la phase d'écriture elle-même. Mais si trois à huit semaines après la fin de l'expérience, on récolte des données sur la santé physique de ces personnes, ces données révèlent assez généralement une santé physique meilleure chez les participants de la condition expérimentale par comparaison avec ceux des conditions de contrôle. En somme, selon les données de ces études, écrire à propos d'un événement émotionnel semble avoir, à moyen terme, des conséquences positives pour la santé physique du sujet.

Soulignons d'emblée qu'il n'y a pas de contradiction entre ces dernières observations et celles dont nous avons parlé plus haut. En effet, dans nos études, c'est l'émotion subjective associée au souvenir émotionnel qui est la cible de l'investigation, alors que dans les études de Pennebaker, la cible est l'évolution de la santé physique à moyen terme (pour une discussion, voir Dienstfrey, 1999; Pennebaker, Zech & Rimé, 2001; Rimé, 1999; Zech, 2000). Au premier regard, les données de Pennebaker suggèrent un effet de catharsis. Mais une modification positive de la santé physique observée après une session d'écriture implique-t-elle nécessairement un effet de catharsis? De nombreuses explications alternatives sont possibles. Ainsi, la réactivation de souvenirs émotionnels importants suscite généralement un sentiment d'isolement social et stimule la recherche de contacts. L'intégration sociale et le soutien social accrus qui pourraient s'ensuivre seraient susceptible de rendre compte des effets de la procédure d'écriture sur la santé.

Pour notre propos, une donnée issue des recherches de Pennebaker a guidé la suite de nos recherches relatives aux effets potentiels du partage social de l'émotion sur l'impact émotionnel subjectif des épisodes partagés. Dès la première étude qui a fait appel à la procédure d'écriture, Pennebaker & Beall (1986) ont observé que les effets de cette procédure sur les indicateurs de santé étaient plus marqués lorsque les consignes d'écriture recommandaient aux participants de porter l'accent sur les aspects émotionnels que lorsque ces consignes les invitaient à se limiter strictement à parler des faits.

Effets du partage social induit

Inspirés par ces données des études de Pennebaker et collègues, nous avons donc entrepris des études expérimentales au cours desquelles plusieurs modalités différentes du partage social d'un épisode émotionnel ont été comparées. Dans la première de ces études (Rimé, Zech, Finkenauer, Luminet & Dozier, 1996), on a comparé quatre modalités de partage social. Cent trente étudiants en psychologie engagés dans un cours avancé sur les émotions et l'expression des émotions ont interviewé chacun un membre de leur entourage à titre d'exercice pour ce cours. La personne interviewée devait d'abord se rappeler d'un épisode émotionnel qui allait servir de cible pour le travail. Ensuite, cet épisode faisait l'objet d'un long entretien qui devait être mené selon des consignes correspondant à l'une des quatre modalités réparties aléatoirement. Dans l'une de ces modalités, l'entretien devait être centré sur les aspects factuels. Dans une deuxième, il devait être centré sur les aspects émotionnels. Dans une troisième, l'accent était porté sur les questions de sens soulevées par l'épisode. Enfin, dans une dernière condition, l'étudiant devait mener l'interview sans suivre de règles particulières. Les mesures dépendantes comprenaient notamment sept indices différents de l'impact subjectif du souvenir de l'épisode émotionnel partagé au cours de ces entretiens. Ces mesures étaient prises une première fois immédiatement avant le début de l'entretien, et une seconde fois une semaine plus tard. Lors de l'analyse de ces données, à notre surprise, on ne constatait aucun effet significatif des modalités d'entretien.

Les recherches de ce type ont ensuite été poursuivies par E. Zech (2000; voir sa contribution dans ce volume). Dans plusieurs études expérimentales, elle a comparé différentes modalités de verbalisation d'un épisode émotionnel négatif majeur. Dans chacune de ces expériences, l'une des conditions était une condition de contrôle. Dans cette condition, les mesures concernaient également le souvenir d'un épisode émotionnel majeur, mais l'entretien ne portait pas sur cet épisode. Un thème non lié aux émotions en était l'objet. Les différentes expériences ont donné des résultats très similaires en ce que, en cohérence avec nos autres données, les situations de verbalisation de l'épisode émotionnel n'avaient ni plus ni moins d'effet que les situations de contrôle sur l'émotion qui demeurait liée au souvenir de l'épisode émotionnel visé. En somme, les entretiens de partage social de l'émotion n'ont pas entraîné une récupération émotionnelle, comme l'aurait voulu l'approche cathartique.

Conclusion

Pour résumer, nos données ne confirment pas qu'une simple verbalisation se solde par une réduction de l'émotion liée à l'épisode qui a fait l'objet de la verbalisation. Contrairement à la pensée commune, parler ne permet pas de «décharger» l'émotion. Et après tout, c'est logique. Si la thèse de la pensée commune était vraie, nous serions capables de «liquider» d'emblée les émotions que nous avons vécues. Or, ces émotions représentent précisément les fruits de nos expériences. Les souvenirs teintés d'émotion portent en effet avec eux des informations précieuses, et parfois même vitales, à l'égard de nos expériences futures. Il serait sans doute contre-adaptatif que la simple verbalisation d'une expérience marquée par l'émotion puisse avoir pour conséquence d'en effacer l'information émotionnelle.

Faut-il alors conclure que l'expérience émotionnelle est inaltérable? Faut-il notamment penser que lorsqu'il arrive qu'une telle expérience pèse sur la vie ultérieure de la personne qui l'a traversée, c'est là un destin inéluctable ? Certainement pas. Beaucoup d'éléments suggèrent que le partage social de l'émotion entraîne des effets utiles pour la gestion de l'émotion, pour autant que des facteurs cognitifs et sociaux appropriés soient mis en œuvre. À cet égard, la réponse du partenaire est très probablement un élément crucial, qui fait l'objet actuellement de nouveaux travaux dans notre équipe. Mais, sur le plan théorique, il doit être clair qu'on s'écarte ainsi de la « simple verbalisation » de l'émotion pour entrer dans le domaine du dialogue inter-humain, et de son rôle dans la construction de l'expérience individuelle.

4. BÉNÉFICES DU PARTAGE SOCIAL DE L'ÉMOTION

Plus haut dans ce chapitre, nous avons rapporté des données montrant que les gens sont généralement à l'affût des occasions de réévoquer leurs émotions, et qu'ils sont très disposés à le faire, même lorsque la réévocation implique la réactivation d'affects négatifs. Si nos recherches expérimentales ont été unanimes pour infirmer les effets de catharsis, leurs résultats ont également été unanimes pour confirmer l'existence de bénéfices subjectifs après partage social de l'émotion. En voici un exemple.

Dans l'une des expériences, Zech (2000) a demandé à 329 étudiants en psychologie de mener une interview auprès d'une personne volontaire choisie parmi leurs proches. Cette personne devait se rappeler d'un épisode émotionnel dont elle estimait ne pas avoir récupéré, puis évaluer le bouleversement émotionnel ressenti au moment de l'interview. Ensuite, selon la condition, la personne devait parler en détail avec l'étudiant de cet événement émotionnel cible, d'un autre événement émotionnel, ou d'un événement non émotionnel. Dans une quatrième condition, aucune interview n'était menée. Trois jours plus tard, l'intensité émotionnelle suscitée par l'événement cible était à nouveau mesurée. Les personnes devaient en outre évaluer les bénéfices subjectifs de la séance de partage social. En accord avec les autres recherches, aucune différence significative n'a été observée entre les différentes conditions pour la mesure de l'intensité émotionnelle. En revanche, les personnes ayant eu la possibilité de parler d'un événement émotionnel ont rapporté significativement plus de bénéfices subjectifs que les personnes des deux autres conditions. Ces différences ont été observées sur quatre groupes de variables : (1) les bénéfices généraux (par exemple, la séance a eu du sens), (2) le soulagement (par exemple, la séance leur a fait du bien), (3) les bénéfices cognitifs (par exemple, la séance leur a permis de mieux se comprendre), (4) les bénéfices interpersonnels (par exemple, ils se sont sentis compris).

Ces résultats montrent que si le simple partage social de l'émotion n'entraîne pas une récupération émotionnelle, il suscite néanmoins une série importante de bénéfices subjectifs. Nos recherches actuelles ont notamment pour objet de déterminer avec précision les processus en cause dans la détermination de ces bénéfices. La dernière partie de ce chapitre sera consacrée à un bref tour d'horizon de quelques pistes que nous poursuivons à cet égard.

Consolidation de la mémoire d'un épisode émotionnel

Par son aspect répétitif, le partage social de l'émotion contribue à la consolidation du souvenir de l'épisode émotionnel, permettant ainsi de créer un souvenir précis des événements imprévus. Finkenauer, Luminet, Gisle, Van der Linden, El-Ahmadi & Philippot (1998) ont étudié sur un large échantillon de la population belge le souvenir de la mort inattendue du Roi Baudouin. Les données ont montré que la nouvelle du décès du roi avait fait l'objet d'un partage social particulièrement abondant. Ce facteur expliquait une part importante de la variance de la mémoire collective des circonstances du décès. En parlant d'un événement, les individus construisent progressivement une histoire sociale et une mémoire collective de cet événement émotionnel. En même temps, ils consolident leur propre souvenir des circonstances personnelles dans lesquelles l'événement a eu lieu. Si ici, l'information concernant le décès du roi n'est probablement pas cruciale pour l'adaptation de l'individu, le stockage d'information possède certainement une très grande valeur de survie lorsqu'il s'agit d'événements émotionnels personnels. Plus un événement sera partagé socialement, plus il sera fixé dans l'esprit des gens. Le partage social de l'émotion peut ainsi contrecarrer des mécanismes de défense. Les gens ont naturellement tendance à «oublier» les événements indésirables. Ainsi, quelqu'un qui vient de perdre un proche est souvent enclin, dans un premier temps, à s'engager dans un processus de déni. Le partage social du deuil opéré de manière répétitive favorise largement la confrontation à la réalité et l'intégration cognitive des faits.

Traitement et construction du souvenir émotionnel

Le partage social de l'émotion peut également contribuer à la construction de la mémoire des émotions. Avec la complicité de ses partenaires, l'individu peut ajouter des interprétations supplémentaires ou nouvelles de l'événement qu'il partage avec eux. De la sorte, il aura la possibilité d'enregistrer en mémoire une version de cet événement qui sera en partie réécrite. Par ailleurs, les épisodes émotionnels ont généralement pour effet d'ébranler les croyances au moyen desquelles les gens se garantissent en temps ordinaire une impression de cohérence, de prévision et de contrôle sur eux-mêmes et sur le monde (Janoff-Bulman, 1992; Parkes, 1972; Tait & Silver, 1989). Ils créent ainsi la nécessité d'un traitement de l'information visant soit à restaurer ces croyances, soit à trouver à l'événement un sens qui soit en cohérence avec elles (par exemple, Silver & Wortman, 1980; Tait & Silver, 1989). Le partage social de l'émotion est un processus qui est largement susceptible de contribuer au développement de ce travail cognitif imposé par l'épisode émotionnel. Lorsque des motifs comme la protection de l'image de soi ou celle de la vie privée maintiennent un souvenir émotionnel donné à l'écart du processus de partage social, les effets des carences de travail cognitif se manifestent. Ainsi, Finkenauer & Rimé (1998b) ont observé que, lorsqu'on les compare à des souvenirs émotionnels partagés, ceux qui ont été gardés secrets sont associés à un surcroît de ruminations mentales caractérisées par (1) la recherche de sens, (2) des efforts pour comprendre ce qui s'est passé, et (3) des tentatives pour «mettre de l'ordre» dans ce qui s'est passé. À la suite de ces observations, ces mêmes items qui révèlent un «besoin de complétude» ont été repris dans différentes études ultérieures consacrées à la mémoire d'événements émotionnels. Dans chacune de ces études, nous avons obtenu une corrélation positive entre ce besoin de complétude et le besoin de partage social qui persiste chez l'individu, alors que l'événement est déjà lointain. Les études futures devront viser à préciser concrètement la manière dont le partage social contribue à clôturer les tâches cognitives ouvertes par l'expérience émotionnelle et, notamment, à rétablir chez la personne un sens de cohérence, de prédiction et de contrôle.

Favoriser les relations interpersonnelles et l'intégration sociale

Le partage social est un processus qui contribue au renforcement des liens sociaux. Une dynamique très particulière prend en effet place entre le locuteur et l'auditeur dans ce contexte. La réponse la plus caractéristique de l'auditeur est l'intérêt qu'il manifeste pour le récit de l'épisode émotionnel auquel la situation de partage social l'expose (Christophe & Rimé, 1997). Une réponse très caractéristique de cet auditeur est l'empathie. Plus un récit est émotionnel, plus l'auditeur est ému et, par voie de conséquence, plus il se montre chaleureux et plus il exprime du soutien. Une troisième réponse est l'attirance. Plus un récit requiert l'intérêt et le soutien de l'auditeur, plus il apprécie le locuteur. Et cela est également vrai dans l'autre direction : plus le locuteur reçoit de l'intérêt et du soutien, plus il apprécie son auditeur. En outre, Christophe & Rimé (1997) ont observé que lorsque des émotions intenses sont partagées, l'auditeur restreint le recours aux moyens verbaux dans ses réponses, pour faire appel à des comportements non verbaux de réconfort tels qu'embrasser, étreindre ou toucher. En somme, on peut constater que la situation de partage social de l'émotion favorise l'émergence de comportements qui sont caractéristiques de la relation d'attachement. Le partage d'une expérience émotionnelle intense peut ainsi entraîner la réduction de la distance physique entre deux personnes. Par là, ce processus apporte une contribution précieuse au maintien et au renforcement des relations interpersonnelles et de l'intégration sociale.

Construction et dissémination du savoir social sur l'émotion

Le partage social de l'émotion n'a pas seulement un impact sur la mémoire individuelle. Comme on vient de le mentionner, les personnes exposées au partage social d'une émotion éprouvent à leur tour de l'émotion par empathie. En cohérence avec le principe général selon lequel toute émotion tend à être partagée socialement, les recherches ont montré que ces personnes procèdent ensuite au partage social secondaire. Cela signifie qu'après avoir entendu le récit de l'épisode émotionnel, elles tendent à leur tour à rapporter à d'autres personnes ce qu'elles ont entendu (Christophe & Rimé, 1997). Plus l'épisode émotionnel en cause dans le récit est intense, plus ces dernières s'engageront ensuite dans ce qu'on a désigné comme un partage social tertiaire. À travers le partage social secondaire et tertiaire, c'est toute la communauté entourant l'individu qui est informée de ce qui lui est arrivé. Ainsi, dans les heures qui suivent un événement émotionnel intense, celui-ci est habituellement partagé par celui qui l'a vécu avec plus de six personnes. Il existe une très grande probabilité pour que chacun de ces récepteurs s'engage ensuite à son tour dans un processus de partage social secondaire et s'adresse, en moyenne, à plus de deux personnes. Ces dernières auront à leur tour tendance à partager l'événement qu'elles ont entendu (Christophe, 1998). Ainsi, dans un laps de temps très court, l'événement émotionnel et une masse d'informations qui y ont trait sont diffusés à travers un groupe social très large. Or, il existe une mémoire collective des informations ayant trait au processus de l'émotion. Des travaux portant sur les relations entre les émotions et les cognitions ont en effet révélé que les individus mémorisent de très grandes quantités d'information sur la nature des événements qui déclenchent les diverses émotions, sur les sensations corporelles qui accompagnent les émotions, ainsi que sur les réponses qui peuvent se manifester dans les diverses situations émotionnelles (pour une revue, voir Russell, Fernandez-Dols, Manstead & Wellenkamp, 1995). Cette connaissance est représentée collectivement sous forme de prototypes émotionnels (Shaver, Schwartz, Kirson & O'Connor, 1987) ou de schémas sociaux (Rimé, Philippot & Cisamolo, 1990). Ce savoir social sur les émotions transporte de l'information cruciale pour l'adaptation. Par la diffusion d'informations qu'il suscite, le processus du partage social de l'émotion apparaît comme un outil social essentiel à l'appui de l'extension et de la mise à jour continue de ce savoir collectif.

CONCLUSION

Les recherches qui ont été passées en revue dans ce chapitre ont mis en évidence trois classes de faits. Tout d'abord, il existe une abondance de preuves que lorsque les gens ont traversé un événement émotionnel, ils veulent en parler. Ils procèdent donc au partage social de cette expérience malgré la réactivation émotionnelle provoquée par ce processus. Ensuite, nos études n'ont pas réussi à corroborer l'idée selon laquelle partager un événement émotionnel entraîne une diminution de la charge émotionnelle. Enfin, au cours de nos recherches, nous avons observé de manière constante qu'après avoir partagé une émotion, les participants exprimaient des sentiments positifs et rapportaient des bénéfices subjectifs. L'ensemble de ces conclusions posent un certain nombre de questions : pourquoi les gens partagent-ils leurs émotions ? Pourquoi ressentent-ils des sentiments positifs après avoir partagé leurs émotions ? Pour pouvoir répondre à ces questions, il faut en revenir à l'examen de ce qui se passe dans une expérience émotionnelle.

Nous savons que l'émotion résulte des analyses de sens rapides et automatiques qui sont mises en œuvre dès que survient un événement (par exemple, Frijda, 1986 ; Scherer, 1984). Ainsi, si des significations telles que «danger», «absence de contrôle», «pas de fuite possible» apparaissent dans une situation à laquelle un individu est confronté, un ensemble de réactions d'urgence se développeront dans son organisme et il fera l'expérience de la peur. Mais les expériences émotionnelles impliquent généralement une seconde vague de significations dont on n'a pas une conscience claire. Les significations spécifiques évoquées par la situation particulière dans laquelle se trouve l'individu — «danger», «absence de contrôle», «pas de fuite possible» — se propagent ensuite à des significations plus larges telles que «le monde est dangereux», «je suis vulnérable et impuissant», «la vie est injuste». De telles significations influencent la façon dont l'individu perçoit le monde et se perçoit lui-même. En d'autres termes, elles envahissent son «univers symbolique». Que voulons-nous dire par «univers symbolique»? Dans la vie courante, les individus vivent et agissent sous une voûte subjective procurant un ordre apparent et un sens — un univers symbolique. Grâce à cela, ils peuvent affronter le monde et le gérer sereinement. Grâce à cela, ils peuvent agir comme s'il était absolument normal d'être là, debout sur cette planète, entre la Voie Lactée et l'Eternité. Les événements émotionnels, souvent, ont le pouvoir d'ébranler cette architecture délicate. On a montré que les situations traumatiques sont particulièrement délétères à cet égard (Epstein, 1987; Janoff-Bulman, 1992; Parkes, 1972). Néanmoins, toute émotion a un impact sur cette architecture symbolique parce l'émotion, précisément, se développe au niveau de ses fissures, c'est-à-dire là où les choses deviennent imprévisibles, incontrôlables, etc. En rendant ces fissures apparentes, l'émotion fait prendre conscience aux individus de la faiblesse de cette construction. Ceci constitue probablement l'origine de ces besoins obscurs de clarification cognitive, de compréhension, de trouver du sens, besoins rapportés abondamment par les gens qui viennent de traverser un épisode émotionnel important.

Pourquoi les gens ressentent-ils ce besoin d'être avec les autres et de parler avec les autres après une émotion? Pour répondre à cette question, il faut souligner que l'univers symbolique est tout sauf une construction solitaire. Personne ne pourrait donner seul du sens au monde. Les sociologues ont montré que les individus entrent très tôt dans un univers subjectif culturellement formé (Berger & Luckman, 1967). Le processus d'attachement est un outil de base à travers lequel la construction s'installe chez le jeune être humain. Au long de son de développement, dans les interactions de tous les jours, ses parents lui transmettent la vision du monde partagée par leur culture. Plus tard, cette construction est maintenue vivante, forte et bien-fondée, par le consensus social où chacun prend part, minute après minute, à travers sa vie en tant que membre de sa communauté. Il s'ensuit qu'une fissure dans cet univers symbolique n'aura pas pour seuls effets d'ouvrir une brèche dans les significations et d'activer des besoins cognitifs en conséquence. Cette fissure éveillera en outre chez ceux qui l'éprouvent un sentiment d'insécurité et de solitude, entraînant dès lors un besoin fondamental de se ré-immerger dans le consensus social. Telles sont sans doute les raisons pour lesquelles après une émotion, les gens ressentent ce besoin d'être avec leurs proches et de partager avec eux l'émotion. Les proches sont ceux qui maintiennent vivant le processus d'attachement, apportant ainsi à l'individu le soutien social et la sécurité. Les proches sont ceux qui partagent avec nous le consensus social grâce auquel nous disposons d'un univers subjectif cohérent.

Être avec les proches et partager avec eux les expériences émotionnelles n'altérera probablement pas d'emblée le souvenir de l'émotion. En revanche, être avec eux et partager avec eux les émotions peut accroître le sentiment de soutien social et consolider leur univers symbolique. En d'autres termes, les proches aident les individus à rendre la vie future possible et riche de sens, malgré ce qui a pu se passer.

NOTE

[1] Gwénola Herbette est Aspirante au Fonds National de la Recherche Scientifique de Belgique.
Les recherches décrites dans ce chapitre ont été menées avec le soutien du Fonds National de la Recherche Scientifique de Belgique, crédits FRFC 2.4546.97 et FRFC 8.4506.98.

La verbalisation des expériences émotionnelles : effets sur la récupération émotionnelle et les bénéfices perçus

Emmanuelle Zech
Fonds National de la Recherche Scientifique et Université de Louvain, Belgique

INTRODUCTION

Au cours des dix dernières années, B. Rimé et des chercheurs du laboratoire de Recherches en Psychologie Clinique et Sociale de l'Université catholique de Louvain (Belgique) ont développé un programme de recherches visant à évaluer les effets médiateurs de la verbalisation des expériences émotionnelles sur l'impact émotionnel de celles-ci. Les recherches que nous avons menées sont issues des constats empiriques suivants. D'abord, on a montré que plus de 90 % des individus parlaient des expériences émotionnelles qu'ils ont vécues à d'autres personnes. Les personnes se confient à leurs proches et intimes, c'est-à-dire essentiellement à leur conjoint, leur famille et leurs amis (Rimé, Philippot, Boca & Mesquita, 1992). Ce processus de verbalisation des émotions, appelé le partage social des émotions (Rimé, 1987), est très répandu à travers les âges, les sexes et les cultures. Deuxièmement, on a montré qu'au plus l'événement est intense émotionnellement, au plus les individus ont envie de parler de celui-ci et au plus ils le partagent effectivement (Rimé, Finkenauer, Luminet, Zech & Philippot, 1998).

1. LES CROYANCES ENVERS LES EFFETS DU PARTAGE SOCIAL DES ÉMOTIONS

Au vu de la fréquence de ce phénomène, nous nous sommes demandé dans quelle mesure les personnes partageaient leurs émotions parce qu'ils pensent que c'est bénéfique de le faire pour diminuer l'impact des événement de vie. Nous avons examiné la croyance que « parler des émotions aide et soulage » au sein de la population générale (Zech, 2000, 2001). Cette croyance était-elle partagée par un tiers de la population, la moitié, ou une majorité de personnes ? Nous avons interrogé plus de 1.000 personnes. On leur a demandé de dire dans quelle mesure elles étaient d'accord avec la proposition suivante : « parler d'un événement émotionnel soulage ». Elles pouvaient répondre de « pas du tout d'accord » à « tout à fait d'accord » sur une échelle à 7 degrés. Les résultats ont révélé que 89 % des personnes étaient d'accord avec cette proposition (réponses de 5 à 7) et 58 %, une vaste majorité, étaient complètement d'accord avec cette proposition (réponse 7). Il faut également noter que seulement 5 % d'entre elles n'étaient pas d'accord avec cet item (réponses 1 à 3). Nous avons donc montré que la croyance que « parler soulage » est largement partagée dans la population générale.

2. REVUE DE LA LITTÉRATURE

La question se posait alors de savoir dans quelle mesure des preuves empiriques supportaient cette croyance. La littérature empirique est restée presque complètement muette sur les effets de la verbalisation des émotions au cours du siècle dernier. Cependant, au cours des deux dernières décennies, un intérêt scientifique important s'est développé à ce sujet. Cet intérêt est principalement dû aux travaux entrepris aux Etats-Unis par J. Pennebaker sur les effets de la « confession » (« disclosure » en anglais). En 1986, Pennebaker & Beall ont créé un paradigme expérimental dans lequel les participants sont assignés à écrire soit au sujet des événements les plus stressants ou traumatiques de leur vie, soit sur des sujets triviaux comme par exemple leurs projets pour la journée ou les vêtements qu'ils portent (groupe contrôle). Ce paradigme de l'écriture et des variations orales de celui-ci fut utilisé dans une vingtaine d'études expérimentales depuis lors (*i.e.* Donnelly & Murray, 1991 ; Murray & Segal, 1994). Une revue récente de cette littérature a montré que l'on ne peut pas simplement en conclure que l'expression des émotions est bénéfique (Zech, 2000). Elle a montré que les effets positifs ou négatifs de l'expression des émotions dépendaient d'une part du type de variable dépendante investiguée, et d'autre part du temps de mesure considéré. Elle a également mis en évidence que les variables examinées jusqu'à présent concernaient uniquement des mesures de santé physique (visites chez le médecin, fonctionnement immunitaire), de bien-être (humeurs) et de fonctionnement général (*e.g.*, résultats scolaires). Ainsi, bien que le sens commun suggérait que parler ou écrire au sujet des émotions soulage le poids ou l'impact émotionnel d'un événement, cette hypothèse n'avait pas encore été examinée. En d'autres termes, les effets de l'expression émotionnelle sur la *récupération émotionnelle* d'expériences n'avaient pas été testés. La récupération émotionnelle est l'évolution temporelle de l'impact émotionnel suscité par l'événement lors de son rappel (Rimé, Finkenauer, Luminet, Zech & Philippot, 1998). Par exemple, on peut mesurer la récupération émotionnelle d'un événement en évaluant l'évolution de l'intensité du bouleversement, des émotions ou des sensations physiques ressenties lors du rappel de l'événement.

3. LES EFFETS DU PARTAGE SOCIAL DES ÉMOTIONS SUR LA RÉCUPÉRATION ÉMOTIONNELLE

Au cours du temps, l'intensité émotionnelle du souvenir d'un événement diminue. Le rôle médiateur du partage social des émotions ou de la verbalisation des émotions signifie que ce processus devrait permettre d'accélérer la pente de l'évolution naturelle. En d'autres termes, les personnes qui verbalisent leurs émotions devraient récupérer émotionnellement plus rapidement que celles qui ne verbalisent pas leurs émotions. Nous avons entrepris de tester cette hypothèse dans quatre études expérimentales «randomisées». Chacune de ces études a impliqué le rappel d'un épisode émotionnel négatif spécifique que les participants avaient vécu. Dans certaines conditions, on demandait aux participants de verbaliser les émotions ressenties à propos de cet événement. Dans les conditions contrôles, on demandait aux participants de verbaliser d'autres sujets. On évaluait l'impact émotionnel de l'événement cible rappelé à divers moments dans le temps de manière à pouvoir estimer l'évolution de la récupération émotionnelle à propos de cet événement. Les résultats de ces études furent très consistants dans les quatre études rapportées (Zech, 2000; Zech & Rimé, 2001).

Ils ont révélé que l'intensité émotionnelle de l'événement diminuait significativement après l'entretien. Cependant, l'impact émotionnel ne diminuait pas plus dans les conditions expérimentales que dans les conditions contrôles. Il semble donc que la verbalisation des émotions ne permette pas de récupérer d'un événement émotionnel. Les résultats étaient similaires lorsque l'on prenait en compte divers indices d'impact émotionnel, que ce soit l'intensité des émotions ressenties, des sensations physiques, des pensées intrusives ou le sentiment subjectif de récupération émotionnelle. Contrairement au sens commun, ceci signifie donc que nous n'avons pas pu démontrer que la verbalisation des émotions induit un effet bénéfique de récupération émotionnelle.

Dans ces études, les bénéfices perçus provoqués par la verbalisation furent également investigués. On demandait aux participants d'évaluer dans quelle mesure ils trouvaient que la verbalisation avait été utile et intéressante, dans quelle mesure cela les avait soulagés, dans quelle mesure cela avait influencé leur perception de l'événement émotionnel et dans quelle mesure ils avaient perçu des bénéfices sur le plan interpersonnel (réconfort). Les participants des conditions de verbalisation émotionnelle ont rapporté plus de bénéfices subjectifs que les participants des conditions de verbalisation factuelle, qui eux-mêmes ont perçu que la séance de verbalisation était plus bénéfique que les participants des conditions contrôles. Ces résultats montrent que quel que soit l'événement émotionnel verbalisé, les individus perçoivent que cela est utile, que cela les soulage et qu'ils bénéficient cognitivement de cette verbalisation.

4. DISCUSSION, CONCLUSIONS ET PERSPECTIVES

En conclusion, les individus croient que le partage social des émotions augmente la récupération émotionnelle. Par contre, il ne semble pas que le partage social des émotions accélère la récupération émotionnelle. Ces conclusions plutôt pessimistes sont d'une certaine manière compensées par les résultats qui montrent que le partage social des émotions induit des bénéfices subjectifs. Après la verbalisation de leurs émotions, les participants rapportent des bénéfices comme le fait de se sentir soulagé, le fait de se sentir mieux, d'avoir reçu du soutien des autres et d'avoir clarifié les choses.

On peut alors se demander pourquoi les personnes ont besoin de partager leurs émotions et rapportent que cela leur est bénéfique alors que les indices de récupération ne sont pas influencés par le partage social. En fait, on ne peut exclure l'idée que les bénéfices perçus proviennent de bénéfices réels autres que ceux qui ont été investigués jusqu'à présent. Nous disposons à Louvain-la-Neuve de données préliminaires permettant de faire au moins trois hypothèses. Le premier de ces axes concerne des aspects physiologiques, le second concerne des aspects sociaux, et le troisième, des aspects cognitifs.

Jusqu'à présent, nous avons étudié les réponses subjectives d'impact émotionnel (par questionnaire). Cette dimension subjective pourrait être considérée comme la plus importante puisque l'on peut difficilement rapporter une émotion s'il n'y a pas eu d'expérience *consciente* de celle-ci (Scherer, 1996; Frijda, 1986). Cependant, il n'y aurait pas d'expérience émotionnelle s'il n'y avait pas de réponses physiologiques (Bradley, 2000; Cacioppo, Klein, Berntson & Hatfield, 1993). Les corrélations entre ces deux types de réponses sont souvent très faibles (Lang, 1971, 1985). Il est donc possible que les réactions physiologiques automatiques soient diminuées après verbalisation (ré-exposition) émotionnelle sans que l'expérience consciente subjective ne soit modifiée. A l'appui de cette hypothèse, des participants ont récemment été invités à se souvenir d'un événement émotionnel négatif récupéré *vs* non récupéré (*i.e.* induisant encore des émotions pénibles sur le plan subjectif). Immédiatement après, l'impact émotionnel subjectif était évalué. Après une période de relaxation, soit les participants étaient réexposés à l'événement émotionnel par imagerie mentale, soit ils étaient réexposés à un événement trivial (*i.e.* imagerie sur le dernier cours). Les réactions électrodermales des participants étaient mesurées avant, pendant et après la période d'exposition. Après une période de 48 heures, tous les participants étaient invités à se souvenir à nouveau de l'événement émotionnel et ils devaient s'y réexposer par imagerie. Leurs réactions physiologiques étaient à nouveau enregistrées. Enfin, ils répondaient au questionnaire évaluant l'impact émotionnel résiduel de l'épisode. Les résultats de cette étude ont révélé que seuls les individus qui avaient confronté les émotions liées à un événement *récupéré* présentaient de meilleurs indices de récupération émotionnelle *physiologique* lors de la deuxième séance. En accord avec les résultats de nos recherches antérieures, les indices de récupération émotionnelle *subjective* ne se différenciaient pas entre les groupes non récupéré et récupéré. Ceci suggère que la récupération émotionnelle subjective est un phénomène différent de la récupération émotionnelle physiologique. Une étude est prévue qui testera l'impact de la verbalisation des émotions sur ces deux facettes de la récupération émotionnelle.

Deuxièmement, il est possible que le partage social permette de raviver les liens d'attachement et la réintégration sociale. A l'appui de cette hypothèse, des études récentes ont montré que le partage social induit chez le partenaire des réponses d'intérêt, d'empathie et des comportements non verbaux de proximité physique (*i.e.* toucher, embrasser) qui sont proportionnels à l'intensité de l'émotion évoquée (Rimé & Christophe, 1997). L'émetteur répond lui-même très positivement à ces manifestations. En outre, de nombreuses études sur la révélation de soi (*self-disclosure*) ont montré que les personnes qui s'engagent dans des discussions personnelles tendent à être plus appréciées que les personnes qui parlent de sujets moins personnels. Elles ont aussi montré que la verbalisation de sujets personnels induisait chez l'émetteur une tendance à plus apprécier ses partenaires (voir la méta-analyse de Collins & Miller, 1994). Les bénéfices subjectifs de la verbalisation pourraient donc être liés à un renforcement des liens affectifs qui résulterait de la verbalisation émotionnelle. Ainsi, par l'intermédiaire des liens affectifs renforcés, la verbalisation des émotions jouerait un rôle important d'intégration sociale. Dans une étude en collaboration avec M. Stroebe de l'Université d'Utrecht, nous sommes en train d'examiner les différences de type de réaction du partenaire d'un partage social perçu comme satisfaisant *vs* insatisfaisant du point de vue du locuteur. Cette étude nous permettra de voir si des prototypes de réactions du partenaire soutenant ou non existent. Elle nous permettra également d'examiner si le sentiment de solitude varie en fonction des bénéfices perçus de l'interaction de partage social.

Enfin, il est possible que les bénéfices subjectifs rapportés après verbalisation soient induit par la croyance aux effets bénéfiques de la verbalisation des émotions. Des recherches sur la perception des sensations physiologiques après induction émotionnelle ont montré que les individus rapportent des patterns différenciés d'activation physiologique pour diverses émotions spécifiques (*i.e.* Shields, 1984). Cependant, il n'existe pas clairement d'activation physiologique correspondant aux émotions spécifiques. Les individus ne peuvent donc pas se référer à leurs propres sensations intéroceptives. Rimé, Philippot & Cisamolo (1990) ont montré que les personnes ont recours à leur savoir stéréotypique et prototypique (des schémas sociaux) au sujet des réponses émotionnelles pour déterminer et différencier leurs sensations physiologiques après induction émotionnelle. Selon la même logique, on postule que les individus, pour déterminer s'ils perçoivent des bénéfices après verbalisation émotionnelle, ont recours davantage aux croyances établies qu'à leurs propres expériences personnelles parce que cela leur demande moins d'effort cognitif. En effet, les individus peuvent avoir facilement recours au stéréotype provenant du savoir social et à leurs croyances sur les effets bénéfiques de la verbalisation des émotions (processus cognitif automatique). Par contre, s'ils se référent à leur expérience subjective, ils doivent utiliser un processus contrôlé d'introspection demandant un examen approfondi des conséquences de la verbalisation émotionnelle sur les plans physiologique, subjectif, cognitif et interpersonnel, informations auxquelles le sujet a difficilement accès. A l'appui de cette hypothèse, les résultats de plusieurs études indiquent que les bénéfices perçus après verbalisation sont significativement associés aux croyances envers les effets bénéfiques du partage social mais sont indépendants des indices de récupération après verbalisation.

Partage social des émotions et cohésion de groupe

Magalie Espitalier, Anna Tcherkassof et Florian Delmas
Université Pierre Mendès France - Grenoble II, LPS de Grenoble/Chambéry

INTRODUCTION

Les expériences émotionnelles que vivent les individus sont partagées dans 88 à 96 % des cas (Rimé, Finkenauer, Luminet, Zech & Philippot, 1998). Ce phénomène très répandu est le partage social des émotions. Il se manifeste le plus couramment sous la forme d'une verbalisation de l'expérience émotionnelle vécue. Cette expression est socialement dirigée dans le sens où ces réévocations des émotions s'adressent à un public volontiers attentif (Rimé, 1989).

Le partage social des émotions s'effectue donc entre individus inclus dans un groupe. Les membres de ce groupe vont alors se mettre à échanger, exposer leurs ressentis émotionnels. Lors de ces moments de partage social des émotions, par le support social du groupe, les individus vont pouvoir réarticuler et réorganiser les expériences émotionnelles vécues (Rimé et al., 1998). Le support social, au travers de ce travail cognitif, va tenter de renforcer les croyances, attitudes et normes des individus ébranlées lors de l'épisode émotionnel. Ces normes communes affirmées lors du partage social sont un élément essentiel de la cohésion de groupe. En effet, le fait de partager les mêmes normes et mêmes caractéristiques en tant que membres du groupe et non en tant qu'individus constitue la cohésion de groupe (Turner, Hogg & Smith, 1984). Ce rapport entre cohésion de groupe et communication émotionnelle semble réduire les tensions et conflits entre les membres du groupe dans le sens où les membres y trouvent un espace de communication libre sans pressions, intérêts ou conséquences (Festinger, 1950). Une intégration de l'aspect émotionnel et affectif est faite dans l'étude des processus de groupe où l'on parle alors de l'attraction sociale au groupe comme le composant affectif des membres du groupe (Hogg, 1995) et comme le déterminant de la cohésion de groupe.

Ainsi, le partage social des émotions, par son contenu émotionnel et le support social qui y est associé, permet de clarifier et traiter les émotions ressenties, mais aussi de rendre visible les croyances, attitudes et normes des individus. En mettant en avant ces normes, le partage social ne contribue-t-il pas à renforcer l'attraction sociale envers le groupe et par là même la cohésion du groupe?

1. EXPOSÉ DE LA RECHERCHE

Cette étude se propose de tester l'effet du partage social des émotions sur la cohésion de groupe. Pour cela, les participants (N=62) sont répartis selon trois conditions expérimentales. La première (C1) est une condition contrôle où les participants (N=21) n'ont pas l'autorisation de parler entre eux. La deuxième condition (C2, N=20) consiste à susciter une discussion non émotionnelle entre les participants. Enfin, la dernière condition (C3) est une condition de partage social des émotions, dans laquelle les participants (N=21) sont amenés à échanger leurs ressentis émotionnels. Dans chaque condition, les participants sont convoqués par groupes de quatre personnes (3 participants naïfs et un compère). Installés dans des box individuels, ils visionnent un documentaire inducteur d'émotion de type dégoût. Cette configuration spatiale évite que les participants ne prélèvent des indices verbaux et non verbaux éventuellement émis par les autres participants. Puis, sous prétexte de remplir un questionnaire (fictif), les groupes de participants sont invités à se réunir autour d'une table. Une fois le groupe réuni, le compère initie soit la discussion non émotionnelle sur les aspects techniques du documentaire (C2), soit le partage social des émotions suite au documentaire (C3), ou contrôle l'absence de communication entre les participants (C1). Cette phase dure dix minutes, en l'absence de l'expérimentateur, à l'issue de laquelle chaque participant retourne dans son box.

La cohésion du groupe est alors mesurée à l'aide, d'une part, d'une intention comportementale et, d'autre part, d'une échelle de cohésion.

Intention comportementale

Il est annoncé aux sujets qu'ils seront convoqués pour une nouvelle expérience et qu'ils doivent pour cela choisir parmi quatre groupes de sujets celui dont ils veulent faire partie pour cette expérience à venir.

Parmi ces quatre groupes, les deux premiers correspondent à des groupes désignés pour participer à une expérience ultérieure de courte durée (faible contrainte), tandis que les deux autres participeront à une expérience de durée plus longue (forte contrainte). De plus, on amène les participants à croire que des sujets sont déjà inscrits dans les groupes. Ainsi, dans les deux premiers groupes sont déjà inscrits des sujets que les participants ne connaissent pas; dans le troisième groupe, un des participants de l'expérience actuelle est inscrit; dans le quatrième groupe figurent déjà deux des participants de l'expérience actuelle. Les deux premiers groupes sont donc considérés ici comme non cohésifs (contrainte faible et sujets inconnus) tandis que les deux derniers groupes sont dits cohésifs (contrainte forte, 1 ou 2 participants présents).

Echelle de cohésion

Une seconde mesure de la cohésion est une échelle d'attitudes en neuf points et huit items, pré-testée lors d'une expérience antérieure.

2. RÉSULTATS ET DISCUSSION

Les résultats montrent une tendance (p<.06) des participants de la condition «partage social» à s'inscrire davantage dans les groupes dits cohésifs (cf. tableau 1 et graphique 1).

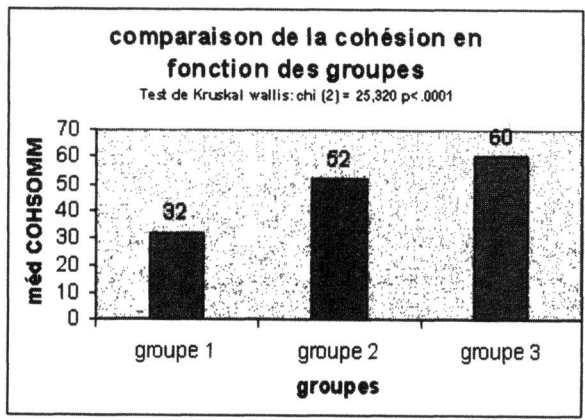

Graphique 1 — Comparaison de la cohésion en fonction des groupes.

Tableau 1 — Test de la cohésion en fonction des groupes contrôle/discussion technique et du groupe partage social.

	Groupes		
Cohésion	**C1+C2**	**C3**	**Σ**
0	31	11	42
1	11	9	20
Σ	**41**	**21**	**62**
Chi-square (df=1)	3,430		p=.0641

Concernant l'échelle de cohésion, l'alpha de Cronbach obtenu est de : a =.9171 avec un facteur expliquant 65 % de la variance. De plus, on obtient une différence significative entre les trois conditions expérimentales sur cette échelle. Dans la condition « partage social », les participants se montrent plus cohésifs que dans la condition « discussion technique », celle-ci obtenant un score supérieur que celui de la « condition contrôle ». Il est donc possible de dire, d'une part, que la communication a un effet sur la cohésion de groupe et, d'autre part, que plus le contenu de la communication est émotionnel et plus la cohésion augmente. Le partage social, comme attendu, favorise donc la cohésion de groupe.

Cette étude montre la difficulté existante à articuler deux niveaux d'analyse, à savoir le niveau inter-individuel où chaque individu s'exprime sur son ressenti émotionnel propre, et le niveau « groupal » où l'individu ne s'exprime plus en tant qu'être particulier, mais en tant qu'entité au travers de la cohésion. Ce partage émotionnel au sein d'un groupe reflète toute la complexité de se dévoiler aux autres (tout en cherchant leur support) inclus dans une perspective de groupe.

DEUXIÈME PARTIE

LES EMOTIONS DANS LA LANGUE, LA PAROLE, LE DISCOURS ET L'INTERACTION

Structures verbales de l'émotion parlée et de la parole émue

Christian Plantin
CNRS - Université Lyon 2

INTRODUCTION

Chaque époque choisit de mettre en évidence un certain type de discours savant sur les émotions; si les théories philosophiques des passions sont bien connues (Le Guern, 2000), il faut rappeler qu'elles se développent en parallèle et en concurrence avec les doctrines religieuses des péchés capitaux (*avarice, colère, envie, gourmandise, luxure, orgueil, paresse*), dont trois seraient considérés actuellement comme des émotions ou des sentiments (*colère; orgueil*, frère de la *fierté; envie*, ou *jalousie*); trois sont des dispositions passionnelles (*avarice, luxure, gourmandise*); reste la *paresse*, qui a remplacé dans la liste la *tristesse*[1]. En outre, les savoirs et les pratiques les plus raffinés des émotions, des humeurs, des passions sont peut-être ceux qui se vivent dans la littérature, la peinture ou la musique, et qui n'entrent que malaisément dans les visions classiques des «émotions de base».

1. DÉFINITIONS

La définition de l'émotion va de pair avec celle des humeurs et des passions (Esquirol, 1980/1805; Janet, 1975/1926; Gayral, 1975; Gauchet & Swain, 1980; Frijda, 1993; Cosnier, 1994, etc.). Sur le plan encyclopédique, les dictionnaires (qui, sur ce point, ne peuvent être qu'encyclopédiques), les psychiatres et les psychologues définissent l'émotion comme un syndrome ayant ses manifestations sémiologiques à la fois sur les plans psychique, physiologique et comportemental (Battachi, Suslow & Renna, 1996, p. 16). Plus exactement, peut-être, la définition porte sur la structure des perturbations affectant le «normal state of composure» (Wierzbicka, s.d. : 10), soit l'*assiette* psychologique, c'est-à-dire la tonalité thymique de base de la personne dans sa culture, la *contenance* que la honte, peut-être la tristesse, font perdre.

Sous cette définition, c'est de la *composante psychique* que l'ensemble du syndrome émotionnel tient son nom : «joie, peur, crainte, terreur, contentement, colère, attendrissement affectueux» (Gayral, 1975, p. 24).

La composante physique «se décompose en une sous-composante *motrice* (mimique et attitudinale externe) et des phénomènes *neuro-végétatifs* (internes)»(*id.*).

<blockquote>
– «L'activation motrice» recouvre «[des] phénomènes moteurs, et notamment la mimique émotive, semi-automatique, très difficile à reproduire par la volonté (talent des grands acteurs) et, dans certains cas, la sidération motrice (stupeur émotive) ou l'agitation (tremblement, fuite, attitude agressive), ou encore une crise nerveuse généralisée, épileptiforme» (*id.*, p. 24) ; «L'activité motrice est toujours en relation étroite avec l'ensemble de l'activité mentale, elle sert de support à son expression par la mimique, les gestes, les attitudes et elle conditionne la plupart des comportements» (*id.*, p. 29).

– Par «activation neuro-végétative», on entend un ensemble de «phénomènes neuro-végétatifs surtout vasculaires et sécrétoires, pâleur ou congestion, sueurs, pleurs, tachy- ou bradycardie, hypertension artérielle, palpitations, sécheresse de la bouche..., selon la prédominance vagale ou orthosympathique du sujet» (*id.*).
</blockquote>

Enfin, ces diverses formes d'activation «se combinent pour fournir un tableau d'*attitude instinctuelle primitive* : fugue, opposition, agression coléreuse; défense, faire le mort...» (*id.*, p. 24 ; souligné par nous). Les définitions de l'émotion vont généralement jusqu'à inclure les *comportements organisés*, conscients, planifiés liés à l'émotion, ce que le même auteur considère comme «des réactions complexes : fugues, claustration» (*id.*, p. 29).

Cette description définitoire est supposée convenir en gros aux «émotions de base». Elle fait une place essentielle à l'activation et, en ce sens, la *surprise* (bonne ou mauvaise) apparaît comme le fait émotionnel fondamental, moins une émotion proprement dite qu'une condition de toute émotion. La littérature qui se rattache à ce type d'approche traite de l'émotion de l'homme ordinaire, et laisse intacte la question des émotions comme «les béatitudes des idiots et des déments, les joies des épuisés après de grandes hémorragies, les joies des agonisants, etc.» (Janet, 1975/1926 : II, p. 24). Quoi qu'il en soit, il est difficile de clore précisément la définition. On associe sans problèmes à la *colère* le regard fulgurant et la voix de tonnerre[2]; de même, on lui associe bien l'agression ou l'ébauche d'agression ou de passage à l'acte; mais faut-il faire figurer parmi les comportements dérivés le pamphlet écrit «sous le coup de la colère»? De même, dans le cas de la *peur*, il semble difficile de dire ce qui, dans la réaction « faire le mort », relève de l'instinctif ou du planifié ; dans le cas de la *tristesse*, le « retrait » et la « claustration ». Tous ces comportements peuvent recevoir une élaboration culturelle, composition d'un élégie ou composition musicale (on ne mentionnera pas la prise de voile, puisque la tristesse comptait pour un péché).

Sous cette définition, l'émotion est essentiellement une perturbation et une restructuration des états physiologiques ou psychologiques internes, de leurs liens ou de leurs répercussions sur l'état cognitif et comportemental du sujet ému. Par le biais d'un système de systèmes dont il s'agit de décrire les interactions, elle oriente la recherche sur l'émotion dans un univers causal, ce qui stimule d'emblée une problématique positive, pour ne pas dire positiviste[3]. Cependant, la littérature rapporte des états internes perturbés sans émotion associée et, réciproquement, des émotions non accompagnées des états internes attendus. On aboutit à la conclusion troublante qu'il semble que les états psychiques soient obligatoirement accompagnés d'états physiques, mais qu'il n'y ait guère de régularité dans cet accompagnement ; les synchronisations entre ces diverses composantes sont faibles, et leur mode d'articulation reste problématique (Battachi *et al.*, 1996, p. 18).

Ces définitions de caractère encyclopédique données par les psychologues et les psychiatres, plus ou moins passées dans le sens commun (à moins que ce ne soit l'inverse), ont été adoptées par les linguistes. Au titre du « sentiment linguistique », propriété inaliénable du locuteur idéal, elles influencent profondément par exemple les recherches sur ce qu'il faut entendre par *terme d'émotion*. La délimitation de ce champ met en jeu non seulement les termes désignant d'abord des états psychiques, mais aussi des termes désignant les accompagnements organiques ou actionnels de ces états (voir *infra*).

D'une façon générale, et dans la perspective d'une analyse du langage et de la parole émue, on pourrait proposer de grands regroupements autour des trois pôles suivants, le pôle expressif-énonciatif, le pôle pragmatique, le pôle communicationnel ou interactionnel[4], aucun ne bénéficiant d'un privilège particulier :

– *Expression - énonciation de l'émotion* : on s'intéresse alors essentiellement à l'état affectif du sujet ému, à son état cognitif (ses perceptions, ses évaluations), tels qu'on peut les lire ou les inférer de son activité verbale, ainsi qu'aux transformations de ses « Gestalten » vocales et mimo-posturo-gestuelles. Par exemple, on détermine les caractéristiques de la voix triste ou de la voix de la colère.

– *Pragmatique de l'émotion* : la pragmatique de l'expression émotionnelle prend en compte la situation, c'est-à-dire l'événement inducteur et les transformations élémentaires des dispositions à l'action du locuteur. Interviennent systématiquement à ce niveau les émotions liées à des situations et à des rôles, la prise en charge d'un rôle (discursif ou social) avec la posture émotionnelle ad hoc.

– *Interaction et communication des émotions* : on s'intéressera alors au rapport de voix entre la voix du colérique et la voix du calme ou du colérique complémentaire avec laquelle il interagit (Grosjean, 1995); à l'émergence de l'émotion à partir de ce stimulus particulier que constitue l'être conversationnel de l'autre; à son évolution et à sa gestion dans l'interaction (voir Plantin, Doury & Traverso, 2000). Cette étude devrait rester attentif au fait qu'étudier l'émotion dans les interactions, c'est se donner comme objet le tout de la communication interpersonnelle, qui intéresse notamment la psychanalyse, la psychosociologie des groupes, la psychologie en général et la psychologie clinique (Sangsue & Scherer, 2000).

2. QUESTIONS DANS LA PERSPECTIVE DE L'ANALYSE DE LA PAROLE ÉMOTIVE

A l'exception des alexithymiques[5], dont la compétence d'expression émotionnelle semble avoir disparu, tout le monde sait ce que sont les émotions pour les avoir éprouvées, tout le monde subit ou gère de façon plus ou moins hygiénique ses accès émotionnels, ses humeurs, organise ses passions et les expose en fonction de sa ou de ses cultures et des situations d'interlocution auxquelles il participe. Ces savoirs communs, partiellement de l'ordre du «savoir vivre» interactionnel, façonnés par l'histoire, sont exposés, travaillés, théorisés dans des discours adressés ou intérieurs. Ils relèvent de la compétence émotionnelle du sujet interagissant qui, dans la mesure où il est capable aussi bien de se mettre en scène que de capter, de lire et de (s'auto-) décrire des émotions, connaît et peut dire quelque chose des transformations des voix, des faces, des processus internes (*j'en suis tout retourné, je suis allé trois fois aux toilettes*) et des transformations des actions (*de rage, il a mordu la clé*), pour en induire des éprouvés plausibles. La lecture de ces signes peut devenir une compétence professionnelle, mais tout un chacun est sémiologue, c'est-à-dire capable de capter et de dire quelque chose d'un ensemble de signes pluricanaux rapportés à une même source organisatrice pour en tirer des inférences sur cette source. La recherche sur les stéréotypes sémiologiques exprimés sous forme de locutions vise à formaliser ces savoirs et les savoirs faire où il émerge (voir *infra*).

Position de l'analyste

La question de la position de l'analyste ne peut être éludée, particulièrement par le linguiste dont ni l'œil ni l'oreille ne sont professionnellement préparés à l'observation de situations d'émotions fortes, et les situations d'émotion faibles sont peut-être encore plus délicates à appréhender (Kleinman & Copp, 1993). Il peut tenter de se situer en externalité pour observer des interactants émus, ainsi qu'une portion plus ou moins vaste du contexte originaire et de l'histoire de l'émotion qui les affecte, ou qu'ils affectent. Il pose alors l'émotion comme une chose, se manifestant dans un monde séparé. Mais l'externalité ne s'obtient pas par décret. L'émotion déborde du corpus (Auchlin, 2000), il faut tenir compte de sa transmission inconsciente, corporelle, de l'émotion, des phénomènes d'empathie et «d'an-empathie» (Cosnier, 1994, 2000, et ce volume). Autrement dit, il y a de la captation émotionnelle, l'analyste participe à l'émotion qu'il entend analyser. Dans ces conditions, comment peut se réaliser la coupure d'avec l'objet qui est la garantie de l'objectivité de l'étude ? Une autre option consisterait à opter pour une position «compréhensive», participante, le risque étant alors de se réclamer des certitudes d'un sujet bien placé pour savoir, ce qui revient à pratiquer une forme d'introspection de groupe, en tout point analogue à l'introspection individuelle. L'empathie fournit une entrée aussi commode que problématique dans une atmosphère émotionnelle, elle confère au linguiste toutes les certitudes piégées de la compréhension du participant, et l'expérience montre que cette captation émotionnelle s'étend facilement à son auditoire professionnel. Il ne suffit pas d'aller loin dans l'analyse, encore faut-il en revenir.

Des émotions en quête de stimuli

Le terme de «socialisation» appliqué aux émotions pourrait laisser supposer que les émotions seraient quelque chose de «non socialisé» dans leur surgissement, qui se coulerait ensuite dans des cadres culturels et sociaux donnés, un peu comme un fleuve serait «socialisé» par l'action conjointe des compagnies électriques, des agriculteurs et des bateliers.

Les émotions se «partagent» (Rimé, 1989) selon des modalités interactionnelles différenciées, verbales et co-verbales : on partage un deuil ou un chagrin en prenant dans ses bras.

Comme tous les actes, la parole émue est pluri-fonctionnelle : en informant un collègue d'un deuil, on s'excuse de ne pouvoir participer au colloque qu'il organise.

Le degré d'institutionnalisation des émotions régit la modalité de leur gestion interactionnelle : les comportements émotionnels et les modes de communication associés au mariage et au deuil sont définies par la culture. Cette communication peut s'effectuer sur différents modes sémiotiques; tenue et cortèges de deuil, de mariage, imposent aux participants comme aux spectateurs des comportements et des échanges conventionnalisés.

Chaque émotion impose des partenaires émotionnels, des formes et des réseaux d'interactions spécifiques. On communique sa peur, on passe sa colère sur le chien du voisin, on confesse (à son église ou à un proche) sa honte et ses sentiments de culpabilité. Chaque émotion a son cycle de vie propre, en particulier, on en sort par des voies spécifiques. Savoir comment l'individu se purge de sa colère ou surmonte sa peur est une question; une autre question est de savoir comment une colère est (et cesse d'être) active et structurante dans une interaction (Plantin, 1998).

Un événement source survient à une personne et la met dans un certain état «émotionnel», c'est-à-dire psychique, physiologique, comportemental : ce modèle stimulus-réponse, qui correspond au modèle énonciatif/expressif-pragmatique, décrit bien toute une série d'événements émotionnels, mais il s'applique mal à d'autres (Chabrol, 2000). Bien que, dans la plupart des exemples allégués, on considère que l'événement inducteur affecte un individu privé, coupé du monde pragmatique et du groupe interactionnel (voir la rencontre avec l'ours, de James), rien dans ce modèle n'oblige à considérer que l'émotion est fondamentalement un événement privé; le même événement peut affecter simultanément tout un groupe. Si le groupe est homogène du point de vue de ses valeurs et de ses intérêts, il partage ou co-élabore des états émotionnels du même type, l'émotion de chacun se renforce de celle des autres. Avec le temps, l'émotion décroît ou est sacralisée sous la forme par exemple d'un mémorial. Si l'événement émotionnant affecte des groupes hétérogènes ou antagonistes, chaque groupe se construit une émotion, et la protège par des frontières communicationnelles qui recoupent des barrières politiques, sociales ou culturelles.

Même dans nos cultures qui se veulent individualistes, les émotions dominantes sont sans doute des émotions de groupe, qu'il s'agisse de passions politiques, sportives, artistiques, religieuses ou même érotiques. Le rapport au stimulus est complètement transformé, en particulier le grand stimulus originel externe est inassignable. Il ne s'agit plus d'une émotion accidentellement incidente à une existence, mais à l'organisation d'une vie, ou d'un segment d'existence, *dans* l'émotion, comme le dit Wierzbicka. Non seulement les événements émotionnels ne sont pas subis par surprise, mais ils sont recherchés, collectionnés, organisés; le sujet va au stimulus, ce n'est pas le stimulus qui va au sujet. L'individu induit ses propres émotions, par exemple en lisant ou en écrivant un poème, en jouant ou en écoutant de la musique. Il n'est pas la cible passive d'un stimulus, il organise et produit ses stimuli, de sorte qu'il est impossible de postuler un stimulus extérieur à l'individu. Ce n'est plus le stimulus qui produit l'émotion, c'est l'émotion-passion qui élabore le stimulus. Il ne suffit plus de décrire des épisodes occasionnels, mais une façon de vivre qui relève d'un modèle passionnel anthropologique, de l'existence.

Ces stimuli sont parfois pris en charge institutionnellement ou commercialement. Ils se distribuent selon les circuits communicationnels qui lient les individus et les groupes, la part des médias dans l'organisation qu'un groupe donne à ses émotions devient prépondérante (Atifi, 2000; Charaudeau, 2000).

Stimulus simple, émotions complexes

Le modèle stimulus-réponse, même élargi, suppose une certaine bonne définition de la réponse. Or, ces réponses ne sont généralement ni stables, ni univoques. Un modèle fondé sur l'émotion instinctive à la James («ours –> peur») et, d'une façon générale, les modèles liant *un* événement à *une* émotion sont trop simples, même lorsque l'événement inducteur d'émotion est un événement matériel externe élémentaire affectant un individu isolé[6] :

> Nous sommes au mois d'avril, je travaille, je lève les yeux et je m'aperçois qu'il neige. Je suis surpris, émerveillé (*c'est beau la neige!*), excité (*c'est exceptionnel!*), triste (*la neige me rend mélancolique*), irrité (*mes plantes vertes!*), inquiet (*il faut prendre la route*), indigné/joyeux (*il n'y a plus de saisons, c'est la faute à la couche d'ozone*).

Cette même ambiguïté émotionnelle est de règle si l'événement émotionnant affecte un groupe; il est alors possible que les différents rôles émotionnels (l'émerveillé, l'excité, le triste, l'effrayé, l'indigné) soient pris en charge par différents participants à l'événement, et qu'il y ait de véritables conflits de représentations émotionnelles, avec apparition de négociations ou d'argumentations émotionnelles.

L'interaction « récit d'émotion »

L'émotion peut être induite par un état interne privé (physique ou psychique) ou externe : un événement (langagier ou non) surgissant dans la situation d'interaction ; par une évolution autonome de cette situation (source interne) ; portée par la situation elle-même (situation d'examen). Considérons l'échange suivant qui, bien que reconstruit après coup, permet au moins de suggérer l'incroyable complexité de l'articulation des sources d'émotion dans le récit d'émotion, et la rétroaction systématique de la communication de l'émotion sur le communiquant source de l'émotion :

> Paul : – Tu sais pas, en revenant de Grenoble, il y a un mec qui s'est mis à me faire des queues de poisson sur l'autoroute, je ne savais plus que faire, c'est incroyable ce que les gens peuvent être cons, je suis encore dans tous mes états !
> Marie : – Ben je vois bien, tu es toute pâle ! Où c'était ?
> Paul : – Juste avant la sortie
> Marie : – C'était dangereux ? Mais tu roulais comment ?

Marie n'a pas accès à l'événement e^o, rapporté par Paul ; l'événement inducteur d'émotion chez Marie est le discours de Paul. Ce discours induit/construit une émotion en Marie par son dit et par son dire.

– Ce qui est *dit* mentionne, d'une part, des éléments de représentation de e^o, événement traumatisant en soi ; d'autre part, des émotions telles qu'elles ont été vécues par Paul en e^o (et pouvant inclure une description des émotions exprimées par d'autres acteurs de e^o ; et enfin, des émotions actuelles de Paul.

– Parallèlement, par son *dire*, Paul (re)joue ou revit les émotions primitives (pâleur, voix blanche, mimiques...), et éprouve des émotions nouvelles.
Comme il s'agit d'une interaction avec structure d'échange (Vion, 1992), cette description rétroagit : la perception par Paul de l'émotion qu'il construit en Marie (et peut-être aussi celle qu'il éprouve à sa propre voix et à son propre récit) lui permet de moduler son dire et son dit, à la limite à chaque instant ; il y a « copilotage » de l'émotion, avec effacement consécutif de la notion de stimulus, ou, si l'on veut, tout dans cette situation devient stimulus.

Les interventions de Marie agissent à tous les niveaux :
– Co-construction d'une représentation de l'événement $R(e^o)$ (*Où est-ce que c'était ?*), comme des émotions vécues par Paul en e^o (*c'était dangereux ?*).

- Co-construction des émotions actuelle par Marie et Paul. Paul fait partager ses émotions éprouvées en e°, ainsi que ses émotions actuelles. Par exemple, la mise en accusation des gens (*ce que les gens peuvent être cons*) peut irriter Marie, et le débat virer à l'accusation.

- Il peut y avoir inversion émotionnelle, par exemple si Marie manifeste une émotion que Paul estime excessive (*ah mais t'as pris son numéro ? je vais lui le retrouver moi ce mec !*), Paul peut consoler/calmer Marie (*attends, je suis vivant*).

Expression et communication émotive et émotionnelle

Bühler pose le problème des fonctions du langage dans le cadre d'un triangle sémiotique liant *die Dinge* [la chose] / *einer* [l'un, soi] / *der andere* [l'autre]. La fonction d'*expression* est la relation du signe à l'auteur de l'acte de langage, la fonction d'*appel* la relation sémantique du signe au destinataire (1933/1976, p. 102)[7]. Expression langagière et appel langagier correspondent à l'expression lyrique et à l'expression rhétorique, qui les différencient de l'expression épique (1933/1976, p. 104)[8]. Jakobson définit la fonction expressive ou émotive comme la centration du message sur le destinateur, visant à une expression directe de l'attitude du sujet à l'égard de ce dont il parle, et l'examine sous la forme des interjections et des variations vocales (Jakobson, 1963).

Cette problématique retrouve celle posée par Darwin au sujet de l'expression/communication des émotions. Toute variation différentielle d'un substrat est interprétable comme un état de ce substrat : les fumerolles sont signes d'un début d'état éruptif, comme la fièvre est signe d'une infection. Ces signes naturels ne sont pas dits expressifs, dans la mesure où ils ne font pas intervenir une activité intentionnelle, et où ils sont conditionnés absolument par le phénomène dont ils sont dits être le signe. Ils ne sont ni signifiants ni communiqués, ce qui ne les empêche évidemment pas d'être interprétés. Pour qu'il y ait expression, il faut qu'il y ait intention de communiquer, donc quelque chose comme un sujet intentionnel pilotant plus ou moins ses actes communicatifs, particulièrement son activité langagière globale par laquelle il émet des informations intentionnelles, qui se combinent aux informations non intentionnelles, sur son état psychique.

C'est ainsi qu'on peut distinguer entre communication émotive et communication émotionnelle, distinction opérée par Marty (1908), et que Caffi & Janney opposent comme suit (1994b, p. 348) — on remarque que cette analyse est faite du point de vue de l'expression seule :

emotive communication : the intentional strategic signalling of affective information in speech and writting (e.g. evaluative dispositions, evidential commitments, volitional stances, relational orientations, degrees of emphasis, etc.) in order to influence partner's interpretation of situations and reach different goals.

emotional communication... a type of spontaneous, unintentional leakage or bursting out of emotion in speech.

L'usage intentionnel, communicationnel et stratégique des émotions est opposé à l'irruption des émotions dans l'activité langagière — comme elle pourrait faire irruption dans n'importe quelle autre situation, perturbant l'activité primaire (voir *infra*). L'émotion contrôlée s'oppose à l'émotion vécue. Cette distinction recouvre encore celle des «émotions émotionnelles vraies, spontanées», «[qu']il faut distinguer des expressions faciales et corporelles émises intentionnellement, qu'on appelle 'emblèmes' ou 'signes'» (Frijda, 1993, p. 45) :

Tableau 1

Communication émotive	*Communication émotionnelle*
Signes	Réponses
Usage intentionnel, stratégique des émotions	Irruption des émotions
Emotion affichée, exprimée	Emotion vécue, éprouvée
Emotion rationnelle	Emotion cognitivement organisée
«Désorganisation organisée»	«Désorganisation inorganisée»
Politesse comme structuration de l'émotif	Politesse comme barrière à l'émotionnel

L'analyse du discours ne peut prendre pour objet que la communication émotive; mais la meilleure stratégie expressive pour la communication émotive est de se faire passer pour de la communication émotionnelle, par jeu ou mensonge émotionnels. La notion fondamentale est celle d'émotion affichée. Déterminer s'il s'agit d'émotif ou d'émotionnel n'est pas facile : on peut se mettre en colère pour justifier un discours où l'on dit sa colère (Plantin, 2000). Pour savoir si telle émotion communiquée est du jeu ou du vécu, il faudrait faire subir au sujet des tests physiologiques, le passer au «détecteurs d'émotions», si on est sûr que l'état psychique est déductible de l'état physiologique. Cependant, le mensonge étant plus coûteux que la vérité, le sujet tend sans doute à réduire la dissonance entre l'émotif et l'émotionnel, en éprouvant les émotions qu'il joue; on ment plus efficacement si l'on croit en ses mensonges. La réalité du contrôle et de la planification émotionnels est un argument pour l'existence d'une organisation cognitive de l'émotion dans la parole.

3. ASSIGNATION DE L'ÉMOTION

La linguistique et la phonétique classiques proposent une série d'instruments et d'observations propres à saisir les caractéristiques générales des émotions dans la langue et le discours, dont Kerbrat-Orecchioni a dressé «l'inventaire» (2000, p. 33).

– Sur le plan de l'expression verbale au niveau lexical, l'émotion se marque et se gère par l'utilisation d'une série de «moyens»: vocabulaire particulier, injures et mots tendres (*salaud/mon chéri*); exclamations et interjections (*– ah!*; *– mais...!*; *– bof*; *– m'enfin*) (Bouchard, 2000); expressions figées (*allez vous faire voir*); intensifs, etc.
– Au niveau morphologique, certains suffixes sont porteurs d'une attitude émotionnelle (*franchouillard*); comme certains emplois des temps verbaux (imparfait hypocoristique).
– Au niveau de l'organisation (ou de la désorganisation) syntaxique, on attribue à l'émotion les réorganisations de la forme considérée comme basique de l'énoncé: emphase, ruptures de construction, inversions. La notion traditionnelle de «figures de construction» cherche à capter quelque chose de ces mouvements d'émotion dans l'organisation de la parole. Cette vision de l'émotion comme déstructuration de l'acte linguistique fait certainement écho aux théories psychologiques plus générales sur l'émotion perturbant l'action[9].

Par leur hétérogénéité, ces faits touchent simultanément à l'ensemble des niveaux que les sciences du langage ont l'habitude de distinguer soigneusement; il est sans doute impossible de les organiser en ce qui serait un «système linguistique des émotions». Comme le dit Kerbrat-Orecchioni: «le risque est grand de voir les valeurs affectives se diluer dans l'océan de la subjectivité langagière» (2000, p. 43).

Il n'est donc pas question de rechercher ce que pourrait être l'organisation «en langue» d'un «système des émotions», comme il existe un système linguistique du temps, reposant sur les sous-systèmes de la morphologie verbale, des adverbes, des prépositions et des conjonctions temporelles.

A propos de ces procédés classiquement évoqués en grammaire lorsqu'il s'agit d'émotion, on remarquera que, très généralement, d'une part, ils connotent l'émotion plutôt qu'ils ne la dénotent, c'est-à-dire qu'ils servent à ajouter une couleur d'émotion aux énoncés dans lesquels ils entrent (*il avait faim, le chat* = *le chat a faim* + /affection/; *franchouillard* = *français* + /mépris/), ou, d'autre part, qu'ils se présentent comme une réaction émotionnelle, une réponse arrachée par une situation (cas des interjections) — comme s'ils obéissaient à une commune stratégie de contournement de l'émotif au profit de l'émotionnel.

Notre hypothèse est qu'il existe une structuration discursive de l'affichage émotionnel. Les principes de cette structuration valent pour le niveau verbal, et ses résultats sont à coordonner aux données vocales et mimo-gestuelles, soit qu'elles soient en harmonie, soit en opposition (*Pierre souffre beaucoup* + sourire entendu). Le point de départ se situe dans l'émotion non pas connotée mais franchement dénotée, l'émotion déclarée, proclamée, telle qu'elle se dit par exemple dans *je déteste la bière*. Dans «Eeaa! Beuurk! j'ai horreur de la bière!», le sentiment est à la fois déclaré et manifesté. Il n'y a pas contradiction, mais coordination entre les plans énonciatifs.

L'importance attribuée aux phénomènes lexicaux et syntaxiques repose sur un principe simple : si quelqu'un dit «ça me rend triste», c'est une bonne hypothèse de considérer que, jusqu'à preuve du contraire, il se sent triste, plutôt que gai ou effrayé. Bien entendu, cette position est à composer avec les données issues de l'interprétation des indices sémiotiques émotionnels. Le détective fin physionomiste, le psychanalyste ou le psychiatre pourront bien sûr, au terme de leurs enquêtes, conclure qu'il jouait la comédie ou qu'il doit redéfinir son émotion. De même, dans «*bof quelle surprise* + voix plate», l'affichage explicite de la surprise est contredit par la valeur lexicale de l'interjection et la tonalité vocale, et comme le réactif prime sur le dénoté (comme l'acte l'emporte sur la parole), on en conclut qu'il n'y a pas de surprise. Mais toute analyse doit prendre en compte, comme fait fondamental, qu'il y a affichage d'une émotion (si l'on pense que la surprise est une émotion).

Enoncé d'émotion, lieu psychologique, terme d'émotion

Dans ce qui suit, nous utiliserons la notion de *terme d'émotion*, de *lieu psychologique* ou *siège* de l'émotion, et de *source* de l'émotion. L'énoncé d'émotion attribue une émotion à une personne et, dans certains cas, mentionne la source de l'émotion. Ce modèle est linguistiquement fondamental, dans la mesure où la relation d'émotion (source-lieu-émotion) correspond à la structure sémantique d'une famille d'énoncés élémentaires (voir *infra*). Il assigne à l'analyse de la parole émue la tâche fondamentale de déterminer d'abord *qui* éprouve *quoi* — et éventuellement *pourquoi*. On adopte donc ici la position de Gross :

> « Ce point de vue a une traduction sémantique claire et quasi tautologique : un sentiment est toujours attaché à la personne qui l'éprouve. On peut formaliser cette association en la notant par un prédicat sémantique : **Sent (h)**, où le sentiment **Sent** est une fonction d'une variable **h**, qui correspond à des humains. Il existe alors autant de fonctions que de sentiments » (Gross, 1995, p. 70).

L'énoncé d'émotion reconstruit sera représenté sous la forme /terme d'émotion, lieu psychologique/ (Plantin, 1997, 1998, 1999).

La question du *qui*, ou du siège de l'émotion, n'est pas aussi évidente qu'il pourrait y paraître de prime abord. D'une part, les humains sont tous des lieux psychologiques potentiels, mais aussi les animaux (*mon dauphin est anxieux, joyeux*), du moins certains (la fourmi est toujours affairée, mais jamais triste). Les inanimés ne peuvent être le siège d'émotions ; *un point de vue triste* inspire la tristesse, il est source et non siège de l'émotion. Cause ou conséquence de sa personnification, l'océan peut connaître à peu près toute la gamme d'émotion : il est *en colère, joyeux, fier, triste, jaloux*...

Dans le cas des énoncés sans siège psychologique exprimé comme *Luc est un répugnant personnage*, le sentiment de répugnance ayant pour source Luc a pour siège le locuteur, et par défaut ou par empathie, l'interlocuteur (c'est-à-dire l'interlocuteur idéal). L'émotion couvre la situation, elle est affectée à un « on » dont la nature est définie par le cadre situationnel. Ortony, Clore & Foss soulignent que

> « 'being angry' is an emotion, but 'being abandoned' is not [...]. We should emphasize that we do not want to deny that 'feeling abandoned' refers to some kind of emotional state. Our point is that 'being abandoned' does not. Moses was abandoned, but this was not a fact about a psychological state of Moses at all, let alone about an emotional one » (1987, p. 346).

Le jeune Moïse peut en effet éprouver n'importe quel sentiment à se sentir voguer au fil de l'eau, de la joie aussi bien que de la peur, du moins pendant un certain temps. Mais il n'est pas le seul lieu psychologique possible attaché à l'énoncé utilisant le prédicat « être abandonné ». Considérons que « se sentir abandonné » correspond à un affect du type /détresse/. Cet affect est linguistiquement attribué au locuteur par les énoncés « je suis abandonné, vous m'avez abandonné ». Il détermine, par empathie, un affect complémentaire du type /pitié/. C'est cet affect qui est linguistiquement affiché par l'énonciateur de « Moïse a été abandonné ». La prise en compte, même à minima, du processus de communication des émotions permet donc de récupérer sous ce dernier énoncé un énoncé d'émotion : /locuteur, pitié/.

Les termes d'émotion (directs et indirects)

On n'abordera pas non plus directement la question de l'existence d'une classe de noms de sentiment, comme il existe des noms d'actions ou de noms abstraits (Leeman, 1995), définissable par leurs propriétés syntaxiques. Le discours fait référence à des émotions par des substantifs (*peur*), des verbes (*énerver*), ou par des adjectifs (*fier*). Ortony, Clore & Foss (1987) se proposent de définir la dimension référentielle du lexique des affects à partir de trois «facettes», ou composantes, les composantes cognitive, affective et comportementale, dont la combinaison forme le sens référentiel des termes de ce lexique.

> «*Mental conditions* always have either a significant *Cognitive component* or a significant *Affective component*, and sometimes both. In addition, some have a significant *Behavioral component*. It may be that truly psychological conditions generally implicate all of these facets to some degree. However, many of the words in the affective lexicon, while of course having affective overtones, *do not have affect as a significant part of their referential meaning*» (1987, p. 351).
>
> «... when, for example, we claim that 'proud' has an affect as a significant component, we do not mean to deny that it has a cognitive component and (possibly) even a behavioral one» (1987, p. 352).

Le tableau suivant illustre la façon dont sont répartis les «poids» affectif, cognitif et comportementaux pour la série d'adjectif figurant dans la colonne de gauche (les + indiquent un poids prédominant) :

Tableau 2

	Focus on Affect	Focus on Cognition	Focus on Behavior
proud	+		
confused		+	
cooperative		+	+
glad	+		
optimistic	+	+	
gleeful	+		+

On voit que ces composantes référentielles correspondent exactement aux composantes définies par les psychologues. Dans cette même ligne de pensée, si l'on considère l'émotion comme un syndrome, incluant, outre les composantes affective, cognitive, comportementale, une composante mimo-posturo-gestuelle et une composante physiologique, on peut construire la ligne caractérisant «la structure référentielle» d'un terme d'émotion donné.

Le tableau suivant propose une évaluation des termes susceptibles de désigner le domaine des émotions : *affect, émotion, humeur, passion, sentiment, éprouvé*. Bien entendu, l'intuition linguistique des locuteurs fournit des résultats variables, mais l'essentiel reste le fait que ces termes ne sont pas équivalents pour ces différentes facettes.

Tableau 3

	psychique	intellectuel	physiologique	mimo-posturo-gestuel	comport., action
affect	++	+	?	–	–
émotion	+	–	+	+	+
humeur	+	–	+	+	?
passion	+	–	–	–	++
sentiment	+	++	?	?	–
éprouvé	?	–	+	?	–

Quel que soit l'intérêt de cette approche référentielle, il faut souligner que la signification des mots ne se réduit pas à leur seule dimension désignative, aussi complexe soit-elle. Ils emportent avec eux leur organisation structurale et leur poids historique, en particulier ceux qu'ils tiennent des domaines de savoirs dans lesquels ils se sont développés. Ce dernier facteur est prédominant pour tous les termes précédents. Par exemple, *éprouvé*, nouveau venu dans la série nominale, est lié au domaine psychanalytique et sémiotique (Hénault, 2000); *sentiment* est inséparable des théories philosophiques sensualistes de la connaissance; la dominance de la composante psychique du terme *émotion* est, en français, une évolution récente, la composante comportementale («mouvement») étant historiquement fondamentale. Les *humeurs* sont enracinées dans la théorie médicale des passions; quant à *passion*, il renvoie non seulement aux approches philosophique de la vie psychique, mais aussi au théories et aux pratiques des aliénistes (le mot a changé de sens avec Esquirol, d'après Gauchet & Swain, 1983); et, pour complexifier encore le tableau, il est utilisé en français pour traduire le latin *affectus* des traités de rhétorique; or, ce terme correspond à des mouvements d'émotions typiques, comme la colère.

Chacun des termes de cette série pourrait prétendre au statut de concept fondateur pour le domaine. Tout choix entraîne déjà une forme de pré-structuration du domaine. Mais il est difficile de se tenir à un seul de ces termes, puisque tous n'ont pas les mêmes capacités dérivationnelles et que les termes dérivés peuvent ne pas exister ou n'avoir pas le même sens (en particulier, les verbes), ce qui entraîne un brouillage permanent de l'écriture théorique. Par exemple, le théoricien qui voudrait s'intéresser au sentiment plutôt qu'à l'émotion se heurterait à un problème d'écriture, puisqu'il devrait imposer un nouveau sens, plus général que son sens actuel, à l'adjectif *sentimental*.

Verbes et énoncés d'émotion

La notion d'énoncé d'émotion permet de décrire les attributions d'émotion dans le cadre de la phrase simple.

Les cadres syntaxiques : les verbes psychologiques

On peut distinguer ces constructions selon que s'y expriment ou non *le lieu psychologique* et *la source* de l'émotion, *le terme d'émotion* étant obligatoire.

– *Constructions exprimant le terme d'émotion seul* : c'est le cas des constructions impersonnelles, *il est agréable de*. Le lieu Psy est dit absent, ce qui constitue un exemple où le lieu est le locuteur.
– *Constructions exprimant le terme d'émotion et le lieu psychologique* (voir Leeman, 1995)
a) Construction adjectivale «N° est Adj» : *N° est heureux, joyeux*
b) Construction «N° est en —» : *N° est en colère*
c) Construction «N° a —» : *N° a peur*
– *Constructions exprimant le terme d'émotion, le lieu psychologique et la source de l'émotion*
a) Type *mépriser* (Vpsy1) : Dans *Pierre méprise l'argent*, «Pierre est le 'lieu' d'un certain processus psy qui a pour thème l'argent» (Ruwet 1972 : p. 187). Le lieu est sujet et le thème objet. Les verbes suivants sont des Vpsy1 : *mépriser, aimer, adorer, admirer, détester, déplorer, supporter, redouter, regretter, estimer, apprécier...* (*id.*, p. 189).
b) Type *dégoûter* (Vpsy2) : Dans *L'argent dégoûte Pierre*, lieu et thème permutent leurs places syntaxiques. Les verbes suivants sont des Vpsy2 : *dégoûter, amuser, intéresser, agacer, ennuyer, effrayer, gêner, terrifier, horrifier, humilier, surprendre, étonner, impressionner, préoccuper...* (*id.*, p. 189).
c) Type *plaire* (Vpsy3) : Le lieu est objet prépositionnel. Ces verbes sont proches du Vpsy2 : N° plaît à N1.

Certains verbes de la classe des Vpsy2 n'ont qu'une interprétation psychologique; d'autres sont ambigus entre une interprétation psychologique et une interprétation action physique, par exemple *frapper* :

N0 a frappé N1 (touché, blessé, ébloui, troublé...).

Les deux verbes *frapper* se distinguent notamment par les critères suivants :

– la préposition introduisant l'instrument est *de* ou *avec* dans le cas du verbe indiquant l'action physique; *par* dans le cas du verbe psychologique introduisant la source du sentiment :
Pierre a frappé Paul de /avec son poignard (*par son poignard)
Pierre a frappé Paul par son intelligence (*de / *avec son intelligence)
– seul *frapper*, action physique, peut être mis à l'impératif :
Frappe le de / avec ton poignard (*par ton intelligence)
– seul *frapper*, verbe psychologique, peut être modifié par les adverbes *très, si* :

Pierre a été très / si frappé par l'intelligence de Paul
*Pierre a été très / si frappé du / avec le poignard de Paul

Certains Vpsy2 peuvent recevoir une interprétation agentive («active», Gross, 1975), c'est-à-dire que le sujet du verbe est à la fois «thème» et «agent» conscient et délibéré du processus aboutissant à l'état dont est affecté le lieu psychologique. La question est donc celle de la nature exacte de la relation sémantique entre le sujet et l'objet du verbe psychologique, selon que le sujet contrôle ou non l'état de l'objet, selon que le sujet a ou non l'intention de produire cet état dans l'objet. Les thèmes non humains interdisent la lecture agentive; certains adverbes comme *délibérément* l'imposent :

Le manège amuse Pierre
Jean amuse Pierre (volontairement ou involontairement)
Jean a délibérément amusé Pierre

Tous les Vpsy2 ne sont pas susceptibles de recevoir une interprétation agentive (*Jean a délibérément touché Pierre). Les tests d'agentivité reposent sur la possibilité d'introduire une relation de type *faire* entre le sujet et l'objet de Vpsy2 :

Qu'est-ce que Marie a fait ?   elle a cuit le poulet, amusé les enfants
*elle a préoccupé Max, *frappé Jules par sa beauté

La possibilité d'introduire un adverbe de type *prudemment* est une indication d'agentivité :

Paul a prudemment cuit le poulet
*Paul a prudemment préoccupé Max

Ces notions rendent compte d'oppositions comme *terroriser/terrifier*, *terroriser* est agentif, impliquant forcément une intention de faire peur de la part du Pierre, alors que *terrifier* n'implique pas forcément cette intention (Ruwet, 1995) :

Paul terrifie Pierre –> Pierre est terrifié (Paul a ou non l'intention de faire peur)
Paul terrorise Pierre, c'est très méchant de sa part
le feu d'artifice terrifie Pierre *vs* *le feu d'artifice terrorise Pierre

La question est celle de la détermination précise de la nature de la source de l'émotion, intentionnelle ou non.

Enoncés d'émotion et métaphores émotionnelles

Dans les énoncés d'émotion de forme Sujet-Verbe-Objet tels qu'ils ont été définis précédemment, l'indication de l'état émotionnel est portée par le verbe dans le cas des Vpsy1, Vpsy2 et Vpsy3; par l'adjectif dans le cas des constructions en *être*; par le nom dans le cas des constructions *être en N* et des constructions *avoir N*. L'attribution d'émotion se fait également par des constructions où le nom d'émotion est attribué à un lieu psychologique, avec ou non mention de la source de l'émotion :

la nouvelle remplit Paul de joie
une grande joie envahit Paul

Balibar-Mrabti (1995) évalue à une soixantaine cet ensemble de constructions semi-figées. Elles peuvent être mises en relation avec la question des métaphores émotionnelles (Lakoff & Johnson, 1980; Kövecses, 1990). A titre d'exemple, considérons une famille de noms d'émotions classiques (*peur, colère, joie, tristesse, fierté, honte*) combinés avec les verbes *monter* («l'émotion vient d'en bas»), *envahir* («l'individu ne résiste pas à l'émotion»), *remplir* et *être plein* («l'individu ému est un récipient, l'émotion est un liquide qui s'y déverse»), et examinons leur degré d'acceptabilité dans les contextes suivants :

(1) il sentit la — monter en lui
(2) il sentit la — l'envahir
(3) la nouvelle le remplit de —
(4) il est plein de —

Tableau 4

	monter (1)	envahir (2)	remplir (3)	être plein (4)
peur	+	+	−	−
colère	+++	+	?	++
joie	−	+	+++	++
tristesse	?	+	?	+++
fierté	−	−	++	++
honte	−	+	−	−

Considérons l'ensemble suivant de substantifs liés au domaine de la peur, et une série de verbes dont ces substantifs peuvent être objets directs, toujours avec un sens dit «métaphorique» :

Tableau 5

	faire −	provoquer −	jeter −	répandre −	semer −
peur	+++	+	−	?	−
frayeur	−	?	−	−	?
effroi	−	+	+++	+	?
épouvante	−	−	−	?	−
panique	−	+++	−	−	+++
terreur	−	+	−	+++	+
anxiété	−	++	−	−	−

Semer se dit plus volontiers de *la panique* que de *l'anxiété*; *provoquer* convient à la *panique* plus qu'à la *terreur*. Ces phénomènes rejoignent ainsi la question de l'agentivité. De même, le lexique permet d'afficher différents degrés de contrôle de l'émotion par le sujet :

(1) il ne parvient pas à surmonter sa —
(2) submergé par la —
(3) inondé par la —
(4) des actions dictées par la —
(5) tenter de lutter contre la — / lutter victorieusement contre la —

Tableau 6

	surmonter (1)	submerger (2)	inonder (3)	dicter (4)	lutter contre (5)
peur	+++	+	?	+	+++
colère	+	+	−	+	+
joie	−	+	++	+	−
tristesse	+	+	−	?	+
fierté	−	−	−	?	−
honte	?	++	−	−	−

Les phénomènes de stéréotypisation langagière touchent non seulement la répartition des compléments essentiels du verbe, mais également toutes formes de complémentation. Ainsi, le contexte «— sur la ville» sélectionne *peur*, *tristesse*, *honte* et exclut *colère, *joie, *fierté.

Stéréotypisation des événements déclencheurs

La peur se déclenche dans certaines situations également stéréotypables, dans les conditions rappelées précédemment pour les réactions physiologiques. Ces situations ont été typifiées par Aristote dans le premier traité non pas de psychologie des émotions mais de psychologie endoxale, la *Rhétorique*. La colère (*orgè*) est définie en relation avec sa cause :

> «Admettons que la colère est le désir impulsif et pénible de la vengeance notoire d'un dédain notoire en ce qui regarde notre personne ou celle des nôtres, ce dédain n'étant pas mérité. Si c'est bien cela que consiste la colère, il s'ensuit nécessairement que l'on se met toujours en colère contre un individu déterminé, par exemple Cléon, et non pas contre l'homme en général; ensuite, que l'on a fait ou voulu faire contre nous-même ou l'un des nôtres une action déterminée; en troisième lieu, qu'à tout mouvement de colère est consécutif un plaisir, dû à l'espoir de se venger» (Rhétorique II, 2; voir aussi Greimas, 1983, p. 229).

Stéréotypisation de la composante posturale-comportementale

La composante expressive s'analyse en traits discontinus, par exemple «rougeur de la face», «sécheresse de la bouche», «transpiration augmentée». Ces traits peuvent être posés par le physiologiste, capable de les discriminer et de les caractériser et de les catégoriser sur des bases qui n'ont rien à faire des questions de langage, et enfin de les nommer selon les us et coutumes de son domaine. Il se trouve que certaines expressions langagières plus ou moins figées, ou des familles d'expressions en gros synonymes, désignent, ou prétendent désigner, de tels traits, par exemple «une lueur de joie traversa son regard»; du point de vue de la sémiologie langagière, certaines émotions «se lisent dans le regard» de la personne émue, et d'autres moins, plus ou moins conformément au tableau ci-dessous. Supposons que les recherches sur la physiologie des émotions découvrent un jour que l'influence de «la peur» influe sur «le regard» d'une manière toute différente de «la fierté». Alors, on aura découvert que ce tableau, qui jusqu'à nouvel ordre manifeste un arbitraire langagier, a en fait valeur référentielle :

Tableau 7

	– se lit dans son regard
peur	+++
colère	?
joie	+
tristesse	++
fierté	+
honte	?

Une série d'expressions stéréotypées décrit des attitudes, des comportements, des réactions comme convenant typiquement à telle ou telle émotion, en sélectionnant notamment les zones corporelles affectées préférentiellement par cette émotion. Les coutumes langagières lisent la peur sur le corps selon le code suivant :

- Sur tout le corps : *trembler de peur*, *trembler comme une feuille*, et plus particulièrement sur les jambes et les dents : *les jambes (les genoux) flageolent*, *les dents claquent*.
- Le cœur : *le cœur cesse de battre* (alors que *le cœur battant* renvoie à l'attente du plaisir), *on se sent défaillir* (mais *on se pâme* seulement *de plaisir*).
- La couleur du visage : *vert de peur*, *blanc de peur*, *blanc comme un linge* (mais pas **pâle de peur*).
- Les réaction cutanée : *avoir la chair de poule*, *suer de peur*.
- La température corporelle : *glacé d'effroi*, *tout mon sang se glaça dans mes veines*.
- Les cheveux : *ses cheveux se dressèrent sur sa tête*.
- La bouche et la voix : *la bouche sèche*, *muet d'effroi*, mais *hurlant de peur*.
- Les viscères : *son estomac se nouait*, *il faisait dans son froc*, *malade de peur*.

Ces réactions se traduisent sur le comportement ; *paralysé par la peur, cloué sur place, pétrifié, mort de peur*; on notera que ce n'est pas *la fuite* mais *la paralysie* qui est langagièrement associée à la peur; la fuite est une action délibérée.

Ces descripteurs stéréotypés entrent dans le repérage des émotions. Si un discours signale que telle personne a la chair de poule, alors on peut légitimement attribuer à cette personne une émotion qui se trouve dans le champ de la peur (notée /peur/) — et pas quelque chose de l'ordre de la fierté, puisqu'en français, la fierté ne donne pas la chair de poule ou, plus exactement, *fierté* et *chair de poule* ne sont pas cumulables sur un même référent humain. L'émotion est ainsi reconstruite «d'aval en amont», sur la base du seul matériel verbal.

Stéréotypisation du scénario émotif

Les termes dénotant strictement la peur sont inclus dans un scénario langagier englobant qui lie à cette émotion, de façon *sui generis*, un vaste ensemble de termes.

– Les dispositions à la peur de Psy, ses humeurs, sa constitution éthique, en termes aristotéliciens, son *habitus* : dire qu'un individu est d'un naturel *confiant, hardi, assuré...* ou *timoré, craintif, timide, pusillanime...*, c'est faire référence à ses réactions potentielles face à la peur. *Lâche* et *courageux*[10] ne sont pas analysables sans référence à la capacité à affronter les difficultés, et plus spécifiquement la peur et le danger.
– Le déclenchement de la peur s'effectue directement, par l'intermédiaire d'un Déclencheur (Humain ou non) ou indirectement, dans des scénarios qui impliquent la personne siège de l'émotion (Psy) et la source
   N° *alerte* Psy au sujet de —
   Psy *s'inquiète* au sujet de —, *craint* —, *a peur de* —, *appréhende* —, *redoute* —
   Inversement,
   (Source] *inquiète, alarme, intimide, décontenance, fait peur, effraye, terrifie* (Psy)
   (Source) est *inquiétant, alarmant, effrayant, redoutable*.
– Si les craintes de (Psy) se confirme, il éprouve :
   peur, angoisse, anxiété, frayeur, terreur, panique, épouvante, effroi, frousse, pétoche, trouille
   avoir les jetons (les jetouilles), les chocotes, flipper, fouetter
   ces éprouvés se manifestent corporellement :
   Psy *tremble, frémit*, etc. (voir *supra*)
– Psy réagit et adopte une stratégie : il *fuit*, ou il *lutte*. Il rencontre un Opposant (Op) ou un Adjuvant (Ad) (Humain ou non) :
   [Op] *décourage* [Psy]
   [Psy] *perd courage, se décourage*; est *décontenancé*
   [Ad] *rassure, tranquillise, encourage* [Psy]
   [Psy] *prend courage, prend confiance, s'enhardit, ose*.

On conclut qu'il est possible de reconstruire des énoncés d'émotion non seulement lorsqu'une émotion est explicitement attribuée à un actant de la parole, mais également à partir des situations dans laquelle il se trouve (si un actant est dans telle situation, il éprouve une émotion de la classe /X/); à partir d'une sémiologie des manifestations émotionnelles (s'il est dans tel état physique, il éprouve une émotion de la classe /Y/). D'une façon générale, il est possible de le situer à un moment du scénario stéréotypé associé à cette émotion.

4. CONSTRUCTION DE L'ÉMOTION

L'objectif de la recherche présentée ici est d'établir les principes permettant de définir l'orientation émotive d'un discours, que cette émotion soit affichée ou non par tel ou tel acteur. Autrement dit, un discours peut véhiculer une émotion même si les acteurs de ce discours n'en explicitent aucune ; mais s'ils affichent ou en attribuent une ou plusieurs, alors l'analyse doit la prendre en compte. Autrement dit, nous recherchons les principes d'organisation des traits[11] d'émotion, ou marqueurs d'orientation émotionnelle (que l'on pourrait appeler «pathèmes») dans un discours.

Il s'agit maintenant de préciser, dans la mesure du possible, les principes généraux qui, dans un discours, règlent cette orientation vers une émotion. Cette recherche s'appuie sur des règles dégagées par la rhétorique ancienne et classique, ainsi que sur des propositions faites en analyse du discours, en pragmatique et en psychologie ; l'ensemble de règles le plus complet semble en effet être celui que Scherer a proposé pour l'analyse de la composante cognitive des émotions. Il existe heureusement des recoupements entre ces différents systèmes[12].

Les techniques de l'émotion dans la rhétorique ancienne

La rhétorique attache la plus grande importance au pathos, à la production d'émotions chez l'interlocuteur. Lausberg rassemble sept figures d'émotion sous la rubrique «affektische Figuren»[13] (1960 : § 808-851), considérées comme des ornements et rattachées aux figures en plusieurs mots. Ces figures relèvent d'un approche de l'expression émotionnelle comme modification de la structure de base d'un énoncé (voir *supra*). Au § 257.3, il distingue trois types de moyens pour susciter l'émotion, moyens qui ne relèvent plus de l'énoncé mais de l'organisation du discours proprement dit, qui peuvent s'exprimer comme des règles ou des préceptes. La situation d'interlocution de référence est l'adresse d'un individu à un groupe, en face à face (monologue d'estrade), sur une question d'intérêt général, appelant une décision. Le locuteur part d'un événement (malléable jusqu'à la manipulation), s'appuie sur des règles (trucs, recettes de métier) lui permettant engendrer l'émotion favorable à sa cause dans son public. Dans la perspective judiciaire, qui sert de prototype à la rhétorique argumentative classique, la mesure de sa réussite est indirecte, mais elle existe bel et bien : le discours réussit ou échoue selon que l'inculpé client est condamné ou relaxé.

A. Règle sur l'émotion jouée, (R1) : «Montrez-vous ému!» — Le locuteur doit se mettre d'abord dans l'état émotionnel qu'il souhaite transmettre. Il doit produire en lui-même les *phantasiai* qui soutiendront son émotion (Lausberg : § 257.3). En d'autres termes, le locuteur doit se mettre dans un état émotionnel tel qu'il attire l'identification empathique de son public; il doit ressentir/simuler pour stimuler : «quant aux figures qui sont le mieux adaptées pour faire croître l'émotion, elles consistent surtout dans la simulation. Car nous feignons la colère, et la joie, et la crainte, et le chagrin, et l'indignation et le désir, et d'autres sentiments semblables» (Quintilien, *Inst. Or.* : IX, 2, 26). D'où les figures d'exclamation, les interjections, les interrogations... qui authentifient l'émotion du sujet parlant. C'est un moment essentiel de la construction de l'éthos.

B. Règles sur la présentation et la représentation (de l'événement émouvant hors situation) :

– (R2) «Montrez des objets!» (*signa*), liés à l'événement source de l'émotion et capables de contribuer à la production de l'émotion adéquate dans le public pertinent : le poignard de l'assassin, la robe tachée de sang, la cicatrice de la victime. Si c'est impossible :

– (R3) «Montrez des peintures!», d'objets ou de scènes émouvantes, technique promise à un grand avenir : «Filmez la tache de sang».

– (R4) : «Montrez de l'émotion!», comme cas particulier de la représentation, figure la représentation portant sur l'émotion; montrez les larmes de la mère de la petite fille violée et assassinée, la joie des vainqueurs, la déception des vaincus... qui solliciteront l'identification empathique du public.

C. Règles sur la mimesis (R4) : «Décrivez des choses émouvantes!» à défaut de pouvoir montrer, utilisez des moyens cognitifs-linguistiques. Si vous ne pouvez présenter ou représenter ni l'objet, ni le film, alors décrivez ces objets et ces événements émouvants; non seulement décrivez, mais «Amplifiez ces données émouvantes!»; utilisez «un langage qui tend à exaspérer les faits indignes, cruels, odieux» (Quintilien, *Inst. or.* : 6, 2, 24). Au besoin, rendez par exemple effroyables des choses qui ne seraient pas spontanément perçues comme telles par l'interlocuteur, d'où (R4') «Rendez émouvantes les choses indifférentes!»; c'est le procédé de la «deinosis» : «Car, bien que certaines choses paraissent graves en elles-mêmes, telles le parricide, le meurtre, l'empoisonnement, il en est d'autres aussi que l'orateur doit faire paraître telles» (Quintilien *Inst. or.* : 6, 2, 21).

Tableau 8 — Instruments rhétoriques du pathos

R1 : Règle d'affichage des affects	Montrez-vous affecté! (éthos)
	Montrez des gens affectés!
R2 : Règle de monstration	Montrez des objets émouvants!
Règles de la mimesis émotionnelle	
R3 : Règle de représentation	Montrez des images émouvantes!
R4 : Règle de description/amplification	Décrivez/amplifiez les choses émouvantes!
R4' : Règle de dramatisation	Rendez les choses émouvantes!

Lausberg (1960 : § 257.3) ajoute que tous les topoï peuvent donner naissance à des affects : c'est une idée que nous allons retrouver dans les tableaux suivants.

Les principes de l'inférence émotionnelle de Ungerer

Ungerer (1995, 1997) propose une théorie des inducteurs (déclencheurs) d'émotion dans le texte journalistique. Suivant cette analyse, les émotions du lecteur sont déclenchées conformément à trois «principles of emotional inferencing», que récapitule le tableau suivant.

Tableau 9

Principles of emotional inferencing	linguistic triggers
1. Principles of emotional relevance	
– Principle of proximity : «us *vs* them». Focus on what is close to the reader	Deictic items, kinship terms, endearing forms of address
– Principles of animacy («life & death» principle). Focus on what is life-endangering or life-generating for human beings	«Calamity» vocabulary : (*murder, rape, assault, earthquaque, casualties, kill, injure*)
– Principle of rank and number : Focus on what concerns many and important people	Numerals and other quantity expressions, titles
2. Principle of emotional evaluation	
Provide evaluations based on the norms of your culture	Commenting adverbs, lexical items with positive/negative connotations
3. Principle of intensity of presentation	
Be drastic	Use vivid details and metaphorical links with emotionally established domains (Bible)

4. Principle of emotional content
Mention emotional aspects of events explicitly
Descriptive emotion terms (adjectives, nouns, verbs)

Dimensions psychologiques et dimensions linguistiques des émotions

La question des émotions a été discutée par Caffi & Janney (1994a et 1994b) dans le cadre de la pragmatique, vue comme «the place where [linguistic and psychology] could finally and fruitfully meet, partly through the medium of rhetoric» (1994a, p. 247). Reprenant à Marty la distinction émotif/émotionnel, Caffi & Janney montrent comment l'investigation linguistique sur la «communication émotive» peut s'orienter selon les trois catégories de l'évaluation, de la quantité et du contrôle, bien connues des psychologues (1994, p. 338). L'axe le plus complexe est celui du contrôle, auquel correspondent quatre catégories linguistiques : «proximity, specificity, evidentiality, volitionality». Ces catégories psychologiques sont mises en parallèle avec six catégories linguistiques, chacune correspondant à une opposition type que nous reproduisons ci-dessous (d'après Caffi & Janney, 1994b) :

Tableau 10

psychological categories	linguistic categories	main contrast
evaluation	evaluation	positive/negative
control	proximity	near/far
	specificity	clear/vague
	evidentiality	confident/doubtful
	volitionality	assertive/non assertive
quantity	quantité	more/less intense

La stratégie de recherche consiste alors à déterminer, pour chacune de ces six catégories, la liste des indices linguistiques [emotive devices] auxquels elle correspond. Par exemple, la dimension essentielle «évaluation» est définie comme «... all types of verbal and non verbal choices that suggest an inferrable positive or negative evaluative stance on the part of the speaker with respect to a topic, part of a topic, a partner or partners in discourse» (1994b, p. 354); elle regroupe «... all discourse activities which can be interpreted as indices of pleasure or displeasure, agreement or disagreement, like or dislike, and so forth, e.g. : smiling vs frowning facial expression, friendly vs hostile voice qualities, choice of emotion terms, evaluative vocatives, diminutives [...]» (1994b, p. 356).

La composante cognitive des émotions (Scherer) : lecture linguistique

D'après Scherer, toute émotion, fût-elle émotion de base, est analysable en plusieurs «composantes» (ou systèmes) (Scherer, 1993/1984, p. 99) : une composante d'évaluation cognitive des stimulations ou des situations ; une composante physiologique d'activation ; une composante d'expression motrice ; une composante d'ébauche d'action et de préparation du comportement ; et une composante subjective, celle du sentiment.

La composante d'évaluation cognitive[14] intéresse pratiquement toutes les émotions : «Il n'existe guère d'états émotionnels qui ne présuppose un nombre important de processus cognitifs» (Scherer, 1993/1984, p. 107). C'est elle qui, toujours d'après Scherer, «garantit un contrôle permanent des stimulations internes et externes»; elle apprécie «leur caractère nocif ou utile pour l'organisme» en les mettant en rapport avec les «besoins, projets ou préférences» de l'individu (Scherer, 1993/1984, p. 103, 110, 101). Cette composante revêt une importance centrale pour le traitement de l'émotion car «la nature de l'émotion semble déterminée en première ligne par les processus cognitifs d'évaluation» (Scherer, 1993/1984, p. 114). Scherer fournit deux variantes du système d'évaluation cognitive (Scherer, 1993/1984, p. 115, 129 ; nous avons introduit la numérotation des facettes) :

Tableau 11 — Facettes entrant dans la composante de traitement cognitif de l'information – *1re formulation*.
La facette F5 figure dans la version anglaise seulement (Scherer 1993/1984, p. 302).

F1	*Intervention de l'événement*	Moment, attente, probabilité, prévisibilité
F2	*Evaluation de l'action / résultat de l'événement*	Agrément intrinsèque, l'importance du but, la signification pour l'atteinte du but, légitimité
F3	*Inférence quant à la cause de l'événement*	Identité de l'agent, mobile/origine, légitimation
F4	*Evaluation du potentiel de maîtrise*	Possibilité d'influencer l'événement ou ses conséquences, potentiel de puissance existant pour dominer ses effets
F5	*Comparison with external or internal standards*	Conformity to cultural expectations or norms Consistency with real and/or ideal self images

Tableau 12 — *2ᵉ formulation*, d'après Scherer (1984/1993, p. 129).

F6	Consequences for self	gain/loss of life, health, material goods, relationships, status, self-esteem, time experiences
F7	Expectations	plans coming true/not true, role/norm demands satisfied/not satisfied
F8	Durations of effects	short/long term, permanent, periodic
F9	Type of activity	achievement-task, transport, socio-emotional, leisure, service, basic drives, observation
F10	Location of event	nature, street, institutions, home
F11	Agent of effect	natural forces, society, groups, individual, self, object
F12	Relationship to agent	intimacy, attitude, status
F13	Action of agent	chance, type of intention, role/norm demands

Les stimuli sont donc traités par une série d'opérations cognitives dont résulte une émotion particulière.

Essai de synthèse : les axes de construction de l'émotion

Le système d'axes forme en quelque sorte la contrepartie discursive du système cognitif de Scherer[15]. Dans ce qui suit, la structure de la composante discursive du traitement de l'émotion est traitée comme un problème autonome, les règles qui la composent devant être déterminées et mises à l'épreuve empiriquement sur des discours particuliers. L'ensemble d'axes organisant le discours émotif proposé a été mise au point à partir des données présentées précédemment (règles rhétoriques, principes d'inférence, catégories linguistiques, facettes cognitives).

Agrément— *beûrk! vs hmm!*
Type d'événement— *mariage vs enterrement*
Types de personnes— *un gangster vs un passant atteint par une balle*
Quantité, intensité— *trois vs trente victimes*
Analogie— *... comme un tremblement de terre*
Temps— *tout ça c'est fini vs ça peut se reproduire n'importe quand*
Lieu— *quelque part dans les Balkans vs à deux heures d'avion de Paris*
Causalité, agentivité — *l'accident a été provoqué par le brouillard vs un chauffard ivre*
Conséquences— *ce comportement semble anodin, ses conséquences seront redoutables*
Contrôle— *on n'y peut rien vs aux armes citoyens!*
Distance— *des étrangers vs des gens comme vous et moi*
Normes— *un salaud vs un martyr*

Comme on le verra dans les commentaires qui suivent, ces différents axes ne travaillent pas indépendamment les uns des autres.

Agrément : Evaluation de l'événement sur l'axe plaisir/déplaisir

Cet axe correspond sur le plan linguistique à l'axe classique agréable/désagréable des psychologues, repris par Caffi & Janney, ainsi qu'au «principle of emotional evaluation» d'Ungerer.

L'évaluation sur cet axe peut être basique, vue comme une réaction de tout le corps à un événement (réaction de rejet - réaction d'ouverture), accompagnée de production vocales semi-linguistiques (*beûrk!* vs *hmm!*); par cette réaction émotive primaire, l'événement est pour ainsi dire «posé» sur l'axe évaluatif par un mouvement réflexe, accompagné de productions linguistiques minimales. L'évaluation peut être de plus en plus élaborée verbalement (*C'est inadmissible!* vs *C'est super!*), s'accompagner d'un affichage émotionnel explicite (*c'est désagréable, je suis écœuré* vs *c'est agréable, je suis sur mon petit nuage*). Elle est franchement différée dans d'autres cas, où elle n'a plus rien de réflexe, plus rien d'évident et peut être construite au cours d'un long travail linguistique et cognitif mobilisant les données issues de toutes les catégories émotives, et aboutissant à une conclusion évaluative comme «Finalement, en fait, à la réflexion, tout cela est extrêmement positif et même plaisant» + face épanouie et mimique d'ouverture).

Type d'événement

La désignation de certains événements renvoie à des préconstruits euphoriques ou dysphoriques («pulsion de vie/pulsion de mort» : *mariage* vs *enterrement, attentat, fête*...), qui les positionnent du côté négatif ou positif de l'axe de l'agrément. Ce positionnement se fait par défaut, stéréotypiquement, dans la mesure où d'autres considérations circonstancielles peuvent intervenir (un mariage peut être triste). Cette catégorie correspond aux règles rhétoriques R4 et R4', au «principle of animacy» de Ungerer. Outre les émotions intégrées aux préconstruits linguistiques, rentrent dans l'inventaire des données émouvantes tous les rapports d'antécédents qui, dans les relations sociales ordinaires, provoquent de l'émotion (Cosnier, 1994 : chap. 3 ; Scherer, Walbott & Summerfield, 1986). La nature de ces données est évidemment liée à une culture. A la limite, l'émotion mimésique est produite en faisant halluciner la scène par le lecteur. A l'article «évidence» de son *Dictionnaire de rhétorique*, Molinié mentionne «cette fameuse et ridicule suppression de l'écran du discours, avec l'idée que l'auditeur est transformé en spectateur» (1992 : 145); mais il reste à rendre compte, par exemple, de l'effet hallucinatoire du récit d'horreurs.

Types de personnes

Cette catégorie reprend le « Principle of rank » de Ungerer. A événement égal, l'émotion varie avec l'identité des personnes (ou des êtres sensibles) affectées, certaines personnes étant émotionnellement plus « sensibles » que d'autres vis-à-vis du même événement. A degré de proximité (de parenté) égal, la mort d'un enfant affecte « plus » que celle d'un vieillard, celle d'un civil plus que celle d'un militaire. « Gagner le gros lot » ne suscite pas les mêmes sentiments selon qu'il affecte « un gros notable » ou « une famille dont le père est au chômage ». « un clochard/un gangster est retrouvé assassiné » induisent des sentiments bien différents, indignation dans un cas, perplexité ou réjouissance dans l'autre.

Intensité, Quantité

La modulation de l'intensité peut affecter n'importe laquelle des catégories (Distance ou Temps : (*très*) *loin de nous*; Personne : *un (tout jeune) enfant*) ; elle varie aussi avec la quantité de personnes affectées : un accident qui affecte cinquante personnes induit plus d'émotion qu'un accident qui touche une personne. Mais elle peut naître également d'une opposition entre l'unique/le nombreux : l'unique victime d'un accident qui aurait pu faire cinquante morts est d'autant plus objet de pitié. Cette catégorie correspond à l'axe quantitatif des psychologues ; au principe « Be drastic » et au « principle of number » de Ungerer ; à la dimension « Quantity » de Caffi & Janney ; elle est mise à contribution par la dramatisation rhétorique.

Analogie

L'importance de l'analogie dans la production des émotions est bien exprimée par le principe de Ungerer, « use metaphorical links with emotionally established domains ». L'analogie est un puissant instrument de construction de l'émotion. Elle permet de transférer l'émotion associée à un événement pour lequel la tonalité émotionnelle est stabilisée à d'autres événement en cours d'évaluation émotionnelle : « Des camps où on torture et on massacre », « comme une bombe atomique ».

Temps

Selon leur mode de construction temporelle et aspectuelle, les événements sont exclus ou inclus dans la sphère temporelle subjective de la personne : « Au moment où je vous parle... » ; « Mais maintenant tout ça c'est fini ». Elle est essentielle, dans la mesure où l'on considère que la surprise est une composante de toute émotion. Cette catégorie correspond à la facette F1 de Scherer, et renvoie également aux techniques rhétoriques de chronographie.

Lieu

Le lieu où se produit l'émotion peut être émotionnellement marqué en soi (*meurtre dans un terrain vague vs meurtre dans la cathédrale*); il peut l'être par rapport à une personne donnée (*on l'a retrouvé gisant dans votre bureau*). Cette catégorie correspond à la facette F10 de Scherer, et renvoie également aux techniques rhétoriques de topographie. Sa subjectivisation renvoie au «Principle of proximity» de Ungerer.

Globalement, les catégories du lieu et du temps reconstruisent l'événement selon les coordonnées spatio-temporelles de la personne cible selon l'axe proche/lointain : «Ces événements tragiques se déroulent à Srebrenica/quelque part dans les Balkans/à deux heures d'avion de Paris».

Causalité, agentivité

Cette catégorie essentielle renvoie aux facettes F3 et F11 de Scherer. La détermination d'une cause ou d'un agent influencent les attitudes émotionnelles vis-à-vis d'un l'événement. Elle est notamment à l'origine des variations d'émotions liées à l'imputation de responsabilité. L'accident est dû à la fatalité («glissement de terrain») ou à un acte délibéré («un chauffard ivre et sans permis leur a foncé dessus»); il y a douleur simple dans le premier cas, colère dans le second. Selon que l'on attribue à la désertification des campagnes une cause abstraite («la modernisation») ou des agents («les commissaires européens»), on construit de la résignation ou de l'indignation politique. «Pierre terrorise Paul» induit vis-à-vis de Pierre quelque chose comme de l'indignation, alors que «Pierre terrifie Paul» peut lui valoir de la pitié si Pierre est un Quasimodo (voir *supra*, syntaxe des énoncés d'émotion).

Conséquences

Cette catégorie correspond aux facettes F6, F7 et F8 de Scherer. Par exemple, pour orienter l'attitude émotionnelle d'une personne vers la peur (construire de la peur), on peut lui montrer, par un schéma en tout point analogue à celui d'une argumentation par les conséquences, que les conséquences de tel événement étant effroyables, la source l'est tout autant.

Contrôle

Cette catégorie correspond à la facette F4 de Scherer. Pour un individu, l'émotion associée à un événement varie avec sa capacité de contrôle de cet événement. Si l'évolution d'un état de fait provoquant de la peur échappe à tout contrôle, la peur devient panique.

Normes

L'émotion attachée à un événement affectant une personne varie selon la position de cet événement dans les système de valeurs de la personne en qui se construit l'émotion. Cette catégorie couvre le lien des émotions aux valeurs, et correspond à la facette F5 de Scherer, et au « Principle of emotional evaluation » d'Ungerer.

Les émotions sont fondamentalement marquées par la division des valeurs et des intérêts. Etant donné un sujet face à un événement, on ne peut rien dire de la nature de l'émotion ressentie par ce sujet (sauf dans le cas d'émotions réflexes innées, comme la peur induite chez le caneton par l'ombre du rapace ; ou la sueur froide de l'automobiliste face à l'accident). Supposons qu'un individu se trouve face à une autre personne morte, ou qu'on lui annonce « Untel est mort ». Son ressenti dépend totalement de la relation qu'il entretenait avec le mort : s'il s'agit de son ennemi, il ressentira la joie (« ça fera toujours un salaud de moins ») consécutive à la fin de la peur, ou l'exaltation du triomphe guerrier (« maintenant c'est moi le plus fort ! ») ; dans une telle situation s'applique le principe de *complémentarité* des émotions : « le bonheur des uns fait le malheur des autres ». S'il s'agit d'un inconnu, peut-être de l'effroi, ou de la pitié, ou simplement de l'indifférence, si la scène se passe en temps de guerre ; s'il s'agit d'un proche, de l'effroi, du désespoir, de la tristesse, de la dépression ou d'autres sentiments associés au deuil. S'il s'agit de son fils, la réaction peut-être la même, mais aussi quelque chose comme de la fierté : « mon fils est un héros, un martyr, un saint » — du moins on dit parfois que tel est le cas, mais l'émotion ressentie peut différer de l'émotion stéréotypée donnée dans la définition officielle de la situation.

Distance

L'émotion varie avec la distance de l'événement au sujet affecté. Les catégories de Distance temporelle et spatiale jouent un rôle important dans la définition générale de la distance au lieu psychologique. Les modalités introduites par rapport au thème du dire ou à la relation interviennent également dans la définition de la distance (Caffi, 2000). Elle correspond aux notions de degré de proximité ou d'intimité (*intimacy, involvment*, solidarité). On retrouve la facette F12 de Scherer, mais aussi des éléments entrant dans la dimension «control» de Caffi & Janney.

Les règles précédentes admettent des interprétations absolues ou relatives à un individu. La première interprétation correspondrait à la genèse de l'émotion attachée à un événement dans l'absolu. La seconde ramène l'événement à un point de vue particulier. On remarquera que ces catégories recoupent les catégories générales de construction des événements. Cela signifie, à la limite, que toute construction d'événement est inséparable d'une prise de position émotionnelle vis-à-vis de cet événement.

CONCLUSION

Les hypothèses qui précèdent sont soutenues par l'analyse de matériaux relevant du discours médiatique, des interactions ou de discours écrits (Atifi, 2000; Traverso, 2000; Plantin, 1998, 1999, 2000); elles donnent leurs meilleurs résultats non pas sur des énoncés, mais sur des séquences discursives longues. On peut les résumer en deux points. D'une part, l'émotion structure le matériel verbal selon des lignes précises, qui font l'objet de consensus parallèles à la fois chez les psychologues et les linguistes. Ces axes organisent de façon cohérente des faits linguistiques relevant de tous les niveaux de l'analyse linguistique : types d'événement, qualité des personnes impliquées, mode d'occurrence temporelle et spatiale, distance au locuteur, type de contrôle exercé sur l'événement dont il s'agit d'évaluer l'impact émotionnel, classe d'événements comparables, façon dont les normes sont affectées par l'événement. Cette approche permet non seulement de rendre compte des associations émotionnelles stéréotypiquement liées à certains êtres ou événement, mais aussi de dépasser l'approche stéréotypique des émotions en reconstruisant l'émotion (ou l'absence d'émotion) liée à des événements quelconques, menus ou grands, en l'absence de toute désignation émotionnelle directe ou indirecte.

D'autre part, et parallèlement, l'émotion peut être désignée soit directement par un terme d'émotion, soit indirectement d'amont en aval (par la configuration d'une situation liée à un éprouvé) ou d'aval en amont (par la description d'un état physique ou d'un comportement associé à une émotion). Cette approche est fondée sur la stéréotypisation linguistique des situations, des symptômes et des comportements en jeu dans les émotions.

NOTES

[1] Voir la série «Les sept péchés capitaux», éditée par S. Lapaque (Librio, 2000), «Préface» à *Paresse*.

[2] Telles qu'elles s'incarnent dans les prototypes d'Achille, ou de Moïse brisant les tables de la loi, etc. Ces grands modèles pourraient légitimement être pris pour base systématique d'une définition culturelle des émotions (voir Solomon, 1993) : «être en colère, c'est être comme Jupiter tonnant; être triste, c'est faire comme Françoise Sagan; avoir peur, c'est rentrer dans le scénario de *L'Aigle du casque*», etc.

[3] Illustrée par exemple par l'inusable querelle James-Lange/Cannon, dont on trouve une discussion dans Janet (1975/1926 (II), p. 12 *sq*.). Sauf erreur, la thèse de James affirme la succession causale : «Evénement –> manifestations corporelles –> état mental» (perdre sa fortune –> pleurer –> être affligé; rencontrer un ours –> fuir –> avoir peur; être insulté –> frapper –> être en colère), et non pas «Manifestations corporelles –> état mental» (pleurer –> être affligé; fuir –> avoir peur; frapper –> être en colère). La thèse de James-Lange n'est pas une thèse sur les inducteurs d'émotions, mais sur les inducteurs des états psychiques émotionnels à partir des états physiques émotionnels, donc une théorie sur l'articulation des composantes émotionnelles.

[4] Les processus physiologiques ou neurovégétatifs parallèles aux transformations de ses «Gestalten» verbales, mimo-posturo-gestuelles et comportementales étant bien entendu inaccessibles par les méthodes linguistiques.

[5] Ou anémotifs (Cosnier, 1994, p. 139; Gayral, 1974, p. 27-28).

[6] L'émotion jouée, dans Malheiros-Poulet (2000), est interprétée globalement comme de la rage ou de la colère, mais localement comme de la tristesse ou du désespoir.

[7] «Wir nennen die semantische Relation des Lautzeichens zum Täter der Sprechakt, den Ausdruck und die semantische Relation des Lautzeichens zum Adressaten den Appell» (1933/1976, p. 102).

[8] «Denn 'der sprachliche Ausdruck' und 'der sprachliche Appell' sind Teilgegenstände der ganzen Sprachforschung, die nicht nur eigene Bemühungen und Methoden erfordern, sondern auch eigene Strukturen aufweisen. Die Lyrik kurz gesprochen und die Rhetorik haben jede etwas Eigenes an sich, was sie unter sich und von der — sagen wir einmal Epik, um nicht aus dem Konzept zu fallen — unterscheidet...» (1933/1976, p. 104).

[9] Les émotions ont été considérées comme des perturbations, des «dégradation[s]» de l'action, des «régressions» (Fraisse, 1968, p. V-117). «L'émotion est surtout une puissance désorganisatrice [...] c'est cette suppression brusque de tout acte adapté, de toute recherche d'adaptation, ce désordre, cette diffusion des agitations dans tout l'organisme qui nous paraît un phénomène tout à fait différent des autres régulations et qui est bien caractéristique de l'émotion» (Janet, 1928/1975, p. 464, 467, cité par Fraisse, 1968, p. V-91). L'émotion entraîne «une baisse de niveau de la performance» (Fraisse, 1968, p. V-91); elle est «une réaction de toute la personnalité (y compris de l'organisme) à des situations auxquelles elle n'est pas capable de s'adapter» (Fraisse, 1968, p. V-91). Elles peuvent être également vues comme une forme d'adaptation à l'action émergente, selon la théorie de Darwin : «Pour Darwin (1872), beaucoup de réactions émotives s'expliquent parce qu'elles sont utiles (l'expression de la colère effraie l'adversaire) ou parce qu'elles sont le vestige d'actes qui ont été utiles à une phase antérieure de l'évolution [...]. Ainsi, si les mains deviennent moites dans la peur, c'est qu'autrefois chez nos ancêtres simiesques, cette réaction dans le danger facilitait la préhension des branches des arbres» (Fraisse, 1968, p. V-89).

Dans la mesure où le discours est une forme d'action, cette discussion retentit sur le mode d'approche linguistique du discours ému : s'agit-il de discours et d'interactions déstructurés ou réorganisés en fonction d'autres principes? Concrètement, il semble difficile de proposer un modèle valable pour toutes les émotions. Par exemple, l'organisation interactionnelle du discours de la colère a certainement une structure d'émotion complémentaire très variée, selon que l'interlocuteur est la cible de la colère ou appelé à la partager. Dans le premier cas, ses réactions peuvent être une colère contraire (dans le cas d'une interaction dont les partenaires sont dans une relation de pouvoir égalitaire); une contre-colère, de même objet et dirigée contre l'agresseur; ou la peur (dans le cas d'une interaction dont les partenaires sont dans une relation de pouvoir hiérarchique ou inégalitaire), ou encore le calme, semble-t-il dans les deux cas. D'autres réactions sont encore imaginables, comme l'éclat de rire. S'il s'agit de partager de la tristesse, on se trouve dans des situations où la distribution des rôles interactifs émotionnels est complètement différent, par exemple dans la situation de confidence (Traverso, 2000).

[10] L'analyse des émotions n'est pas dissociable de l'analyse des vertus. Toutes les vertus n'étant pas moralement recommandables, le courage peut être mis au service de causes condamnables.

[11] Plantin, 1990, p. 152.

[12] Ce qui suit reprend, avec quelques modifications, le § 2 de Plantin, 1998.

[13] *Exclamatio, evidentia, sermocinatio, fictio personae, expolitio, similitudo, aversio.*

[14] Selon certaines approches, l'émotion perturbe le fonctionnement cognitif : « Just as an emotion affects body processes and the perceptual process, so too it affects the person's memory, thinking, and imagination. The 'tunnel vision' effect in perception has a parallel in the realm of cognition. The frightened person has difficulty considering the whole field and examining various alternatives. In anger, the person is inclined to have only angry thoughts» (Izard, 1977, p. 10). D'autres approches adoptent une vision plus positive du rôle de la cognition dans l'émotion. D'une part, pour déclencher de l'émotion, les événements extérieurs doivent être perçus : la première forme de cognition impliquée dans l'émotion est donc de l'ordre de la perception. La nature de l'émotion dépend ensuite de l'interprétation de l'événement et de son évaluation, conditionnées par l'histoire du sujet, de son système de représentations, de valeurs. C'est un point fondamental.
La définition précise de ce qu'il faut entendre par cognition et évaluation est en débat. Zajonc remarque que «Appraisal and affect are often uncorrelated and disjoint [...] If cognitive appraisal is a necessary determinant of affect, then changing appraisal should result in a change of affect. This is most frequently not so, and persuasion is one of the weakest methods of attitude change» (Zajonc, 1984, p. 264). La relation entre cognition psychologique et processus rationnels conscients reste à établir : «the cognitive activity in appraisal does not imply anything about deliberate reflection, rationality, or awareness... Zajonc, like many others, also seems to erroneously equate cognition with rationality» (Lazarus, 1984, p. 252). «Cognition cannot be equated with rationality. The cognitive appraisals that shape our emotional reactions can distort reality as well as reflect it realistically» (*id.*, p. 253). «Zajonc's argument is only sensible if cognition is defined as conscious propositional thinking. All other cognition, such as perceptual categorization and nonconscious cognitive enrichment are, by his definition, non cognitive» (Leventhal, 1984, p. 281).

[15] Le lien du traitement linguistique des stimuli à leur traitement cognitif renvoie à une série de problèmes classiques sur les rapports des formes linguistiques et des processus cognitifs. On peut considérer que ces opérations langagières, qui constituent la «composante discursive» du traitement des stimuli émotionnels, sont la trace d'opérations cognitives «plus profondes», ce qui oriente vers une vision du langage reflet et, sinon à une négation, du moins à une minoration de l'autonomie de l'ordre du discours. On peut également considérer que les opérations linguistiques provoquent des ébauches de processus cognitifs, avec les difficultés symétriques. Ces questions ne seront pas abordées ici.

Est-on honteux quand on est honteux pour autrui ? Les émotions normatives : analyse sémantique de la construction « être Ψ pour NP humain »

Fabienne Martin
Université Libre de Bruxelles, Laboratoire de Linguistique Textuelle
et de Pragmatique Cognitive

INTRODUCTION

La construction syntaxique comprenant un complément en *pour* est exemplaire du type de problèmes sémantiques que soulèvent les prédicats psychologiques. Considérons tout d'abord la structure dans ses autres emplois :

[1] Je suis allée voter pour Zébulon.
[2] Elle est en prison pour lui.

Le complément en *pour* (dorénavant *pour-objet*) exprime soit le bénéficiaire (mon vote va à Zébulon ; elle est en prison pour lui faire plaisir), soit l'agent auquel le sujet se substitue (je suis partie voter à la place de Zébulon ; je suis en prison à sa place). Par ailleurs, dans les deux cas, la phrase avec *pour-objet* entraîne par *entailment* la phrase correspondante sans objet[1]. De fait, il n'existe pas d'état du monde qui rendrait [1] vrai et [1'] faux. Le même raisonnement s'applique à [2] et [2'].

[1'] Je suis allée voter.
[2'] Elle est en prison.

Voyons maintenant les énoncés à prédicat psychologique :

[3] Je suis déçue pour elle.
[3'] Je suis déçue.
[4] Je suis honteuse pour Pierre.

[4'] Je suis honteuse.
[5] Je suis embarrassée pour lui.
[5'] Je suis embarrassée.

Lorsque nous nous déclarons Ψ pour quelqu'un, déclarons-nous *de facto* être dans l'état Ψ correspondant ? Si c'était le cas, on pourrait, comme pour les phrases précédentes, dériver la vérité des phrases sans objet de celles à *pour-objet* correspondantes. L'hypothèse que nous allons défendre est que la dérivation n'est valide que pour l'un des trois emplois possibles des énoncés émotionnels sans objet. Nous présentons ces trois emplois dans la section suivante, puis montrons de quelle manière cette typologie permet de résoudre le problème qui vient d'être exposé.

1. EMOTIONS PRIVÉES ET NORMATIVES

Un énoncé émotionnel du type « Je suis Ψ » peut être rendu vrai par trois types d'états psychologiques différents. Nous allons les différencier à partir du type de situations d'énonciation auxquels ils sont attachés. Dans le premier type, le locuteur fait réellement l'expérience de l'émotion à laquelle réfère le prédicat (désormais Exp. Ψ) au moment de l'énonciation, et présente des comportements expressifs plus ou moins saillants, symptomatiques de cet état (d'ordre intonatif, facial, gestuel, etc.). Appelons « expressifs » de tels énoncés[2]. Dans le second type de situation, le locuteur asserte l'existence d'une Exp. Ψ réelle, mais celle-ci n'est en réalité pas éprouvée. Le locuteur mime alors les comportements expressifs symptomatiques de l'état. Dans le troisième type de situation, le locuteur n'asserte pas l'existence de l'Exp. Ψ, mais du sentiment que l'Exp. Ψ est appropriée ou adaptée à la situation S. Autrement dit, sans éprouver l'Exp. Ψ elle-même, le locuteur se dit être dans l'état émotionnel que présuppose l'adhésion à la norme émotionnelle et sociale selon laquelle il est approprié, dans la situation S, d'éprouver l'Exp. Ψ. Nous suggérons d'appeler ce type d'état « émotion normative » (ou EN). La différence spécifique de ce type d'émotions est que celles-ci exigent, pour être éprouvée, que le sujet ait conscience de la norme émotionnelle instanciée : c'est de cette prise de conscience — qui implique, par ailleurs, une représentation de soi en tant que sujet social — que naît l'émotion normative. Au contraire, les expériences émotionnelles dont les deux premiers types d'énoncés assertent l'existence n'émergent pas d'un travail normatif. A la différence des émotions normatives, les émotions privées n'impliquent pas l'adhésion à la norme correspondante (qui peut, d'ailleurs, faire défaut). Comme le souligne (Gibbard, 1996, p. 193), «je puis ressentir [de la culpabilité] sans être en faute et sans m'estimer en faute». Il paraît impossible, en revanche, que l'on puisse éprouver une EN sans adhérer à la norme correspondante. Par ailleurs, les EN sont toujours des émotions sociales, mais l'inverse n'est pas vrai. Les émotions sociales se vivent, par définition, en tant que sujet social (en tant que membre d'une communauté) et présupposent l'existence d'un état psychologique particulier chez autrui. Certaines émotions sont intrinsèquement sociales, comme la complicité, la honte ou l'état que nous éprouvons en boudant. En effet, il est impossible d'être honteux sans prêter des états mentaux d'un certain type à autrui. Ces émotions peuvent être normatives ou pas : la honte peut naître de la prise de conscience d'une norme, mais peut aussi émerger sans ce travail normatif conscient. Cette émotion sociale n'est normative que dans le premier cas.

En déclarant éprouver l'EN, le locuteur rappelle, propose ou impose la norme émotionnelle en question. Comme ce troisième type d'état psychologique n'a pas toujours été explicitement distingué des premiers (mais voir Danblon, 2001b; Mulligan, 1995; Tappolet, 2000), nous allons l'illustrer par des exemples. Par ailleurs, nous suggérons que c'est ce type d'état qui est asserté par les énoncés à *pour-objet* : leur valeur de vérité ne permet la dérivation de celle des énoncés sans objet correspondant que dans la mesure où ceux-ci s'interprètent comme l'expression d'un état psychologique du troisième type. La vérité des énoncés à *pour-objet* n'entraîne donc pas par *entailment* la vérité des énoncés sans objet correspondants.

Prototypiquement, les énoncés émotionnels des hommes politiques relèvent de cette catégorie. Par exemple, si un ministre affirme, devant les caméras de la télévision, *Je suis bouleversé par les conséquences de la catastrophe*, les spectateurs ne feront pas l'hypothèse que l'homme d'Etat est réellement bouleversé, ni qu'il feint de l'être, car ils savent que l'objectif de cet énoncé est de subsumer les souffrances individuelles en une norme sociale qui est dorénavant partagée par l'ensemble de la communauté. Cependant, le fait de ne pas éprouver l'Exp. Ψ n'empêche pas que le locuteur éprouve un certain état émotionnel, de nature, certes, plus cognitive, mais qui ne peut se réduire à un ensemble de croyances (voir *infra* pour un argument). Dans l'exemple précité, on peut deviner que cet EN mélange les sentiments d'humanité, de commisération et de pitié au sens premier du terme. Ce que le locuteur affirme éprouver, c'est ce type d'EN, et non l'Exp. Ψ dont l'EN dérive. L'Exp.-source de l'EN peut être réellement éprouvée par autrui (dans notre exemple, par certains citoyens), mais peut aussi être fictive ; dans certains cas, en rappelant la norme émotionnelle associée, le locuteur sous-entend alors que cet état aurait dû être éprouvé. C'est ce qui se passe le plus souvent, suggérons-nous, lorsqu'on prononce le type d'énoncé dont [4] est un exemple prototypique. Cet énoncé présuppose, en effet, que Pierre n'est pas honteux alors que la situation exigerait qu'il le soit, vu les normes émotionnelles qui régissent la communauté que le locuteur partage avec Pierre. Le fait d'asserter l'existence d'une émotion normative peut alors être un moyen de *compenser* l'absence de l'Exp. Ψ qui aurait dû être vécue. Dans d'autres cas, le locuteur approuve par ce même type d'énoncé normatif le caractère adapté de l'Exp. réellement vécue. Si ces hypothèses sont fondées, cela veut dire que nous éprouvons ou, du moins, déclarons éprouver, des états qui régulent l'équilibre émotionnel des «écosystèmes sociaux» auxquels nous appartenons, et dont ces énoncés présupposent l'existence[3]. On peut penser que l'assertion de ces émotions normatives, dans certains cas compensatoires d'Exp. attendues et pourtant non éprouvées, a pour objectif de confirmer la validité et le caractère adapté des normes émotionnelles régissant ces écosystèmes, et que l'absence d'expérience individuelle associée pourrait remettre en cause. Le même raisonnement peut être tenu dans les cas où l'énoncé vient confirmer une Exp. réelle. Ce type d'énoncés permet également de proposer de nouvelles normes, que le locuteur considère plus appropriés que les normes émotionnelles généralement reconnues dans ce type de situation. En même temps, la nouvelle norme émotionnelle donne une orientation actionnelle spécifique à la situation en question[4].

Il existe un argument linguistique, illustré par le couple de phrases suivantes, qui milite contre l'assimilation de ce troisième type d'énoncés à l'assertion d'un simple jugement cognitif :

Ce qu'il a fait est honteux, c'est vrai, mais ça ne me fait aucun effet.
*? Je suis honteux pour Pierre, [c'est vrai], mais ça ne me fait aucun effet.

Si l'on accepte, comme nous, de voir un argument dans la manière dont le langage enrégimente la psychologie populaire, il faut admettre qu'il existe «un effet que cela fait d'être» dans une émotion normative.

Les Exp. Y et les EN correspondantes partagent, selon les cas, un ensemble de propriétés plus ou moins importants, mais l'EN ne peut être assimilée à une réplication empathique de l'Exp. Y dont elle dérive. Certes, l'état de *contentement-pour*, par exemple, emprunte sans doute de nombreuses propriétés à l'état de *contentement*-source, mais cette proximité phénoménologique ne se retrouve pas de manière systématique. Ainsi, l'expérience associée à l'EN *honte-pour* est sans doute plus proche de l'Exp. du reproche, du mépris, ou de la pitié que de l'Exp. Ψ-source de la *honte*. Un corrélat de cela est qu'il est inimaginable de prononcer l'énoncé [4] en manifestant les comportements expressifs symptomatiques d'une honte réellement éprouvée.

2. EMOTIONS NORMATIVES ET EMPATHIQUES

Les émotions normatives diffèrent des émotions empathiques (ou EE) sur un point crucial. Nous définirons les EE comme les états émotionnels que provoque la simulation d'autrui, opération cognitive consistant «à épouser la perspective de l'autre sur le monde, c'est-à-dire à se projeter dans la situation que rencontre autrui, et à produire de manière 'déconnectée' (*offline*) les réponses (décisions, états émotionnels) que l'on produirait soi-même dans cette situation» (Proust, 1999, reformulant Goldman, 1989). Les EN et EE ainsi définies diffèrent par leur type d'objet intentionnel (ce sur quoi porte l'émotion)[5]. Comme les EE résultent de l'adoption du point de vue d'autrui sur le monde, l'objet intentionnel de telles émotions s'identifie en théorie à l'objet intentionnel de l'état simulé. Cette identification ne vaut pas pour les EN. En effet, l'objet intentionnel des EN contient, entre autres, l'Exp. Ψ-source (réelle ou fictive)[6]. En ce sens, les EN sont des états méta-émotionnels, alors que les EE relèvent de la même strate que celui de l'état simulé. En conclusion, contrairement à ce que l'on pourrait croire au premier abord, les énoncés en *pour-objet* n'expriment pas, à proprement parler, d'empathie pour autrui. A l'appui de cette hypothèse, on remarque que le locuteur de [4] se distancie davantage de Pierre qu'il ne le fait s'il énonce [4'] après que Pierre ait commis une action honteuse. En effet, le locuteur de [4'] peut sous-entendre une identité théorique entre l'objet intentionnel de la honte de Pierre (réelle ou fictive) et celui de sa propre honte empathique. L'identité d'objets intentionnels d'états émotionnels que peuvent sous-entendre ces énoncés a ainsi pour effet de créer une alliance entre simulant et simulé. Les énoncés à *pour-objet* inhibent précisément ce type d'effet.

NOTES

[1] L'*entailment* est une relation sémantique. Il y a *entailment* de P à Q s'il est impossible de trouver une situation qui rende P vrai et Q faux.

[2] La place nous manque pour discuter des affinités entre le type d'énoncés étudiés ici et la classe des «expressifs» de la théorie des actes de langage. Nous renvoyons à ce sujet à Danblon, 2001, et Franken & Dominicy, 2001. Le terme «expressif» doit ici s'entendre dans un sens non technique. Par ailleurs, nous abordons plus en détails l'aspect comportemental de l'expression des émotions dans Martin, 2001.

[3] Ces réflexions s'inspirent de Smith, 1999. Nous renvoyons à Tappolet, 2000, ainsi qu'à Mulligan, 1995, sur la notion «d'émotion appropriée». Sur le concept de norme émotionnelle, voir Gibbard, 1996.

[4] Gibbard, 1996, montre que les émotions sont liées à des répertoires d'action culturellement et naturellement déterminés. En ce sens, les énoncés émotionnels orientent l'action (voir Martin, 2001).

[5] Nous distinguons l'objet intentionnel de l'émotion aussi bien de l'objet déclencheur que de la cause, rejoignant sur ce point Ellis & Newton, 2000.

[6] Dans le cadre de cet article, nous n'avons besoin que de cette définition minimale de l'objet intentionnel des EN.

ns » ou (con)fusion d'émotions ?
Compétence discursive et co-occurrence d'affects : « blends expérientiels » ou (con)fusion d'émotions ?

Antoine Auchlin[1]

Département de Linguistique, Université de Genève

A la mémoire de la Professeure B. Schlieben-Lange

AVANT-PROPOS

Dans l'interaction verbale se déploient en nous des affects complexes, issus de sources aussi diverses et hétérogènes que la situation et l'environnement, les objets représentés, les actes et jugements présentés ou accomplis verbalement, l'interaction, le ou les autres partenaires (Traverso, 2000 ; Chabrol, 2000 ; Caffi, 2000 ; Maury-Rouan, 2000, notamment). La parole à la fois *subit* cette irrigation affective (Scherer et les traces vocales des états émotionnels et motivationnels), mais aussi la *régule* (Cosnier, 1986 ; travaux sur la ré-évocation, etc.) ; ce faisant, enfin, la parole *alimente* le vécu affectif, de trois façons différentes : par son *contenu*, tout d'abord ; par l'*appréciation qualitative* qui la guide, évalue et sanctionne sa réussite ou son échec en termes de plaisir/déplaisir (Cosnier, 1994, 1996 ; Auchlin, 1993, 1997 ; Gardin, 1993 ; Parret, 1993) ; et par le *mélange* qui résulte de cet apport hédonique aux autres composantes — voir, dans la déclaration d'amour, la combinaison de l'amour, du désir de le déclarer, et de la peur qui s'y oppose (Auchlin, 1998b) ; l'apport hédonique peut envahir tout le volume expérientiel disponible : angoisse de la page blanche (Yessouroun, 1996 ; Martins, 1993 ; Madigan, Linton & Johnson, 1996), stress de la parole publique, ou... bonheur conversationnel (Auchlin 1995).

Le discours est pour moi une donnée d'expérienciation subjective particulière dans laquelle se mêlent et à laquelle contribuent données perceptives immédiates et représentations complexes associées aux suites d'unités linguistiques; ce que nous nommons «discours», c'est du *vécu*. A ce titre, son étude ne se réduit légitimement ni à des manipulations cognitives conceptuelles-inférentielles, ni à des séquences d'unités linguistiques, fussent-elles complexes et organisées[2].

Analyser ou décrire du discours, c'est tenter de rendre compte de ce donné : non pas sans doute de l'infinie diversité des vécus langagiers singuliers, faits «de parole» dirait Saussure, mais des dispositions générales hypothétiquement responsables de cette expérienciation[3]. L'analyse expérientielle du discours suppose ainsi un dispositif, «organe» ou «système», ayant à charge d'élaborer en expérienciation le traitement séquentiel d'unités linguistiques, et inversement d'articuler l'expérience interne en séquences d'unités linguistiques; c'est cet «organe de l'expérienciation discursive» que je nomme «compétence discursive».

Je renvoie à mes travaux récents pour une présentation générale de l'approche «systémique» de la compétence discursive et de la pragmatique expérientielle[4]. Pour illustrer la manière dont cette pragmatique articule «émotions, interaction et développement» au discours, je voudrais me pencher ici sur un petit objet encore bien incertain, que je nommerais volontiers le «mixage ou blend expérientiel».

1. DU «MIXAGE (BLEND) EXPÉRIENTIEL»

Les quelques cas de figure discutés ci-dessous ont comme point commun de réaliser un mélange, particulier, de données *conceptuelles-représentationnelles*, issues du contenu des unités linguistiques (du traitement interprétatif) et de données de nature perceptive liées au traitement de la chaîne parlée; le mélange qui en résulte, intégrant percepts et constructions conceptuelles, consiste à son tour en une donnée expérientielle.

(1) «Marguerite Duras n'a pas écrit que de la merde. Elle en a aussi filmé.»
(P. Desproges)

L'estime préalable que l'on voue ou non à Marguerite Duras (MD) joue sans doute un rôle important dans l'appréhension de cette boutade; celle que l'on peut vouer à P. Desproges aussi. Mais en-deçà du résultat final, que l'on rie ou pas, le dispositif humoristique de Desproges mérite quelque attention.

Si l'on nomme {S1, t1} et {S2, t2} les deux couples «segments (phrases)» et leur «moment d'occurrence», l'humour consiste à un premier niveau dans le fait que {S2, t2} entraîne une ré-interprétation de S1 : en effet, {S1, t1} communique une intention charitable à l'endroit de M. Duras, bien qu'énoncée d'un point de vue qui ne l'est pas : «ne pas écrire que de la m...» présuppose en effet «en écrire», ce qui, en soi, est une insulte; cette insulte demeure cependant «potentielle», elle n'est pas accomplie comme telle : d'une part, elle n'est pas posée mais présupposée, et, d'autre part, elle est présupposée par un énoncé qui fait attendre un enchaînement non dépréciatif. A {S1, t1}, on attribue à l'auteur l'intention de nous faire part d'une appréciation favorable à MD.

A {S2, t2} et à sa faveur, cette interprétation est «invalidée» par une interprétation concurrente, qui lui est diamétralement opposée, notamment en ce qui concerne les bonnes dispositions de Desproges vis-à-vis de MD.

Il faut noter que ce dispositif est strictement «occurrenciel» : il requiert la mise en place de deux «temps» successifs distincts, associés respectivement au traitement de S1 *puis* de S2. Le point typographique marque une séparation entre occurrences, par laquelle S1 subit une compactification cognitive, qui le fait passer du statut d'énoncé en cours d'interprétation, «dilaté», quand on le lit et qu'on élabore cette charité attribuée à Desproges, à son statut d'entité «ponctualisée» (Ferrari & Auchlin, 1995); sans cette ponctualisation de S1, le *witz* est beaucoup moins net — si, par exemple, on remplace le point par une virgule, ou par deux points, qui indiquent un mouvement périodique unique[5] :

(1') Marguerite Duras n'a pas écrit que de la merde, elle en a aussi filmé.
(1") Marguerite Duras n'a pas écrit que de la merde : elle en a aussi filmé.

A t1, S1 reçoit l'interprétation charitable {I}; à t2, S1 est ré-interprété {I'}, méprisant. Dans ses aspects généraux, le phénomène, loin d'être unique, se décrit formellement en termes de variation (Reboul, 1991); dans ses ressorts psychiques, on peut le saisir à l'aide de la théorie des censeurs mentaux (Freud) revue par Minsky (1984) : on rit (ou l'on est fâché) à {S2, t2} parce qu'on réalise que les censeurs mentaux supposés refouler les pensées peu avouables ont laissé entrer S1 dans notre esprit, cheval de Troie qui s'avère après coup d'une nature opposée {I'} à celle {I} sous laquelle il a été admis, et *ratifié par sa ponctualisation même*. Les censeurs mentaux se sont laissés prendre, et le rire est avant tout la réaction de surprise à cette découverte.

Si ce croquis explique partiellement le fait qu'on rie ou qu'on soit fâché, il y manque une chose importante : par sa forme, S1 ne permet pas de construire l'interprétation {I'} qui lui est pourtant attribuée de force à t2; en effet :

(2) Ne pas Vx que Nx (*il n'a pas mangé que des pâtes*)

ne peut pas recevoir d'enchaînement de type

(3) aussi Vy Nx (*il a aussi préparé des pâtes*)

mais seulement de type

(4) aussi Vx Ny (*il a aussi mangé des légumes*)

Dans cette structure qui induit une attente par *ne pasVx que Nx*, c'est *Nx* qui est focalisé et désigné comme terme à remplacer, non pas *Vx*. Pour installer {I'} à t2, Desproges *force* donc une structure linguistique à signifier quelque chose qu'elle ne peut, conventionnellement, pas signifier. Ou plutôt qu'elle *peut* signifier, puisque cette deuxième interprétation est bel et bien installée, mais *moyennant un certain sentiment linguistique d'anomalie* renvoyé par la perception syntaxique (Milner, 1989[6]; Marandin, 1994).

Ce percept, cette intuition de malformation grammaticale associée à {S1-t2}, alimente directement la jouissance du dispositif : comme percept, il constitue une donnée quasi-sensorielle immédiate, qui garantit l'ancrage expérientiel du traitement : *ça a bien lieu, puisque je le sens*. Mais, en outre, dans ce contexte, ce percept est traité comme exemple de *mauvaise foi* et il *contribue à l'incarnation*[7] *de l'ethos méchant* de l'auteur. Par ce travail d'association ou plutôt de *transfert* — martyriser la syntaxe, lui faire subir *hic et nunc*, ce que Desproges ferait à MD —, la perception syntaxique fait sentir la méchanceté même de l'auteur.

C'est ce transfert d'un percept immédiat (l'anomalie linguistique), via une construction interprétative (Desproges se moque de M. Duras), dans une construction perceptive distincte émergente (la méchanceté faux-jeton de Desproges) qui m'intéresse. Dans le but de donner un statut à cela, et pour y associer d'autre cas de figure, je voudrais hasarder une très informelle analogie avec la théorie des «blends conceptuels» de Fauconnier & Turner.

2. ANALOGIE AVEC LES «BLENDS CONCEPTUELS»

«La notion de 'blend' (littéralement 'mixture', 'mélange') a été introduite (indépendamment) par G. Fauconnier et M. Turner il y a une quinzaine d'années pour rendre compte du fait que l'esprit humain est à même de manipuler des modèles cognitifs complexes et de construire, à partir de ces modèles, des assemblages conceptuels inédits» (Charolles mimeo, 1).

Les analogies contrefactuelles sont un cas de figure compact permettant d'illustrer très sommairement ce que tend à saisir la notion de blend conceptuel :

(5) En France, le Watergate n'aurait causé aucun tort à Nixon[8]

Cet énoncé, relativement transparent et d'une interprétation aisée, n'en mobilise pas moins une construction mentale complexe, qui suppose différentes élaborations indépendantes :

– la construction de deux «espaces sources» ES1 et ES2, comprenant des représentations respectivement des Etats-Unis, leurs institutions, Nixon, du Watergate, d'un côté, et de la France et ses institutions, de l'autre ;

– la construction d'un «espace générique» EG, qui contient la sélection de tous les éléments communs aux deux ES, le fait qu'il y a des institutions, des présidents, qui peuvent être mêlés à des «affaires», qu'ils peuvent être surveillés ;

– la construction d'un «blend» où se projettent sélectivement certains éléments des ES et de EG : situation où un président français serait mêlé à une affaire du type du Watergate et où il n'aurait pas d'ennuis.

Comme le relève Charolles,

> «La situation imaginaire évoquée dans (5) n'est donc pas faite pour être traitée complètement, elle n'est là que pour induire certaines inférences qui ramènent aux espaces source, à savoir :
> – que le système français permet des passe-droits, qu'il suscite certainement des comportements délictueux comparables à ce qui s'est passé dans l'affaire du Watergate, mais qu'[ils] ne sont pas révélés par la presse, etc.
> – que le système américain est plus transparent, plus contrôlé par la presse, etc.»

Pour complexes que soient les constructions opérées, les domaines mis en jeu au départ et à l'arrivée du processus sont relativement homogènes : ils impliquent des entités et des procès *représentés*, associés au contenu des expressions linguistiques. Je voudrais suggérer que des processus de mixage comparables sont à l'œuvre *de manière transversale*, entre ordres de faits hétérogènes, qui établiraient des liens, plus ou moins contingents, entre des caractéristiques perceptives associées au traitement même de la chaîne, et des traits relevant du contenu, faisant émerger des structures complexes comme objets d'expérienciation, des percepts en lesquels les contenus s'instancient.

En l'occurrence, ce dont il faut rendre compte, c'est de l'«interprétation-perception» de (1), traitement qui met en jeu des objets-entités de nature différente, et parvient à en faire un tout, une unité conceptuelle-expérientielle homogène.

Il faut postuler l'existence de deux *espaces-source types* distincts, constitués d'objets de nature différente : un premier espace-source type, {ESx}, tire ses informations du traitement de *ce qui* est montré, soit, en règle générale, mais il n'y a là aucune nécessité, du contenu proféré, ce qui est dit ; c'est dans cet espace que se réalisent les processus de mixage conceptuel examinés par Fauconnier & Turner, ou Charolles.

Dans notre exemple, {ESx} contient une entité, MD, auteur célèbre et réalisatrice, son œuvre écrite et filmée, deux jugements, contradictoires, sur cette œuvre et son auteur, etc. ; le détail des ingrédients de cet {ESx} particulier est secondaire.

Quant à l'autre espace-source type, {ESy}, c'est le domaine générique de l'occurrence qui l'alimente. De manière générale, le traitement d'un contenu dépend de la prise en compte du *caractère ostensif ou non* de son occurrence, comme le montrent clairement Sperber & Wilson. Le caractère ostensif est *extérieur aux constructions conceptuelles manipulées* (même si celles-ci peuvent en tenir compte dans leur construction) : c'est une propriété de l'occurrence[9]. Ce qui est « interprété », ce sont des occurrences de séquences linguistiques.

Les objets et entités de ce second espace source type ne sont, cependant, pas de même nature que ceux de {ESx} : {ESy} est un espace qui recueille des *percepts*, « initiaux », en amont et déclencheurs du traitement, ou « terminaux », en aval du traitement, mais aussi des percepts « résiduels », qui ne sont pas « métabolisés » en signification linguistique[10].

En l'espèce, {ESy} contient les éléments suivants : tout d'abord les informations liminaires triviales liées à cette occurrence, à savoir le fait que c'est écrit, en français (autrement dit qu'on est en contact visuel actuel avec un segment linguistique susceptible de produire quelque sens pour nous), qu'il y a un agent ; en outre, à {S1, t1}, « ne pas écrire que de la merde » donne à sentir la *gentillesse bourrue* de l'agent du jugement, où le « sans-gêne » du bourru assure une certaine authenticité à la gentillesse du *ne pas que*, par lequel l'auteur atténue un jugement antérieur potentiel plus fort (*elle n'a écrit que de...*) et présente une orientation argumentative opposée ; cet adoucissement, comme tel, est à même de susciter chez le lecteur sinon des sentiments favorables (de la bienveillance), du moins une certaine ouverture ou absence de défenses (tolérance à la grossièreté entre autres).

A {S2, t2}, le jugement, au lieu de confirmer l'adoucissement attendu, est plus sévère ; la surprise, « programmée » par le dispositif, de la non-satisfaction d'une attente, survient en co-occurrence avec l'inversion du percept de gentillesse-bourrue-de-l'auteur, et l'annulation des conditions ayant préalablement suscité des sentiments favorables ; le caractère inattendu renforce (*construit*) la perception du jugement comme «subit», tranché, net. Mais surtout {ESy}, à t2, retient un percept d'anomalie syntaxique, de l'ordre du «on ne peut pas dire p». Ingrédient de {ESy} à t2, hétérogène aux contenus de {ESx}, ce percept se compose avec le contenu axiologique, et alimente, en retour, l'élaboration perceptive de la source du jugement, construit dans {ESy}, en y ajoutant une touche de mauvaise foi. Ce retour d'«informations» dans les espaces source correspond bien à qui est attendu au titre de résultat final du processus de mixage.

Parfois, ces phénomènes ont lieu de façon très *condensée*, comme les blends conceptuels dans les analogies contrefactuelles (ex. 5). Ainsi, dans l'exemple suivant :

(6) Un égoïste, c'est quelqu'un qui ne pense pas à moi
(D. Anzieu)

pour passer du point de vue «objectif» du début (une définition), au point de vue «subjectif» de la fin, la syntaxe subit une certaine torsion, qui se traduit ou se manifeste en *percept d'anomalie syntaxique*[11]. Ce percept syntaxique est transféré dans le cadre conceptuel, où il contribue activement à l'élaboration perceptive du caractère farouche de l'égoïsme : il donne à sentir ce que c'est que l'égoïsme «appliqué», incarne l'égoïsme, ou encore l'*exemplifie expérientiellement*[12].

Il faut noter le caractère hautement spectaculaire et productif de ces rencontres entre ordres de faits. D'autres rencontres du même type peuvent aussi bien en rester à une sous-productivité qui les laisse passer inaperçues. Ainsi, dans la table des matières de l'ouvrage récent de Plantin *et al.* (2000) :

(7) CLAIRE Maury-Rouan : «Pourquoi chuchoter quand on parle de chocolats ? Gestion décalée de l'émotion aux plans verbal, vocal et mimo-posturo-gestuel»

Cette entrée, *la seule* à faire exception à la présentation «Prénom NOM», avec l'inversion typographique «PRENOM Nom», fait singulièrement écho à l'idée de «gestion décalée» du titre de la communication. Mais cette rencontre ne produit aucun effet.

Ce qui mérite attention, c'est le double fait que l'inversion soit apparemment passée inaperçue des correcteurs mais, surtout, *que cette inversion ait été introduite par quelqu'un* : à l'une ou l'autre des phases de la production, entre rédaction et révision finale, quelqu'un, à l'occasion d'une occurrence singulière, a opéré ce transfert d'un élément du contenu («gestion décalée») vers une manifestation de forme (MAJ/min).

S'il y a lieu de faire intervenir quelque chose de l'ordre du blend expérientiel ici, ce n'est pas pour rendre compte de l'effet interprétatif final peu spectaculaire, mais plutôt pour expliquer pourquoi une telle transformation a été opérée.

3. AUTRES BLENDS EXPÉRIENTIELS

J'aimerais, avec un deuxième exemple de Desproges, illustrer un autre cas de blend expérientiel (le texte est présenté comme une citation en exergue au début d'un chapitre) :

(8) « Un, deux, un, deux, un, deux,
un deux, un deux, un deux, un deux. »
Général Gamelin, Ma vie
(Pierre Desproges, *Vivons heureux en attendant la mort*, Paris, Seuil, 149)

On me pardonnera de gloser un peu lourdement : Desproges feint d'attribuer à un certain Gamelin, général de son état, un texte intitulé « Ma vie »; ce texte est en deux parties : la première où *un, deux* sont séparés par une virgule, à la fois *présente* les mots que prononce quelqu'un qui dirige la marche d'autres personnes, et *incarne* ce rythme de marche, pour les mêmes raisons, dans l'expérience du lecteur; la seconde partie, *un deux* sans virgule, s'inscrit exclusivement dans l'expérience rythmique, où elle évoque les battements du cœur; les unités linguistiques *un deux* ne sont plus présentées comme objets verbaux (si l'on peut diriger la marche à haute voix, il est moins dans nos mœurs de faire de même avec le cœur[13]) mais uniquement en raison de leur caractéristique rythmique, qui évoque analogiquement celle des battements du cœur, ou, plus précisément, qui en induit le rythme par la lecture.

La scène évoque également l'idée que ces battements cardiaques sont les derniers de ce cœur-là, par deux moyens distincts : par le point final suivi des guillemets qui achèvent la citation du général Gamelin; et surtout par les prétendues indications auctoriales (titre + nom d'auteur) qui suivent : elles fonctionnent comme un véritable commentaire sur la séquence qui précède, qui l'intègre conceptuellement en disant « voilà à quoi se résume la vie d'un militaire : marcher, mourir ». Cette image de dénuement est corroborée par l'exemplification que livrent la pauvreté du lexique (deux items) et de la syntaxe (deux structures) de l'auteur. Enfin, que les mots *un deux* perdent leur maigre valeur linguistique entre la première et la seconde partie du texte de Gamelin suggère que le pauvre Général, avant de mourir, est devenu aphasique.

C'est la contribution spécifique de la rythmicité au scénario complexe qui me semble digne d'intérêt ici : loin d'être simplement « figuré » ou

« évoqué » (ce qui serait déjà mieux que d'être *dit*), l'arrêt cardiaque du général est donné à percevoir au lecteur. L'organisation du blend s'alimente ici non pas de la perception d'un sentiment linguistique, comme dans l'exemple précédent, mais de la perception rythmique, beaucoup plus immédiate, et du changement qu'elle subit, passant de l'alternance, régulière, de la marche, à celle, syncopée, des battements... du cœur.

L'engagement du rythme montre peut-être plus nettement que celui du « sentiment linguistique » la participation de percepts à l'élaboration du résultat. Pour autant, ici comme là, il s'agit de mélanger des percepts et des « représentations » — la sortie ou le résultat consistant en une « perception associée à une représentation » bien plus qu'en une « représentation de perception ».

Par ailleurs, si l'on s'en tient à la logique cohérente attendue des représentations, il est proprement impossible d'imaginer le Général Gamelin en train de phraser sa propre fin en direct (*un-deux; un-deux.*) et surtout de « signer » son œuvre post-mortem. C'est pourtant nécessaire, selon l'interprétation que je propose, pour « piger » cette histoire. La construction du blend expérientiel semble donc primer, dans l'expérience, sur le maintien d'une cohérence représentationnelle[14].

On notera encore que la contribution rythmique dans ce dernier exemple est en quelque sorte encadrée dans la construction conceptuelle « image de la vie d'un soldat », alors que dans le premier exemple, c'est plutôt la représentation de l'auteur M. Duras qui se trouvait encadrée dans le champ perceptible de la méchanceté de Desproges. De plus, le percept rythmique, pour fonctionner, doit demeurer perceptible comme tel, alors que le percept de malformation syntaxique, au contraire, doit plutôt fusionner avec les autres affects en jeu, sur le mode des notes musicales co-occurrentes, voire des couleurs[15].

4. EXEMPLES DIVERGENTS ET BLENDS INTRUSIFS

Une difficulté des exemples précédents réside paradoxalement dans leur relative transparence : il faut faire un effort pour voir ce qu'il y a à regarder. Comme dans le cas des blends conceptuels, cette transparence constitue l'obstacle même auquel nous sommes, comme chercheurs, confrontés : il n'y a rien à voir, rien à chercher, rien à comprendre, quand tout va de soi.

J'aimerais prendre deux exemples où l'expérienciation discursive fixe quelque chose d'étranger au projet langagier lui-même, qui ne disparaît pas pour autant, mais s'en trouve singulièrement déformé. Ce qui advient est une donnée expérientiellement hétérogène, dont l'émergence ne laisse guère de chance au traitement attendu du contenu verbal, fait écran à un projet pressenti. Si cela fait détournement d'attention, irruption expérientielle et cacophonie[16], c'est que ce qui est attendu est de l'ordre de la transparence.

L'illustration que fournissent ces exemples est essentiellement auditive, il faut que les lecteurs me pardonnent, et fassent un effort d'imagination. Dans le premier cas, il s'agit d'un extrait d'une émission de TV où l'animateur, C. Defaye (CD), s'entretient avec G. Depardieu (GD; mots soulignés : chevauchements de paroles) :

(9) CD   heu - ben de temps en temps vous voyez heu - un un môme que j'ai vu tout petit heu - Guillaume dans un film hein
GD   Guillaume
CD   dans *Tous les matins du monde* hein
GD   oui pis même dans le Ridley Scott i(l) vient mais il a... il a beaucoup de talent parce que c'est...
CD   *je l'pense*
GD   et je... il a... et ça a été pour moi une - une aventure magnifique parce que... on s'est vus -

La réplique «je l'pense» de Defaye produit, à l'écoute, un effet bizarre[17]. Ce qui déclenche ce sentiment assez manifeste est strictement prosodique, et relatif à l'état de l'interaction en cours; en gros, cette réplique n'est pas alignée, pas accordée, à différents plans :

– au plan *temporel* et *rythmique*, elle est «en retard», elle n'est pas dans le tempo;

– au plan de l'*intensité*, Depardieu réalise dans les 2 secondes qui précèdent une baisse sensible d'intensité comme pour accorder sa posture vocale au thème abordé, et Defaye ne s'y range pas, en parlant manifestement plus fort que requis;

– enfin au plan *mélodique*, sa ligne non seulement descend fortement — une quinte musicale, elle ne s'inscrit de ce fait pas dans l'espace tonal restreint de la voix de confidence proposée par Depardieu, mais en outre est fortement appuyée à son point de départ (*je l'pense*) — comme s'il prononçait un *je le veux* ou *je le jure* de cérémonie.

Quelque chose du décalage perçu à ces différents plans, dans l'espace-source type occurrentiel {ESy}, va se mélanger avec le contenu proféré, dans l'autre espace-source type, {ESx}, où s'active l'information «Defaye pense que le fils de Depardieu a beaucoup de talent»; la rencontre qui s'organise entre informations de {Esx} et {Esy} aboutit à ce mélange tout à fait perceptible : on «sent» la réplique de Defaye comme «forcée», au mieux, ou, au pire, comme «insincère». Le travail du blend expérientiel retourne ainsi en direction des espaces sources; ici, l'entité «Defaye» dans {ESy} s'enrichit de cette caractérisation éthique sensorielle, qui le fait percevoir déplacé, forcé, maladroit. Ce n'est pas un sous-produit aléatoire et contingent; c'est une entité expérientielle complexe, construite par un processus intégrant des objets de natures différentes.

Le second exemple de «bad blend» est un authentique exemple fabriqué : «Mingus»[18] lit les deux premières phrases du roman de R. Pinget *Le Libera*[19] :

(10) Si la Lorpailleur est folle je n'y peux rien. Si la Lorpailleur est folle je n'y peux rien, nul n'y peut rien et bien malin qui prouvera le contraire.

Bien que la parole produite par *Mingus* soit excellente dans son intelligibilité et à bien d'autres égards, l'effet global produit n'est pas pour faciliter le contact avec l'œuvre de Pinget[20].

Cela dit, si les raisons pour lesquelles cette lecture ne passe pas étaient claires, on saurait vraisemblablement faire parler les machines avec ce «naturel» qui leur fait actuellement si cruellement défaut. Les raisons ne sont pas très claires, pas plus en ce qui concerne les phénomènes attitudinels que les aspects structurels du discours, en partie parce que le problème semble mal posé, envisagé trop étroitement comme une simple question d'alignement de valeurs acoustiques sur des chaînes morpho-syntaxiques (Simon & Auchlin, à paraître). Il faut ajouter que bien des lectures humaines produiraient, en l'espèce, des effets comparables.

Dans cet exemple, la monotonie et le désengagement affectif de la vocalisation sont trop saillants, et le projet textuel ne retient pas clairement l'attention. Il ne s'organise pas de rendez-vous, aucun mixage n'advient entre ce que nous percevons et ce qui s'élabore comme traitement linguistique. L'essentiel du perçu en reste au perçu, et ne s'insinue pas dans le traitement du contenu pour en proposer une expérienciation homogène. Par là, cet exemple rend également sensible *a contrario* la place que prend, dans la perception-interprétation ordinaire du discours, ce naturel invisible et si difficile à problématiser.

Ici, et contrairement à l'exemple précédent, il n'y a pas de véritable mixage (fût-il malheureux et intempestif), mais plutôt une focalisation attentionnelle sur les caractéristiques externes de l'occurrence, qui ne retiennent pas l'attention longtemps, sauf conditions particulières.

5. BREF RETOUR SUR LES BLENDS CONCEPTUELS

Les « blends conceptuels », en retour, pourraient être interrogés quant à leurs conditions phénoménologiques d'émergence (dans leur dimension d'expérience). Comme objets verbo-mentaux, leur caractéristique la plus ordinaire est d'être transparents : en lisant l'exemple (1), on n'a pas une claire conscience de la présence de ce travail de mixage par lequel on comprend ce qu'il faut comprendre. Les blends ne deviennent perceptibles, identifiables, problématisables qu'à la condition que le traitement d'une séquence renvoie une vague intuition de bizarrerie. Il faut autrement dit aiguiser, exacerber le « sentiment linguistique », pour et jusqu'à ce qu'il produise une réponse sensorielle de l'intuition disant « oui, en effet, c'est étonnant : d'ailleurs, justement, je m'étonne ». Dans certains exemples de Fauconnier & Turner[21], au contraire, la problématisation est fournie avec le cas — comme ici même. Quels que soient les moyens par lesquels on parvient à cet état d'étonnement, il conditionne l'appréhension du phénomène.

Cette situation n'est pas sans rappeler la double identité phénoménologique nécessaire des coquilles typographiques dans les textes publiés (ex. 7 ci-dessus) : ce sont des non-objets, pour les correcteurs auxquels elles ont échappé ; pour qu'elles existent comme coquilles, il leur faut advenir comme telles par la perception d'un lecteur, et acquérir par là un multiple statut, de « faute », qui laisse voir sa forme correcte, et d'ancien leurre, déjoué mais qui en a trompé d'autres.

6. COMPÉTENCE DISCURSIVE, INTERACTION ET DÉVELOPPEMENT : ARTICULER DOUBLE ACCORD ET ACCORD INTÉRIEUR

Si le blend expérientiel (ou quelque autre nom qu'on donne au phénomène) m'intéresse, c'est que cet objet illustre un aspect important du fonctionnement de la compétence discursive, l'aptitude à traiter des suites de mots en expériences subjectives (dotées qui plus est d'un « grain fin », Auchlin, 2000a). Cette aptitude est à l'œuvre dans nos interactions verbales ; c'est sur elle que je compte en présentant les exemples ci-dessus, c'est sur elle que comptent les écrivains, Pierre Desproges autant que Marguerite Duras.

Les blends expérientiels interviennent de manière cruciale comme médiateurs des processus interactionnels : ils sont *l'ancrage interne* et la *condition* du couplage de deux compétences discursives en un « processus biologique supra-individuel» (Nuñez); leur émergence est la condition du «partage d'affects» au sens où l'entendent Brunel & Cosnier[22], partage dont ils sont en même temps les objets et les buts. Les blends expérientiels sont des produits de compétences discursives, mais de compétences discursives en interaction.

La compétence discursive délivre des données expérientielles, mais elle a pour tâche plus générale de faire exister une personne dans des conditions d'équilibre destinées notamment à construire et assurer stabilité et identité à son «moi», au gré des événements et des interactions; cet état d'équilibre est ce que j'appelle «accord intérieur». Lorsque notre compétence discursive construit un blend, nous nous identifions momentanément à cette expérience, à raison de sa force et de sa capacité de saisissement, et subissons de ce fait un véritable déséquilibre interne. La plupart des personnes auxquelles j'ai soumis les exemples drôles ci-dessus ont réagi par des rires et des verbalisations exclamatives d'admiration, qui doivent être comprises comme manifestations de récupération de leur accord intérieur, proportionnées, en quantité et en durée par exemple, au choc éprouvé. A l'inverse, une personne contrariée par la construction en elle de tel ou tel blend récupérerait son accord intérieur en verbalisant sa contrariété (*c'est pas très drôle*).

Dans le temps même qu'elles se constituent, ces «positions», dans leur cadre interactionnel, adviennent comme accord ou désaccord avec l'initiative à laquelle elles réagissent. Or, de même que la compétence discursive vise l'accord intérieur, un système interactionnel vise aussi un état d'équilibre, qui est celui du double accord[23]. Le désaccord interactionnel est un cas marqué, et c'est une donnée expérientielle complexe : le désaccord interactionnel est vécu comme une tension; mais cette tension n'est instanciée que dans les compétences discursives qui interagissent, où elle prend la forme d'un désaccord intérieur à combler, selon la force de l'investissement particulier dans cette interaction de cette compétence discursive, et selon ses réglages généraux dont, notamment, sa sensibilité au désaccord interactionnel.

A l'opposé, la convergence interactionnelle qui fonde le double accord est intrinsèquement gratifiante, et elle optimise en quelque sorte l'expérienciation. Par exemple, l'élaboration du blend «définition en acte de l'égoïsme» est la contrepartie expérientielle du traitement de la citation d'Anzieu. Si l'émergence de ce blend vous a fait sourire, le plaisir manifesté, résultat final du processus, est dans le même temps un état d'accord imaginaire avec D. Anzieu, partage d'affect subtil et jouissance de cet accord, qui alimente directement le plaisir du dispositif; et c'est aussi un état d'accord, à un autre niveau, avec au moins une partie de mon propos. De même, le traitement de l'exemple de Defaye peut se complexifier : dans certaines conditions d'observation un tant soit peu empathiques, on peut, en l'écoutant, éprouver soit de la gêne «pour lui», comme auteur de ce raté, soit de l'agacement.

Aborder, finalement, la question du *développement* revient à se demander ce qu'il advient de ces systèmes que sont les compétences discursives dans le moyen et le long terme, et non dans le court terme de leur fonctionnement — c'est la question de leur maturation. J'ai suggéré ailleurs que celle-ci ne se déployait pas vers un état stable final comme la compétence syntaxique, mais s'organisait plutôt en une succession d'états semi-stables, fonctionnels au sens où ils assurent une certaine forme d'accord intérieur, ayant tous pour caractéristique d'être vécus comme terminaux, mais susceptibles de connaître des modifications dans leur façon particulière d'atteindre l'accord intérieur dans les interactions.

E. Roulet (1999a, p.210) présente ainsi l'un des apports de sa démarche d'analyse :

«(...) apport qui sort du cadre strict de l'enseignement-apprentissage en milieu scolaire ou universitaire, mais qui n'est pas pour autant le moins important, car il touche directement notre vie en société : *un développement significatif de la compréhension du comportement de soi-même et des autres dans les interactions verbales (...), ainsi que des enjeux de celles-ci*» *(mise en relief de l'auteur).*

Cela revient à dire qu'une partie du temps notre compréhension de nous-mêmes et des autres dans les interactions est partielle ou superficielle. C'est certainement vrai; mais le problème majeur est que *cette superficialité se donne comme suffisante compréhension* (un peu comme «tomber» est, à un certain niveau, une suffisante compréhension de la gravitation). Cela revient aussi à dire que cette compréhension pourrait constituer un objectif de connaissance et d'éducation légitime — à la condition que son besoin soit reconnu, autrement dit que l'on admette que notre «maîtrise» est imparfaite.

Il y a un certain antagonisme entre l'usage du langage, qui suppose et demande que soit maintenue une certaine (illusion de) maîtrise, et la connaissance de cet usage, qui ne devrait pouvoir être mieux documentée qu'«en je», mais réclame, là, que soit baissée la garde de la maîtrise et affichées les zones d'ombre — mise en œuvre du «dé-confinement de soi» de B. Schlieben-Lange (1983).

Au titre des buts que pourrait viser la prise en compte des émotions dans l'étude de l'usage du langage, et du sens qu'on pourrait y attacher, il y a un intérêt intrinsèque à documenter comme étape importante dans la maturation de la compétence discursive le dépassement de l'attachement primaire et identitaire à un «moi» de maîtrise, et l'accès à une posture d'objectivation et de découverte.

En ce qui concerne nos propres émotions, nous souhaitons tous garder les agréables, adoucir et mieux gérer les désagréables... survivre au mieux, dans nos interactions, avec le choix de parler ou non, survivre au mieux avec l'infinité des possibles de discours — y compris le silence, avec la donne hédonique des «qualia» que sont les primitives implémentées du plaisir et de la douleur (Frijda, 1988, p. 41). Supposer que nous y pouvons quelque chose, et que nous savons ou saurons nous y prendre : une science de l'usage du langage pourrait avoir là une véritable utilité.

NOTES

[1] Merci à A.C. Simon pour ses commentaires.
[2] Auchlin (1998) développe ces critiques à l'encontre respectivement du «réductionnisme cognitiviste», et de l'«immanentisme», qui assimile plus ou moins expressément le «discours» au produit «stabilisé», «inerte», que sont les séquences d'unités linguistiques.
[3] Comme, par exemple, sa contiguïté avec l'expérience musicale (Auchlin, 2000a).
[4] Voir Lakoff & Johnson (1985) pour la notion d'expérientialisme au plan épistémologique. Prolongements chez Núñez (1997, 1999) entre autres.
[5] Et, donc, une incrémentation transitoire de la mémoire discursive, pour emprunter les termes de Berrendonner, 1993, là où le point typographique incrémenterait comme «état-but» l'état de la mémoire discursive obtenu par S1 ; un état-but est un état qui se représente lui-même comme état-but. Mouvement périodique est entendu ici au sens de Grobet, 1997, et Roulet, 1999.
[6] Notamment p. 660 *sq.* Précisons que si le syntacticien recourt en permanence à ce type de donné, en explorant les frontières du «possible de langue», il n'a, par sa position, pas à en rendre compte. Toute autre est la posture de l'analyste de discours...
[7] La notion d'«incarnation» est empruntée à Maingueneau, 1999.
[8] Exemple de Fauconnier & Turner, traduit par Charolles mimeo.
[9] Si les occurrences d'unités linguistiques manifestent par leur caractère linguistique leur caractère ostensif — sauf correction, «je parlais tout seul» —, il faut en règle générale penser que l'ostensivité est le talon d'Achille de la communication ostensive inférentielle, par où la communication est effectivement un processus «à haut risque», comme disent Sperber & Wilson ; mais c'est aussi, et par là même, le talon d'Achille de la notion de «mutuellement manifeste», essentielle à leur théorie.
[10] Rythme, variations d'intensité, percepts syntaxiques, etc.
[11] Entre autres dans le fait que l'expression «quelqu'un qui» se voit attribuer deux valeurs différentes successivement : indéfini, dans «Un égoïste ^{i}, c'est quelqu'un ^{i} qui ne pense pas aux autres», puis défini, comme dans «Paul ^{j}, c'est quelqu'un ^{j} qui ne pense pas à

moi » — apparemment, ce serait la nature définie ou indéfinie du complément, terme comparant, de la définition, qui est responsable.

[12] Je ne résiste pas au plaisir de mentionner une autre trouvaille de Didier Anzieu : « Toto, sais-tu ce que c'est qu'un congre ? — Oh, ouigre ! ». Son analyse fait intervenir des considérations sur le lexique, que je réserve pour un travail à venir.

[13] Sous cette forme tout au moins ; réservons les questions de l'induction hypnotique et du rythme musical.

[14] C'est un topos littéraire — *Les Mémoires d'outre-tombe* de Châteaubriand ; mais ce topos est mis à profit par Desproges, pas par Gamelin.

[15] On distinguerait plus aisément le do et le mi d'un accord de tierce que le jaune et le bleu dans le vert du pré.

[16] Parret, 1993 ; Stroumza & Auchlin, 1997 ; Burger & Auchlin, à paraître.

[17] Cette réplique semble tomber à plat également pour Depardieu, qui n'y réagit pas, et poursuit le fil de sa propre réponse.

[18] *Mingus* est le nom du logiciel « text-to-speech » mis au point par Piet Mertens, Université de Louvain.

[19] L'analyse de ce début de roman de différents points de vues fait l'objet de Roulet & Burger (à paraître).

[20] C'est peut-être un peu pessimiste ; l'approche en termes de blends expérientiels suggèrerait plutôt que ce type de lecture pourrait faire l'affaire si certaines conditions de « blending » étaient satisfaites ; ces conditions pourraient être totalement extérieures à la parole elle-même, et procéder d'une lente habituation — des personnes non voyantes pourraient disposer d'une précieuse expérience de terrain.

[21] L'« énigme » du moine bouddhiste notamment.

[22] Cités in Traverso, 2000, p. 207.

[23] En termes structurels, la clôture de toute interaction est contrainte par l'obtention du *double accord*, observation initialement attribuée à Goffman (Moeschler, 1985 ; Roulet *et al.*, 1985) ; pour moi, le double accord renvoie aux positions qui le fondent : sur quoi se base-t-on pour savoir si l'on est d'accord ou pas avec quelqu'un ? Le fondement est l'accord intérieur, équilibre et clôture relatifs du système qui lui permettent d'exister comme un « moi », identifié dans l'interaction à une « position », celle qui fait l'équilibre de ce système. L'accord intérieur est une condition structurelle à la clôture des interventions. Par suite, la négociation au sens de Roulet (1999b) n'est pas un concept primitif, mais doit être envisagée comme séquence de récupérations d'accords intérieurs dans le cadre de l'obtention d'un double accord.

Expression et gestion des émotions dans les interactions verbales

Robert Vion
Université de Provence

La communication ordinaire repose sur la reconnaissance d'implicites socioculturels liés aux situations dans lesquelles elle se produit, mais également sur une mise en communauté des subjectivités en présence. On dira plus simplement que toute interaction verbale implique la gestion d'une intersubjectivité. Cela signifie que toute émotion, et plus largement toute forme de subjectivité, qui ne seraient pas au moins partiellement partagées, pourraient contrarier le « bon » déroulement des échanges communicatifs. Nous avons pu constater que des sujets émotionnellement trop éprouvés ne semblaient plus se prêter l'attention mutuelle exigée pour une coordination de leurs interventions et donnaient alors l'impression de participer à un « dialogue de sourds ». Si la communication n'implique pas l'absence d'émotion, elle semble nécessiter, en revanche, une maîtrise partielle des affects par une gestion interactive des subjectivités en présence. Cela signifie une certaine « mise à distance », théorisée parfois à l'aide de la notion de synchronisation des états affectifs. Il ne saurait être question pour un linguiste, dans les limites de ses compétences, de définir ce qu'est une émotion et d'en tenter une sous-catégorisation. Néanmoins, il lui est parfaitement possible d'analyser les problèmes de communication posés par la présence d'émotions ainsi que les marques de subjectivité inscrites dans les discours qui constituent des traces linguistiques de ce qui se joue au niveau émotionnel. Dans le premier cas, le linguiste est interpellé au plan de la séquence discursive. Il s'agit en effet de repérer les fragments de discours relevant d'un même niveau de fonctionnalité mobilisé par la gestion d'émotions trop marquées et non suffisamment partagées. Dans le second cas, il s'agira de mettre en œuvre les concepts d'une analyse énonciative de la subjectivité.

1. PHASES SÉQUENTIELLES ET GESTION DES ÉMOTIONS

L'analyse d'interactions verbales au sein desquelles des informations anxiogènes avaient été introduites nous a permis de recenser un certain nombre de phases séquentielles par lesquelles les sujets s'efforçaient de gérer interactivement leurs affects (Bertrand *et al.*, 2000). Ainsi, les sujets éprouvés par la nouvelle d'un accident peuvent passer par une « phase de prostration » caractérisée par l'usage d'interjections entrecoupées de longs silences, par des regards qui ne se croisent plus, et par des propos autocentrés se succédant à la manière d'un dialogue de sourds. Outre la prostration, nous avions alors recensé une dizaine de phases distinctes dont :

– des phases de dénégation par lesquelles les sujets verbalisent leur refus de prise en compte d'une réalité dérangeante (« non c'est pas vrai ! »),

– des phases de questionnement des faits comme s'ils cherchaient, par leur mise en mots, à réaliser progressivement ces nouveaux éléments,

– des phases de dramatisation qui peuvent réorienter les sujets vers une phase de prostration,

– des phases de banalisation qui leur permet une prise de distance et un meilleur contrôle émotionnel,

– des phases de rationalisation qui favorisent une meilleure coordination de leurs interventions,

– des phases de diversion à fonction exutoire au cours desquelles l'émotion accumulée débouche sur un ludisme forcé ou sur des attitudes infantilisantes.

Nous avions souligné que le nombre, la nature et l'enchaînement de ces phases étaient en relation avec l'importance des chocs émotionnels, et avions constaté, dans le déroulement d'un même échange, la réapparition de certaines phases, nous autorisant à parler d'une gestion cyclique des émotions. Nous avions évoqué un déroulement en spirale dans la mesure où le retour de certaines phases s'accompagnait de modifications quant aux modes d'implication des sujets éprouvés.

Nous continuons à penser que la gestion de certaines émotions passe par de tels enchaînements. Toutefois, il convient de concevoir ces phases séquentielles comme des instances dialogales hétérogènes et énonciativement instables de façon à pouvoir rendre compte des fluctuations et du dynamisme des productions langagières. Cette hétérogénéité et cette instabilité, manifestes lorsque les sujets coordonnent de manière convergente leurs interventions, se trouvent encore renforcées dans les cas de désynchronisation et d'attitudes divergentes.

2. LES CONCEPTS DE LA SUBJECTIVITÉ

Les modalisations

Le concept de modalisation s'efforce de rendre compte du regard porté par le locuteur sur le discours construit. Traditionnellement, l'univers des modalisations est d'abord pensé dans les termes d'une logique modale puis, étendue à des modalités linguistiques «impures» (Cervoni, 1987, p. 89). L'attitude modale est également pensée, avec Charles Bally, en terme d'opposition entre «modus» et «dictum». Celle-ci repose sur la distinction entre un sujet «logique» et un sujet «psychologique». Le sujet logique serait à l'origine d'un «dictum» qui exprimerait une signification sans subjectivité. On y reconnaîtra une certaine conception de la dénotation appréhendée comme un reflet direct et objectif du monde. Le sujet psychologique serait à l'origine de l'attitude modale par rapport à ce «dictum» et donc de la subjectivité dans les messages. A ce titre, nous sommes en parfait accord avec Ducrot (1993) lorsqu'il dénonce une distinction qui repose «sur une dissociation sémantique du subjectif et de l'objectif, permettant ainsi de maintenir qu'il y a à l'intérieur du sens un aspect purement descriptif, isolable en droit des prises de position subjectives» (Ducrot, 1993, p. 127). Si l'on souhaite continuer à distinguer le «dire» du «dit», ce ne pourra plus être sur une répartition complémentaire de la subjectivité et de l'objectivité. Tout est subjectif dans l'exercice du langage, y compris le niveau du «dit» («dictum» chez Bally) : les choix lexicaux, l'orientation de la relation prédicative, l'existence de présupposés, la présence de déictiques, la participation des énoncés à des activités discursives témoignent, à leur manière, de la présence d'un sujet structurant le langage dans la plus parfaite subjectivité. Dans ces conditions, l'univers des modalisations n'est pas censé fédérer les analyses de la subjectivité dans le langage. D'autre part, il ne saurait être question de poursuivre une théorisation qui poserait comme centrale l'existence de modalités logiques, perpétuant, d'une autre façon, l'existence d'un noyau d'objectivité au sein langage. Dans ces conditions, nous proposons de prendre en compte les ordres du souhait, du probable, du nécessaire, de l'obligatoire, du fictionnel, de l'hypothétique, etc., dans le cadre de l'analyse de l'organisation subjective du discours, à savoir du «dit». On pourrait alors restreindre la modulation à l'ordre du commentaire effectué par le sujet sur le contenu des propos construits. Ces commentaires sont distincts des choix subjectifs effectués au niveau discursif dans la mesure où ils reposent sur l'existence d'une dualité par laquelle le locuteur se construit deux places énonciatives : un énonciateur prend en charge un discours sur lequel un second énonciateur, qui lui correspond également, émet un commentaire. Soit les deux énoncés E1 et E2 :

> E1 : «Pierre viendra jeudi»
> E2 : «Pierre viendra certainement jeudi».

En E1, la structuration du dit ne laisse aucun doute quant à la venue de Pierre. On devrait donc s'attendre à ce que l'adjonction de «certainement», en E2, contribue à renforcer encore la certitude de cet événement. Or, cette certitude, exprimée en E1, se trouve, en E2, ramenée à l'ordre d'une forte probabilité. Cela ne peut se comprendre qu'en positionnant l'adverbe hors du sémantisme de l'énoncé E1 et hors de l'énonciation marquée subjectivement par l'expression de la venue de Pierre. La seule explication consiste à opposer une énonciation simple, en E1, à une double énonciation en E2. Cette dernière repose sur un énonciateur correspondant au locuteur qui produit un discours sur la venue de Pierre subjectivement inscrit dans l'ordre du certain. Elle repose simultanément sur la présence d'un second énonciateur, correspondant également au locuteur, qui produit un commentaire évaluatif sur cette assertion, de sorte que l'opacification résultant de cette double énonciation conduit à interpréter le second énoncé comme moins assertif que le premier. Nous proposons donc de définir les modalisations comme un phénomène de double énonciation dont l'une produit un commentaire sur l'autre. D'autre part, on peut encore préciser ce concept en indiquant qu'il s'agit d'un commentaire sur le «dit» (le contenu) et non sur le «dire» (qu'il s'agisse de l'acte illocutoire mais aussi de l'acte d'énonciation). Ainsi, on distinguera alors les modalisations des commentaires méta-énonciatifs portant sur l'acte de dire, comme «si je puis dire» ou «façon de parler» et des commentaires portant sur la valeur illocutoire d'un fragment discursif, comme dans «sans vouloir te donner un ordre pourrais-tu...». Le commentaire peut ainsi renvoyer à la modalisation lorsqu'il porte sur les contenus, à la glose méta-énonciative quand il porte sur l'acte d'énonciation et au commentaire méta-communicatif lorsqu'il porte sur l'acte illocutoire.

Tensions et modulations

Le concept de modulation vise à rendre compte de la distance qu'instaure le locuteur par rapport à son discours, qu'il s'agisse de ses propos ou de propos rapportés. On opposera ainsi des moments de tension, où l'émotion et la subjectivité seront peu contrôlées, débouchant sur des choix lexicaux marqués et des comportements excessifs au regard d'une synchronisation interactionnelle, à des moments de modulation par lesquels la distanciation au discours manifeste un meilleur contrôle de la subjectivité ainsi qu'une gestion mieux coordonnée des affects.

Parmi les marques de distanciation, nous trouvons des «atténuateurs» ou «correcteurs ponctuels de distance» comme «un peu», «petit», «assez», «quand même», mais également des commentaires sur le dit ou le dire ainsi que des reformulations qui manifestent une certaine distance aux discours. Nous avons émis l'hypothèse que les mouvements entre tensions et modulations occasionnaient de véritables pulsations dans le discours en relation avec la gestion interactive des émotions et de la subjectivité.

Mise en scène et instabilité énonciatives

A la suite de Ducrot (1984), il convient de prendre en compte la diversité des voix qui traversent tout discours et d'aborder les «stratégies», pas nécessairement conscientes, utilisées par les locuteurs pour donner l'impression qu'ils sont seuls responsables des propos tenus, pour produire des actes simultanés et des doubles sens, pour parler avec ou contre d'autres énonciateurs, ou encore, pour donner l'impression de s'effacer du discours afin d'objectiver leurs énoncés. Le concept de mise en scène énonciative (Vion, 1998a) se propose d'analyser cette pluralité de voix qu'exprime, notamment, la notion polysémique de dialogisme provenant de Bakhtine. Les variations de mise en scène, l'instabilité énonciative du discours, expriment donc les modifications de position du sujet par rapport à une parole plurielle et constituent des marqueurs destinés à rendre compte du dynamisme discursif et de la gestion interactive des affects.

Discontinuité discursive et activités de recadrage

Le fonctionnement ordinaire du langage fait apparaître que le «fil du discours» ressemblerait plus à une ligne sans cesse brisée qu'à un développement linéaire par complétion dans la continuité. Cette particularité proviendrait de modifications permanentes des positionnement des sujets vis-à-vis de leur production et des déplacements dus à la diversité des activités dans lesquelles ils se trouvent engagés. Autour de ces «points de brisures», nous rencontrons assez souvent des particules de discours comme «bon», «bien», «enfin», «mais bon», «donc», «non mais», qui peuvent être accompagnées de signaux para verbaux et non verbaux afin de souligner ces décrochages. L'analyse de ces mouvements de recadrage nous a permis d'observer les stratégies de sujets qui, tour à tour, expriment et répriment une subjectivité, modifiant sans cesse la portée de leur discours et leurs places dans les propos construits.

5. UNE ANALYSE LINGUISTIQUE DES AFFECTS

Dans l'analyse de la dimension émotionnelle des interactions, le linguiste dispose donc d'un certain nombre d'outils. Certains, comme ceux qui expriment la subjectivité, ne sont pas spécifiques à la prise en compte des émotions dans la mesure où ils permettent l'analyse de tout échange langagier. D'autres, comme la discontinuité discursive et les recadrages, sont également disponibles pour apprécier les co-activités conduites par les sujets et pour rendre compte de la structuration «on line» du discours, selon laquelle la production langagière procèderait par équilibres discursifs successifs, donnant ainsi une vision progressive et dynamique de la structure textuelle. Ces différents concepts mis au service de l'examen de séquences plus directement en relation avec l'expression des émotions devraient alors nous permettre de rendre compte aussi bien de la production dialogale que de la gestion interactive des émotions et de la subjectivité.

La mise en mots de la douleur

Claire Maury-Rouan et Béatrice Priego-Valverde
Université de Provence, UMR CNRS 6057, Equipe AFL

INTRODUCTION

Le corpus sur lequel s'appuie cette étude est constitué par les enregistrements audio d'entretiens de huit malades (trois hommes et cinq femmes) hospitalisés ou en consultation pour des douleurs rebelles. Prolongeant un premier travail qui avait tenté de faire apparaître la spécificité du récit dans la mise en mots de la douleur (Maury-Rouan & Vion, 1994), notre recherche porte sur les moyens, pour des patients chez qui diverses pathologies provoquent des douleurs intenses, de mettre en mots ce qu'ils éprouvent. Notre hypothèse de départ est double :

1) la mise en mots de la douleur permet d'apprivoiser et d'affronter ce qui est au départ un ressenti purement négatif et d'autant plus angoissant qu'il est inhabituel et qu'il échappe à notre contrôle. Dire sa douleur équivaut à prendre à l'égard de cette douleur un certain recul. Dire sa douleur et la partager avec quelqu'un, c'est la faire entrer dans le domaine du sens (par le langage comme symbolisation). Les mots ont une importance décisive. Or, ils ne sont pas faciles à trouver pour référencer ce qui est conventionnellement masqué (la douleur ne se dit pas selon la loi de discrétion en vigueur dans nos sociétés) et le ressenti douloureux, subjectif, intérieur, ne possède pas vraiment de vocabulaire spécifique. Notre première approche consistera à faire apparaître les ressources déployées par les huit patients pour parvenir à cette mise en mots malgré cette double difficulté.

2) La capacité de prise de distance à l'égard du ressenti douloureux ne semble pas présente d'égale manière chez tous les patients et paraît correspondre chez eux à différentes façons — observables au travers de leur discours — de gérer la situation interlocutive. Nous nous efforcerons de faire apparaître les traces caractéristiques de cette diversité.

1. LES MOTS DE LA DOULEUR

Généralement, les patients tentent de donner à l'expression de leur douleur une objectivité qui la rende transmissible et compréhensible par l'autre. Certains tentent de circonscrire le champ douloureux tantôt en localisant la douleur (Jean : «J'ai des douleurs au genou»), tantôt en précisant les circonstances de son apparition (Barbara : «Quand je suis debout rien me fait mal mais si j'envoie une jambe j'ai une douleur terrible là»). D'autres font appel à des connaissances partagées ou supposées acquises par l'interlocutrice (Simon : «C'est une sciatique»; Jean : «Ca c'est le cancer»). D'autres, enfin, tentent de mesurer leur douleur sur l'échelle de ce qu'ils ne peuvent pas ou plus faire (Félicie : «Je peux pas me doucher»; Barbara : «Et puis insensiblement la douleur est devenue plus forte et j'ai plus pu marcher»).

Certains patients ne semblent pas parvenir à surmonter une certaine pauvreté lexicale du champ de la douleur. Cela va du refus de la formulation précise (Félicie : «J'ai mal partout voilà qu'est-ce que vous voulez que je vous dise») à la simple modalisation (*un peu, toujours, moins, un peu moins*) de l'expression «avoir mal», employée massivement. De même, l'intensité et la forme pulsatile de la douleur, à défaut d'un adverbe ou d'un adjectif approprié, sera souvent marquée par un procédé iconique analogique : la répétition-accumulation : (Annette : «Que ça lance que ça lance que ça lance [...] oui c'est tous les jours c'est tous les jours tous les jours»).

D'autres, au contraire, déploient une palette variée pour verbaliser leur douleur en diversifiant leurs choix lexicaux :

> Jean : «Ce que l'on appelle une douleur n'est pas en fait une douleur + la douleur est tout à fait épisodique c'est un élancement qui dure quelques fractions de seconde voire une minute + mais la gêne [...] la gêne permanente est un genre d'ankylose et de crampe [...] c'est pas une douleur à hurler [...] à quoi je pourrais comparer cette douleur + bon il y a deux phases + ce lancement vraiment lancinant là où là ça fait mal + ça fait mal + mais ça dure quelques fractions de seconde + enfin je n'évalue pas le temps + et il y a cette sensation de torsion».

La richesse lexicale peut reposer sur le recours à des métaphores (Rose : «Comme si on me rentrait un clou»). Il est important de noter que cette richesse relative n'est pas fonction de la meilleure maîtrise des ressources de la langue, caractéristique des milieux sociaux aisés instruits. Aussi bien Mylène (ingénieur, chercheur à l'INSERM), que Jean (ancien adjudant puis employé d'un parc d'attractions) parviennent, indépendamment de leur niveau culturel respectif, à diversifier leurs choix lexicaux. Nous rejoignons sur ce point Michèle Lacoste (1993, p. 47) qui estime que la part du handicap socio-culturel doit être relativisée dans la difficulté de la communication thérapeutique.

2. GESTION INTERACTIVE DU DISCOURS DOULOUREUX

Dans le discours des patients ayant à décrire ce qu'ils éprouvent, on peut remarquer chez certains une moins grande capacité à prendre de la distance par rapport au ressenti douloureux :

> Félicie : j'ai les jambes ++ j'ai un peu tout j'ai tout
> Enquêtrice : vous pouvez me préciser un peu
> Félicie : j'ai mal partout alors (elle marmonne) qu'est-ce que vous voulez que je vous dise

ou qui semblent presque refuser l'idée d'une amélioration. Ainsi, Annette, à l'issue d'une séance de stimulation électrique :

> Enquêtrice : comment ça a été
> Annette : ben ça a été + ils ont mis <inaudible> un peu plus fort les vitesses enfin j'ai toujours mal + hein
> Enquêtrice : oui
> Annette : ça va <ça peut ?> pas s'en aller comme ça hein.

A l'opposé, d'autres patients semblent s'efforcer de parler de leur douleur de façon détachée en la minimisant :

> Colin : «C'est ennuyeux parce que je me sens bien autrement + je me porte heu bien je + je n'ai pas à me plaindre (petit rire) j'ai ce j'ai ce handicap + voilà»;
> Jean : «Ce n'est pas une douleur à : : à hurler mai enfin c'est : : : + c'est une douleur heu : : + douleur quand même»

... et s'efforcent de la présenter comme extérieure à eux :

> Colin : «Des douleurs sont revenues [...] cette opération étant effectuée heu : : il semblait que mon orteil puisque je + ma douleur allait jusqu'à l'orteil + =ma jambe était endormie jusqu'à l'orteil plutôt + s'est un peu réveillé + l'orteil seulement + mes les douleurs ont repris plus haut + c'est-à-dire heu + c'est tout le : : sciatique extérieur eh et : : ».

Les raisons d'une telle attitude pourraient être recherchées dans les images de stoïcisme valorisées par notre culture, d'autant plus qu'elle semble plus particulièrement présente chez nos sujets masculins. Mais un examen plus attentif des discours produits nous amène à envisager une explication plus globale, rattachant la capacité à extérioriser la souffrance et à prendre un certain recul par rapport à elle à un ensemble plus large de comportements. Différents dans la mesure où ils reflètent des modes distincts d'appréhension et de contrôle de la maladie et de la douleur, ces discours révèlent aussi, par leur organisation même, une propension très variable, chez les patients, à gérer les multiples facettes de l'interaction verbale.

Certains discours manifestent une capacité très grande du locuteur à créer d'emblée et à consolider un lien très chaleureux avec la partenaire occasionnelle qu'est l'enquêtrice :

> Rose : « Non vous me faites souffrir de vous voir comme ça ts (respire) eh + vous allez voir + ce matin je me trouve 4 comprimés 4 heu parce que je prends un soir deux soirs un ant + heu non je le dis mal+ eh↑ euh non↑ mieux que vous↑ + voilà »

... ou encore, à s'assurer de sa complicité : Rose, après avoir avoué qu'elle jettera en cachette les médicaments qu'elle est censée prendre demande « alors là vous avez enregistré tout ce que j'ai dit↑ ».

L'humour sert à un double niveau : il permet à la fois de dédramatiser, d'alléger un discours qui pourrait être trop pesant, et de créer une connivence avec l'interlocutrice. Plusieurs patients y ont recours. Ainsi, l'humour permet à Jean, atteint d'un cancer, d'exorciser le côté tragique de sa situation en plus de ses douleurs invalidantes :

> Jean : je vis dans ma famille à Carnoux
> Enquêtrice : dans votre famille d'accord vous n'êtes pas seul <inaudible>
> Jean : et pourquoi je serais seul parce que j'ai une mauvaise tête <inaudible> non je suis marié j'ai deux enfants.

Rose, quant à elle, met en doute la validité du traitement qu'elle reçoit :

> « C'est de l'arthrite hein il n'y a rien à faire ++ c'est difficile à faire partir ++ alors on vous donne des remèdes pour vous en donner encore plus + d'arthrite hé hé ».

Cette patiente va même jusqu'à exploiter au plan comique l'ironie d'une situation qui auraient pu donner prétexte à un ressassement plaintif :

> « Oui alors on est seul à vrai dire on a de la famille mais tout le monde travaille + alors on est seuls + eh alors lui il est tout seul + moi je suis toute seule ici hé hé (rit). »

En apostrophant directement l'enquêtrice et en la prenant à témoin, on peut faciliter l'adhésion de cette dernière au point de vue défendu (Barbara : « Chuis seule pour ainsi dire vous m / comprenez alors heu c'est encore plus pénible »; Rose : « C'est parti ++ du muscle té voyez »). Cette attitude est un premier exemple d'une démarche qui, généralement, reflète la prise en compte du partenaire dans la construction conjointe du sens et que l'on rencontre particulièrement sous la forme de la modulation[1] (Vion, 1992). Présents dans tout le corpus, les exemples de modulation précèdent ou accompagnent des moments de tension où le discours pourrait être senti comme trop assertif :

> Colin : « Heu cette opération étant effectuée heu : : il SEMBLAIT que mon orteil puisque je / ma douleur allait jusqu'à l'orteil + =[ma jambe était endormie jusqu'à l'orteil plutôt] + s'est un peu réveillée »;
> Rose : « Alors je suis rouge partout enfin partout à des endroits plus que moins ».

La modulation est une activité qui se trouve ainsi à l'intersection de la gestion de l'intersubjectivité et de la construction de la référence. C'est sur ce plan, plus purement cognitif et où s'élabore l'organisation discursive, que la prise en compte du partenaire peut aussi apparaître dans une autre dimension qui est celle du guidage discursif. Reconstituant le cheminement qu'il propose à son partenaire, le locuteur en saisit les caractéristiques, les étapes et les difficultés. Il va baliser son discours de repères et d'instructions facilitant ce parcours (particules discursives, connecteurs, reformulations, explicitations...). Toutes ces formes discursives attestent, selon nous, de la même capacité de décentration et d'une prise de distance, cette fois-ci par rapport à sa propre production discursive, qui est évaluée à l'aune de l'idée que l'on se fait de l'activité de réception du destinataire. Ainsi, Colin estime nécessaire un rappel de son passé médical pour mieux faire comprendre sa douleur actuelle :

> «Il s'est trouvé quand même que : : / + après l'opération de / de il faut que je reprenne après l'opération de 89 ma jambe droite étaient restée endormie + était restée endormie on m'avait bon ben il faudra le temps pour que : : ça se /».

De la même manière, il précise ce qu'il entend par «plus haut» :

> «+ l'orteil seulement + mais les douleurs ont repris plus haut↑ c'est-à-dire heu / c'est tout le : : SCIAtique extérieur éh et : : maintenant j'ai mal donc heu : : depuis heu : : : depuis les vertèbres jusque heu : heu jusqu'au bas / au bas / au pied au dessus du pied.»

Rose, quant à elle, ponctue son discours de multiples particules visant à distinguer ce qui est de l'ordre du récit de parenthèses justificatives :

> «alors hier au + ce matin j'ai fait ma toilette parce que hier au soir j'étais fatiguée + bon + j'ai fait ma toilette eh bien ici je suis toute rouge toute enflammée hein↑ bon + et partout je suis rouge.»

Le relevé de ces différentes formes de prise en compte de l'autre (amadouage, humour, modulation, guidage discursif, interpellation) dans l'ensemble du corpus fait apparaître que ces activités discursives ne sont pas distribuées au hasard mais sont présentes de façon caractéristique dans les entretiens des patients chez lesquels prédomine la capacité que nous avons évoquée à mettre à distance et à dédramatiser le vécu de la douleur (Mylène, Colin, Jean et Rose). Chez trois autres patients, au contraire, qui semblent prendre très peu de recul et vivre leur souffrance de façon passive et peu élaborée (Barbara, Annette et Félicie), de telles activités discursives sont comparativement rares, le discours est assertif, peu modulé, le recours à l'humour inexistant et le guidage discursif est minimal. Un seul des sujets, Simon, paraît difficile à caractériser compte tenu du caractère bref et superficiel de son entretien.

CONCLUSION

La prise de recul par rapport à l'éprouvé douloureux, révélée par la minimisation et la dédramatisation qui accompagne l'évocation de la douleur dans le discours des patients, pourrait ainsi être une des formes d'une attitude plus générale de prise de recul qui se manifeste au niveau de la gestion interactive et dynamique du discours : prise en compte de l'autre (modulation, amadouage, hypocorrection, humour, modalisation, guidage discursif). Les patients dont nous avons étudié les productions discursives semblent se répartir sur un axe qui va d'une grande capacité de recul à une possibilité très restreinte de prendre de la distance, aussi bien par rapport à ce qu'ils ressentent qu'à l'égard de la situation interlocutive.

NOTE

[1] La modulation peut être appréhendée «comme le mode d'inscription des interactants dans leurs productions langagières» (Vion, 1992).

La dimension interactive de l'investissement affectif

Martina Drescher
Université de Bayreuth

1. CONCEPTIONS TRADITIONNELLES DE L'AFFECTIVITÉ

L'intérêt pour l'affectivité s'inscrit dans une longue tradition linguistique[1]; le sujet a cependant toujours été en marge des différents courants théoriques qui ont tous privilégié la fonction représentative (Bühler, 1934) ou référentielle (Jakobson, 1963) du langage. Les fonctions d'appel et d'expression (conative et expressive/émotive chez Jakobson) apparaissaient secondaires. L'approche fonctionnaliste du langage est cependant un des courants qui s'est largement intéressé aux possibilités linguistiques de l'expression affective, l'accent y étant généralement mis sur des signes émotifs isolés[2]. D'autres recherches linguistiques sur l'affectivité se situent en sémantique. On y analyse le contenu lexical de mots d'émotion comme *amour*, *tristesse*, etc., ou les connotations affectives de certains lexèmes. Au niveau de la phrase, ce sont des phénomènes énonciatifs comme les modalités subjective et émotive qui ont retenu l'attention.

Par ailleurs, on utilise couramment les termes *émotif*, *affectif* et *expressif* dans le contexte de la description grammaticale de phénomènes linguistiques qui relèvent plutôt du domaine de la parole ou qui dévient du *bon usage* (*cf.* Drescher, à paraître, chapitre 3). Le renvoi aux émotions pallie ici aux restrictions des modèles linguistiques sous-jacents. Ceci vaut notamment pour les grammaires traditionnelles où le renvoi à l'affectivité est une réponse fréquente aux problèmes que soulève la description des phrases segmentées, de certains emplois pronominaux, de l'interjection, de l'exclamation, etc. Ces phénomènes sont typiques du langage parlé et accentuent le rapprochement entre oralité et affectivité. A l'inverse, les recherches pionnières sur le français parlé contiennent souvent des observations fort pertinentes sur l'affectivité (*cf.* Bally, 1909; Frei, 1929). Sous un angle diachronique, les émotions sont considérées comme une source majeure du changement linguistique.

En résumé, il apparaît que, dans la plupart des recherches traditionnelles sur l'affectivité, ses dimensions communicative et interactive sont négligées, et ceci pour deux raisons : l'orientation avant tout grammaticale des approches linguistiques, et la conception essentialiste de l'émotion qui est généralement à leur base, celle-ci étant perçue comme une expérience avant tout intrapsychique et individuelle. Par conséquent, les modèles traditionnels de l'affectivité ne peuvent pas saisir et décrire adéquatement la réalité communicative des émotions. C'est justement cette réalité communicative qui sera au centre d'une approche phénoménologique et interactive qui modélise les émotions comme des *pratiques discursives*.

2. LES ÉMOTIONS COMME PRATIQUES DISCURSIVES

L'étude des émotions se situe à un vaste carrefour interdisciplinaire. La pluralité des approches non seulement conduit à une grande diversité sur le plan théorique, mais se reflète également dans les choix méthodologiques qui sont à la base de la constitution de l'objet d'analyse.

J'ai opté ici pour une approche empirique et phénoménologique — l'analyse conversationnelle d'inspiration ethnométhodologique —, qui met l'accent sur l'organisation interactive de la communication, et partant, sur l'investissement affectif des participants. Ceci peut paraître surprenant puisque les émotions semblent — du moins au premier abord — mal se prêter à ce type d'analyse. Une approche centrée sur les activités des participants peut cependant conduire à une modélisation différente des émotions qui sera profitable aux recherches linguistiques.

L'analyse conversationnelle part de l'idée fondamentale selon laquelle l'interaction représente un accomplissement commun des participants, un *interactional achievement* (Schegloff, 1982). Cet accomplissement interactif est soumis au déroulement linéaire de la conversation et possède donc un caractère dynamique. L'analyse se focalise sur la description des structures interactionnelles ; par contre, les facteurs intrapsychiques comme les intentions ou motifs des participants sont écartés. Elle met l'accent sur l'aspect procédural, sur le *comment*, c'est-à-dire sur la manière dont les interactants résolvent certaines tâches communicatives ou réalisent certaines activités. Ces principes valent — et c'est là mon hypothèse centrale — également pour la description de l'investissement affectif.

Le point de départ pour une conception interactive de l'émotion est le postulat d'un *sujet social*. En adoptant la position de Wittgenstein (1963, p. 90), pour qui le sujet ne fait pas partie du monde, mais se trouve plutôt à sa *frontière* (*Grenze*), je m'intéresse à la *face* que le sujet montre au monde, c'est-à-dire à son identité sociale. Une telle vision sociale se distingue nettement des conceptions occidentales traditionnelles où on définit le sujet, soit comme un principe absolu accessible uniquement par la réflexion, soit de façon substantielle à travers ses différentes facultés psychiques. Difficiles à opérationaliser, de telles conceptions se prêtent peu aux approches linguistiques de l'investissement affectif.

Une conception sociale du sujet est esquissée par Mead (1934) qui définit l'identité comme un reflet des processus sociaux auxquels participe l'individu; le sujet est donc saisi à l'aide de cette subjectivité différente que représente l'autre. Par ailleurs, un regard interculturel révèle vite le caractère ethnocentrique de la vision occidentale du sujet. En revanche, une conception qui définit le sujet principalement à travers l'autre est très courante dans le pensée orientale (*cf.* Maynard, 1993). Par rapport aux émotions, il en découle que, si l'on accentue la dimension sociale du sujet, ce n'est plus l'expérience émotive, mais son comportement, l'investissement affectif qu'il affiche au cours de l'interaction, qui se trouvera désormais au centre d'intérêt. L'investissement affectif apparaît alors comme un phénomène éminemment social qui inclut en règle générale la dimension linguistique. Les émotions ne sont plus considérées comme étant de nature avant tout biologique, et par conséquent d'une portée plus ou moins universelle, mais bien davantage comme des expériences à forte empreinte socioculturelle, avec un côté *public* qui devient manifeste dans l'interaction. En plus, elles sont pour ainsi dire « doublement » interactives : d'abord, l'interaction est l'endroit où elles acquièrent une réalité sociale. Ensuite, leur élaboration se fait souvent de façon interactive, c'est-à-dire que l'on peut les concevoir comme un accomplissement interactif issu de la collaboration des interactants. L'investissement affectif dans ses manifestations quotidiennes — les seules qui nous intéressent ici — est donc à la fois un élément constitutif de beaucoup d'interactions, et une expérience qui s'accomplit avec la participation de l'autre, présent dans l'interaction.

Une conception sociale de l'affectivité peut s'appuyer non seulement sur les études ethnologiques (*cf.* Irvine, 1990), mais aussi sur de récentes recherches psychologiques, notamment celles d'orientation cognitivophénoménologique ou constructiviste. Les premières portent un grand intérêt à l'interaction, qui apparaît comme le lieu déterminant de la genèse émotionnelle (*cf.* Lazarus *et al.*, 1980). Les secondes modélisent les émotions, à la différence des conceptions biologiques, comme des constructions sociales, et plus précisément comme une forme complexe de comportement de rôle, gérée par des règles sociales et des attentes comportementales qui dirigent à leur tour l'expérience émotive de l'individu (*cf.* Averill, 1980). Les deux approches manifestent un grand souci pour la dimension interactive ainsi que pour les manifestations émotives[3].

En partant du caractère social des émotions, je me propose d'argumenter, dans les paragraphes qui suivent, pour leur réalité spécifiquement *discursive*. Car si les émotions s'accomplissent de façon interactive et si, par ailleurs, les interactions se réalisent avant tout dans et par la voie du langage, cela signifie aussi qu'une part non négligeable des émotions connaît des manifestations discursives. Ce glissement vers la réalité discursive des émotions contribuera à mettre en relief le rôle des manifestations linguistiques de l'investissement affectif. En plus, une modélisation *logocentrique* des émotions permet d'ouvrir cette problématique à des recherches pragmatiques, car elle vise non pas à la reconstitution de l'expérience émotive vécue par le sujet parlant, mais à une *phénoménologie* de la communication affective et à un examen des traces verbales de l'investissement affectif.

3. MANIFESTATIONS LINGUISTIQUES DE L'INVESTISSEMENT AFFECTIF

L'investissement affectif se caractérise par une grande redondance signalétique, c'est-à-dire qu'il est en général indiqué simultanément et de façon complémentaire par plusieurs canaux communicatifs et des codes sémiotiques différents : le langage, la mimique, la gestuelle, la qualité de la voix, etc. Le langage ne représente qu'un code parmi d'autres mais, à mon avis, il s'agit là d'un médium central. Pendant longtemps, sa contribution aux manifestations affectives a été négligée, car c'est la communication analogique qui a été considérée comme le domaine privilégié de l'expression affective (*cf.* Watzlawick *et al.*, 1972). La dimension verbale, à l'exception des phénomènes suprasegmentaux, paraissait secondaire. Pourtant, elle représente un domaine clef de l'investissement affectif, plus ou moins indépendant du contexte situationnel, puisque ce sont surtout les moyens linguistiques qui assurent la transmission des informations émotives dans des communications différées dans l'espace (téléphone) ou dans le temps (textes écrits).

Les manifestations affectives verbales se distinguent selon leur caractère plus ou moins explicite : d'un côté, on peut communiquer les émotions de façon explicite moyennant une thématisation, d'un autre côté, on peut les indiquer de façon plutôt implicite, sans en faire le sujet de la conversation[4]. Dans les travaux linguistiques récents, on a examiné surtout les formes explicites de l'investissement affectif (cf. Fiehler, 1990). Celles-ci ne représentent cependant qu'une part minime du répertoire expressif observable dans les interactions quotidiennes. Il me paraît donc indispensable d'attirer l'attention davantage sur ses formes implicites et leur statut théorique.

Les formes affectives implicites comme indices de contextualisation

Il est évident que la relation univoque établie couramment entre une forme et sa fonction convient mal à la description des moyens linguistiques affectifs. Les signes émotifs disposent certes d'un potentiel sémantique qui les destine à signaler un investissement affectif, mais des conditions contextuelles spécifiques sont indispensables à leur désambiguisation. L'actualisation d'une forme ou d'une structure émotive dans l'interaction acquiert donc une valeur primordiale. Aussi convient-il de remplacer le concept traditionnel d'indicateur, qui présuppose une relation stable et univoque entre forme et fonction, par le concept plus souple et dynamique d'indice de contextualisation (*contextualization cue*, dans les termes de Gumperz, 1992), qui intègre le contexte dans l'attribution d'une valeur communicative[5]. Les moyens linguistiques qui interviennent dans l'expression de l'investissement affectif peuvent alors être décrits comme des indices de contextualisation spécialisés dans la communication de valeurs émotives (*cf.* également Ochs & Schieffelin, 1989, qui parlent dans un contexte semblable d'*affect keys*).

Caractère global des procédés affectifs

L'expression affective se réalise à partir de procédés linguistiques spécifiques et complexes. Ce n'est donc pas une forme ou structure isolée mais, au contraire, la combinaison de différents moyens linguistiques qui signale généralement l'investissement affectif. Une description des procédés affectifs peut emprunter certaines de ses catégories à la rhétorique classique, qui regroupe les techniques verbales destinées à indiquer et/ou à susciter des émotions dans la classe fonctionnelle des *figures affectives* (*cf.* Lausberg, 1960, p. 399). L'avantage du modèle rhétorique réside notamment dans sa perspective phénoménologique : c'est le côté *extérieur* des émotions, leur *mise en scène* plus que l'expérience vécue qui est au centre des préoccupations. Cet intérêt pour la représentation des émotions s'explique par les buts didactiques de la rhétorique. A la manière d'un acteur, le rhéteur doit apprendre à montrer des émotions qu'il n'éprouve pas nécessairement. Les différents moyens conventionnels et routinisés de l'expression émotive y sont d'une importance capitale, ce qui explique l'attention qu'ils reçoivent dans les traités de rhétorique.

Parmi les procédés linguistiques qui contribuent à signaler l'investissement affectif, on trouve les exclamations, les répétitions, le discours direct, les séquences narratives, etc. Apparemment, ces procédés ne sont pas spécialisés dans la communication d'une émotion particulière, mais ils ont une signification affective plutôt globale, c'est-à-dire qu'ils indiquent l'importance de la dimension affective sans donner une claire spécification sémantique. D'un point de vue contrastif, ce point est également souligné par Ochs & Schieffelin (1989, p. 15) : «From this cross-linguistic research, it appears that linguistic structures more often specify a range of affective meanings than pinpoint a precise affective meaning». Ce sont avant tout des informations sur le plan du contenu ainsi que des indices prosodiques et suprasegmentaux, accompagnés de l'expression mimique et gestuelle, qui permettent la désambiguisation de l'émotion communiquée. Les procédés plus proprement linguistiques transmettent des significations globales sur lesquelles se greffe l'expression de l'investissement affectif. On peut donc supposer qu'il n'existe pas de signification affective au sens propre ; celle-ci semble plutôt être un effet secondaire qui se constitue à partir de dimensions sémantico-communicatives plus fondamentales.

4. DIMENSIONS SÉMANTICO-COMMUNICATIVES DE L'INVESTISSEMENT AFFECTIF

A la construction des significations émotives participent, avec un apport variable, au moins les quatre catégories sémantico-communicatives suivantes : l'évaluation, l'intensification, la subjectivisation et la visualisation (*Veranschaulichung*). Les rapports qu'entretiennent ces dimensions avec l'expérience émotive sont à peine élucidés. Les remarques suivantes sont donc plutôt hypothétiques.

La dimension évaluative semble la plus fondamentale. Certaines approches psychologiques postulent qu'au déclenchement des émotions participent aussi des éléments cognitifs qui auraient alors la forme d'évaluations. De même, des études en philosophie du langage soulignent les correspondances entre émotions et évaluations, tout en inversant la relation causale : les émotions ne sont pas considérées comme le résultat d'évaluations précédentes, mais l'évaluation apparaît, au contraire, comme une forme de proposition émotive. On avance en faveur d'une telle hypothèse que les évaluations se fondent sur des intérêts et sensations personnels et non pas rationnels (*cf.* Ayer, 1970, p. 142 *sq.*). D'un point de vue linguistique, ces affinités sont discutées par Fiehler (1990), pour qui les émotions sont des prises de position évaluatives.

L'intensification est la deuxième catégorie sémantico-communicative constitutive de la signification affective. L'intensité se situe, selon les termes de Labov (1984, p. 43), *at the heart of social and emotional expression*. L'intensification permet de modifier les significations de manière telle que se produit une gradation de leurs aspects qualitatifs et/ou quantitatifs. Au niveau énonciatif, elle peut renforcer la véracité de l'énoncé. Tout comme l'évaluation, l'intensification semble avoir un corrélat psychique : selon Ulich (1989, p. 40), les émotions seraient des expériences variables en intensité, mais généralement éprouvées avec un degré élevé d'excitation.

Une troisième catégorie intervenant dans la création de valeurs émotives est la subjectivisation, qui permet au sujet parlant de se présenter explicitement comme détenteur d'une perspective personnelle. Comme les émotions représentent en quelque sorte le noyau de la subjectivité, des renvois explicites à la subjectivité peuvent, à leur tour, être au service de l'expression affective. La pertinence de cette dimension ressort aussi du fait que, dans certains travaux issus du champ de la sémantique lexicale, la composante émotive est globalement conçue comme un indice de la présence du sujet parlant[6].

Finalement, la visualisation constitue une quatrième catégorie sémantico-communicative globale contribuant à créer des effets de présence, d'immédiateté, de proximité et de participation. Il s'agit là d'un domaine mal défini et à peine étudié qui fait intervenir le principe iconique à des échelles différentes. L'émotion étant généralement caractérisée comme l'expression d'une *conscience d'état* (Zustands-Bewußtsein; *cf.* Ulich, 1989, p. 21, qui reprend ici un terme de Wundt), on pourrait voir dans l'utilisation de procédés linguistiques visualisants le reflet de cette immédiateté de l'expérience psychique.

Il en résulte que les quatre dimensions sémantico-communicatives entretiennent une relation d'inclusion avec l'expression affective : c'est en évaluant ou en intensifiant que je signale mon investissement affectif, mais, à l'inverse, chaque évaluation ou intensification n'est pas nécessairement interprétée comme pertinente sur le plan affectif. Ici intervient la redondance signalétique mentionnée plus haut : c'est la co-présence de différents procédés linguistiques qui engendre cet effet communicatif qu'est l'investissement affectif.

NOTES

[1] J'utiliserai ici les termes *investissement affectif, affectivité, émotion, expressivité*, etc., comme des synonymes tout en sachant qu'ils recouvrent des différenciations fort pertinentes en psychologie.
[2] *Cf.* Jakobson (1963) et Stankiewicz (1964) pour une description du subcode émotif.
[3] *Cf.* également Gerth & Wright Mills (1981) pour une conception constructiviste des émotions issue du domaine philosophique.
[4] *Cf.* déjà Ayer (1936/1970, p. 144 *sq.*) pour une distinction entre communication indexicale et symbolique des émotions. Une distinction similaire est proposée par Kerbrat-Orecchioni (1980, p. 153) pour les manifestations de la subjectivité.
[5] Les indices de contextualisation sont des «... non-referential signantia which have to be related to the verbal message by processes of inferencing in order to provide these with the contexts in which they can be interpreted» (Auer, 1992, p. 35).
[6] *Cf.* Volek (1990, p. 331 *sq.*), «A basic feature of an emotive designation is the fact that it automatically *refers to the speaker* as a subject of the emotive attitude».

Empathie et échoïsation : le contrôle des émotions comme stratégie commerciale

Marie-Cécile Lorenzo-Basson
GRIC - Université Lumière Lyon 2

INTRODUCTION

Travailler sur des interactions de vente, c'est découvrir un système interactif dans lequel la problématique des émotions peut tenir une place majeure. Le cadre théorique de l'analyse conversationnelle, élaboré par Kerbrat-Orecchioni, montre toute la pertinence d'un travail sur des corpus d'interactions authentiques. Dans cette perspective, les conversations sont en effet utilisées comme un lieu d'observation de l'organisation sociale. Il s'agit de travailler sur des recueils d'interactions naturelles et d'en décrire les structures observables. Le choix d'un corpus constitué d'enregistrements de rencontres entre un vendeur d'encyclopédies et un particulier prospecté sur son lieu de résidence permet de considérer le rôle des émotions dans les conduites de communication. Rôle essentiel puisque les émotions vont représenter, pour un vendeur, un paramètre omniprésent dans la manière d'appréhender l'orientation de l'interaction.

Afin de remplir son objectif commercial, le vendeur se doit d'être constamment à l'écoute du moindre indice permettant de découvrir l'état d'esprit de son interlocuteur. Le principe interactif selon lequel « l'écouteur joue un rôle de pilotage du parleur, essentiel pour ce dernier qui, tout au long de sa prise de parole, se demande : m'entend-on, m'écoute-t-on, me comprend-on, qu'en pense-t-on ? » (Cosnier, 1994) prend ici toute son importance. Au cours d'une interaction de vente, cette préoccupation est essentielle. Il s'agit de chercher dans le comportement de son interlocuteur les indices qui informent sur la réception de son discours. C'est à cette nécessité que répond le processus d'empathie. Pour le vendeur, il s'agit de savoir se mettre mentalement à la place de son partenaire, c'est-à-dire de pouvoir imaginer et comprendre ses pensées, ses sentiments et ses réactions. L'empathie semble alors être un moyen de déceler chez son partenaire d'interaction les signaux exprimant l'adhésion, la perplexité ou la désapprobation et de répondre ainsi à la question «qu'en pense-t-on?».

Puisque l'empathie permet une adaptation de comportement et de discours à chaque partenaire, elle doit être une qualité incontournable des vendeurs à domicile. Le point commun de toutes les interactions de vente est qu'aucun client ne se ressemble. Cependant, contrairement aux rencontres développées dans des sites commerciaux, où les clients ont au moins la volonté de se renseigner, voire d'acheter un produit, les particuliers prospectés sur leur lieu de résidence n'ont à aucun moment sollicité le vendeur puisqu'ils n'ont même parfois jamais songé à acquérir le produit qui leur sera proposé. La capacité d'adaptation des démarcheurs à chaque client potentiel est par conséquent une des clefs de la réussite d'une vente directe. L'empathie d'affects, de pensée ou d'action se présente comme un processus qui permet la connaissance d'autrui et donc la découverte d'un client. Je présenterai comment la capacité d'empathie est employée par les vendeurs pour développer la confiance du prospect, puis avec quelle spécificité l'activité d'échoïsation permet d'obtenir sa coopération.

1. UNE EMPATHIE CONTRÔLÉE : CAS DE LA PRISE DE CONTACT

Le moment de la prise de contact est un moment clef de la rencontre. Les premiers instants de l'interaction se déroulent sur le seuil d'une porte et l'objectif du vendeur est d'entrer dans l'appartement du prospect. Cependant, les problèmes posés par une telle démarche commerciale sont importants. Le particulier est sollicité jusque sur son lieu de résidence par un inconnu. L'invasion territoriale commise est conséquente. Il y a violation du territoire personnel (Goffman, 1973) renforcée par le fait qu'elle est commise par un étranger. Le plaisir de la visite (Traverso, 1996) ne compense alors pas la menace qu'elle représente. A l'ouverture de la porte, la tension qui règne sur la rencontre peut mettre en péril la poursuite de l'interaction. Le particulier peut en effet décider à tout moment de refermer sa porte. La confiance du prospect est donc un élément essentiel de la relation. Sans cette confiance, le démarcheur ne pourrait obtenir l'adhésion de son interlocuteur et la relation serait limitée. La capacité du vendeur de se mettre à la place de son interlocuteur va lui permettre d'imaginer dans quel état d'esprit il se trouve.

Une méfiance, voire une défiance initiale

Trois degrés de confiance sont susceptibles d'être éprouvés par le prospect : la défiance, la méfiance et la confiance. Ces notions peuvent être définies à partir du terme de confiance. La méfiance et la défiance sont envisagées respectivement comme une « non-confiance » et une « anti-confiance ».

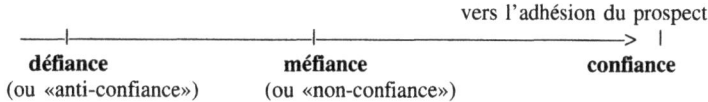

```
                                                        vers l'adhésion du prospect
———|————————————————|————————————————————————> |
  défiance              méfiance                    confiance
(ou «anti-confiance»)  (ou «non-confiance»)
```

Un vendeur doit inspirer confiance pour que le prospect permette la suite de l'interaction. Cependant, il s'avère que le prospect expérimente plutôt envers son interlocuteur un sentiment de méfiance, puisqu'il s'agit d'un inconnu, voire de défiance, puisqu'il peut actualiser un épisode de son histoire interactionnelle (Vion, 1992) et rapprocher la situation dans laquelle il se trouve d'une autre expérience négative de démarchage à domicile. Chacun de ses degrés implique des comportements différents. Le travail du vendeur est de déceler les indices susceptibles de lui montrer le degré de confiance accordé par son partenaire.

Une adaptation pour faire tendre vers la confiance

Le vendeur recherche l'adhésion de son partenaire. Il va donc devoir orienter son discours afin de limiter la défiance ou la méfiance ressentie à son égard. Plusieurs adaptations sont possibles :

Se donner un rôle d'enquêteur

Dans une étude menée sur les relations de confiance lors de premières interactions agent/client, Cahour & Cordier (1997) ont montré que la confiance accordée par les clients à leur interlocuteur varie selon le rôle qu'ils leur attribuent. Ainsi, l'agent dans un rôle de conseiller suscite une confiance forte alors qu'envisagé dans un rôle de vendeur, la confiance éprouvée devient très faible. Conscients de ce possible ressenti envers leur statut de vendeur, les démarcheurs vont cacher leur identité et se présenter comme des enquêteurs.

```
       Rôle de vendeur         ———>          Rôle de l'enquêteur

       Confiance faible                       Confiance forte
```

Utiliser la politesse linguistique comme minimisateur de la menace

Pendant la courte durée de cette prise de contact, le vendeur va déployer toute une panoplie d'atténuateurs de la menace provoquée par sa démarche. Cette politesse linguistique, décrite par Kerbrat-Orecchioni (1992), trouve de nombreuses applications au niveau d'échanges tels que les excuses «excusez-nous de vous déranger», les compliments «c'est bien fleuri chez vous hein», les justifications «parce qu'on doit visiter toutes les familles», les précisions «c'est pas très très long et c'est absolument pas indiscret»... comme au niveau plus microscopique de formulations polies incluant des minimisateurs comme ceux mis en relief dans les interventions suivantes : «c'est **juste** une **petite** enquête», «**est-ce que** vous **auriez quelques petites** minutes à nous accorder», «la **petite** fiche que je vous ai mise dans la **petite** boîte aux lettres», «on remplit des **petites** fiches comme ceci **tout simplement**», etc. La menace est ainsi atténuée, la tension initiale tend à diminuer tout comme le sentiment de défiance que peut ressentir le prospect.

Rassurer et divertir le sceptique

Divers échanges sont uniquement développés afin de détendre l'atmosphère. Le démarcheur tente parfois de rassurer son interlocuteur dès l'ouverture de la porte :

Vendeur : bonjour
Client : bonjour
Vendeur : n'ayez pas peur hein c'est rien

Il peut aussi trouver un moyen de converser avec son interlocuteur :

Vendeur : oh quel beau muguet (.) il y a déjà du muguet
Client : oui je l'ai ramassé cet après-midi
Vendeur : oh faites-moi sentir j'adore ça

En se mettant à la place de son interlocuteur, le vendeur perçoit ainsi ses affects et ses représentations. La prise de conscience des problèmes posés par sa visite permet au vendeur d'imaginer le sentiment de non-confiance de son interlocuteur et de s'adapter pour tenter de l'amener à adhérer davantage à ses propos. Ce contrôle des émotions développé dès la prise de contact se réalise sur deux niveaux d'analyse décrits par Traverso (2000) : «l'émotion liée à la situation», ici, la démarche elle-même, et «l'émotion évoquée» par les personnes, ici, par l'identité du démarcheur. Reste à considérer un troisième niveau, celui de «l'émotion de l'interaction».

2. UNE ÉCHOÏSATION MANIPULATRICE

Lorsque le prospect accorde au démarcheur une confiance, ne serait-ce que minime, il permet l'entrée dans son appartement. La prise de contact est alors réussie et, après une première séquence nécessairement menaçante pour chacun des deux interactants, le nouvel objectif du vendeur est de détendre l'atmosphère et de créer le dialogue. Ce rapprochement est impératif car il permet l'obtention d'informations supplémentaires sur la personnalité de son interlocuteur. Le démarcheur présente le contenu d'une véritable enquête mais ne doit pas se satisfaire de réponses rapides. Les questions posées sont formulées pour faire progressivement s'exprimer l'enquêté. Des simples réponses qu'appellent des questions comme «quel est votre nom?» à celles que doivent fournir les prospects lorsqu'il leur est demandé «comment est-ce que vous verriez un ouvrage sur ce sujet?», la parole laissée au client est grandissante. Un terrain propice à l'activité d'empathie est créé.

Une activité d'échoïsation verbale est alors largement perceptible dans le comportement du vendeur. Selon Cosnier (1994), il s'agit d'une «activité en miroir qui se développe chez les partenaires d'une interaction. L'échoïsation est à la base de l'empathie et correspond à la mise en jeu de 'l'analyseur corporel'». Cet analyseur corporel permet la «reproduction en écho par un interactant d'une activité gestuelle (échopraxie), mimique (échomimie), ou sonore (échophonie et écholalie) de son partenaire» (Cosnier, 1998). Ce phénomène reste souvent subliminaire, mais sa présence dans le comportement du vendeur est manifeste. Il semble en effet que si la reprise en écho d'affects éprouvés par un interlocuteur est un phénomène interactif constant et relativement inconscient, l'échoïsation relevée dans le comportement d'un vendeur en réponse à un client potentiel apparaît volontairement amplifiée car stratégique.

L'échoïsation est un comportement interactif naturel, mais les proportions qu'elle prend dans le déroulement de ces démarches commerciales sont tout à fait particulières. Le but du vendeur est d'instaurer le dialogue avec son interlocuteur. Il n'a pourtant *a priori* aucun intérêt à encourager d'éventuels bavardages inutiles à l'enquête qu'il propose. Il est cependant conscient que son but est tout autre et que s'il veut tenter de vendre un produit qui correspond à la personnalité de son interlocuteur, il doit savoir non seulement l'écouter, mais aussi l'encourager dans ces développements. Le vendeur ne peut se contenter d'attendre les indices pour se faire une image de l'autre. Il doit l'amener à se découvrir. Par une importante activité d'échoïsation, et donc d'empathie, il va se placer comme un interlocuteur attentif. En adhérant aux propos du prospect et en reprenant en écho ses comportements, il obtient une coopération interactive qui ne se limitera pas aux seules réponses apportées à l'enquête. Considérons l'extrait suivant :

Client : alors moi (.) pour ma part je préfère les auteurs contemporains
Vendeur : d'acco : rd
Client : alors je veux vous citer : Pennac
Vendeur : mm (.) ah oui très connu
Client : si vous l'avez pas lu [lisez-les
Vendeur : [si si (.) si si
Client : ça ça devrait être remboursé par la Sécu [ça hein (RIRES)
Vendeur : [ah oui ah oui oui oui (.) c'est très marrant
Client : [fo : rmidable
Vendeur : [c'est plein d'humour=
Client : =oh : la=
Vendeur : =il fait passer plein d'messages [mais toujours-
Client : [mais c'est cette- formidable
Vendeur : sous l'thème de l'humour et [c'est- c'est excellent
Client : [et moi je fais toujours des cadeaux Pennac maintenant
Vendeur : j'vais vous laisser mon adresse (RIRES)

Ces échanges, développés dès les premières minutes de l'enquête, illustrent ce phénomène d'échoïsation. Complétées par les données non verbales et prosodiques observées, les interventions du vendeur manifestent une reproduction en écho du comportement verbal et non verbal du prospect. Les rires collectifs, les enchaînements immédiats entre les interventions, les chevauchements de parole, les intensités et les rythmes similaires ainsi que les termes repris ou les reformulations d'idées sont autant d'indices de l'enthousiasme partagé des interactants. Partagé... L'échoïsation ici incontestable n'est en fait qu'une stratégie utilisée par le vendeur. Il a avoué plus tard ne pas connaître l'auteur qui a suscité un tel engouement. Ces pratiques d'activité en miroir sont constantes. Qu'il s'agisse de mise en scène d'émotions symétriques ou complémentaires, le principe est toujours le même : le prospect doit pouvoir parler et sentir qu'il est écouté et approuvé. L'adhésion du vendeur encourage la coopération du prospect.

CONCLUSION

« Les gens seront fonction de ce que vous êtes : soyez sympas et ils seront sympas. »

Ce conseil donné par l'entreprise aux nouveaux vendeurs situe parfaitement l'importance de l'empathie dans les interactions de vente. La découverte du client est la clef de voûte de toute vente. L'empathie est donc une qualité nécessaire. Elle permet de gérer en parallèle deux paramètres : d'une part, la connaissance du prospect, puisqu'en se mettant à sa place le démarcheur parvient à imaginer et à comprendre ses pensées, ses sentiments et ses réactions ; d'autre part, une image de soi contrôlée par l'adaptation de son discours et de son comportement pour obtenir l'adhésion du prospect. En utilisant les affects de son partenaire, le vendeur amène la confiance du prospect puis sa coopération. Le phénomène de pilotage de l'écouteur prend alors toute son ampleur et devient un véritable outil d'organisation de la démarche. Le piège tendu au prospect est conséquent : face à un comportement empathique qui l'entraîne à participer à une interaction qu'il n'a pas sollicitée, il offre involontairement au démarcheur sa coopération à un objectif commercial implicite. Cependant, à la décharge du vendeur, notons que l'on n'empathise que celui qui veut bien être empathisé...

Annexe : les conventions de transcription

'	chute d'un son
:	allongement d'un son
-	interruption brutale dans la prononciation d'un mot
[	chevauchement de plusieurs interventions
=	enchaînement immédiat de deux interventions
(.)	légère pause dans l'interaction
(RIRES)	productions vocales

Du cri au discours expressif : une approche généalogique de l'expression des émotions

Emmanuelle Danblon
Laboratoire de Linguistique Textuelle et de Pragmatique Cognitive,
Université Libre de Bruxelles

INTRODUCTION

Dans ce qui suit, je tenterai de replacer la notion d'acte illocutoire expressif dans un cadre plus large, cognitif et social. Je procéderai en deux temps. D'abord, l'analyse d'un cas particulier d'expression de la douleur me permettra de réévaluer la conception de l'expressif chez Searle à la lumière de données cognitives. Ensuite, les résultats obtenus seront exploités dans le cadre d'une conception « généalogique » de l'expression, dont on dégagera les parallèles avec la dimension sociale du langage.

1. L'EXPRESSION DE LA DOULEUR

Selon Searle, la douleur ne possède aucun statut intentionnel. Il avance, à ce que je comprends, deux arguments en faveur de cette hypothèse. En premier lieu, l'on ne pourrait pas faire l'expérience « de » la douleur au sens intentionnel du « de ». La douleur se confondrait avec l'expérience elle-même, et ne constituerait donc pas un terme intentionnel (1985, p. 58-59). Le second argument de Searle s'appuie sur le fait que certains actes illocutoires — du type expressif — restent dépourvus de contenu intentionnel : d'après cette vision des choses, si je dis « Aïe ! », l'acte illocutoire accompli n'a pas de terme intentionnel. De manière comparable, la douleur exprimée n'aurait aucun terme intentionnel, et ne pourrait donc se voir attribuer un contenu intentionnel.

Dans l'approche searlienne, l'expérience que l'on fait, par exemple, en touchant un plat brûlant de la main s'identifie à la douleur elle-même. Mais cette douleur n'en constituerait pas moins un état mental. Or, si Searle vise, dans sa description, la douleur elle-même, on serait tenté de dire, intuitivement, qu'il s'agit plutôt d'un «état physique». À ce titre, Damasio (1999) sépare, au plan neuro-physiologique, la sensation physique de douleur et l'affect provoqué par cette sensation, qu'il nomme la souffrance. Damasio décrit cette émotion comme un mélange de crainte, de tristesse, de dégoût et d'angoisse, qui s'exprime à son tour par certains comportements visibles tels que des crispations du corps, des rictus faciaux, etc. (1999, p. 79). En outre, ces expressions corporelles de l'émotion peuvent s'accompagner de cris, de gémissements ainsi que d'actes illocutoires expressifs. À cette occasion, Damasio décrit le cas d'un patient (1999, p. 81-82) atteint d'un type de névralgie qui provoque des douleurs insupportables au moindre effleurement du visage. Ce malade fut finalement opéré dans un secteur bien précis du lobe frontal dans le but de soulager la douleur. Or, il semble, d'après le témoignage du patient après l'opération, que celle-ci n'ait provoqué aucun changement dans la sensation de douleur, mais qu'elle ait supprimé l'affect de souffrance consécutif à cette douleur. Le patient témoigna du fait que «les douleurs étaient les mêmes, mais qu'il se sentait très bien à présent» (1999, p. 82).

Cette description, qui distingue la douleur comme sensation vécue par l'organisme et la souffrance comme affect consécutif à cette sensation de douleur, nous empêche d'envisager les choses dans les mêmes termes que Searle : la douleur, considérée en elle-même comme un état mental (ce que Damasio nomme la souffrance), ne saurait se réduire à l'expérience (la sensation). Dans l'optique de Damasio, il faut considérer les choses en deux temps : d'abord, l'organisme traite l'objet (réaction des fibres nerveuses, etc.) ; et ensuite seulement, l'esprit «évoque» l'événement grâce à sa mémoire. À l'inverse, chez le patient opéré que décrit Damasio, cet état mental de souffrance a disparu, d'où l'absence des crispations et des rictus. Si ce malade peut affirmer que les douleurs sont «les mêmes», cela doit tenir au fait qu'il en a une parfaite conscience, et que cette conscience elle-même s'accompagne, en toute logique, d'un état mental représentatif : une croyance.

À la lumière de ce qui vient d'être décrit, on constate que Searle tend à confondre deux niveaux de description. D'abord, la sensation de douleur elle-même, qui pourrait se ranger dans l'Arrière-Plan (Searle, 1985) dont le contenu n'est pas proprement intentionnel mais pré-intentionnel. Un tel contenu d'Arrière-Plan naîtrait du rapport causal entre le fait brut et son traitement physiologique par le corps. Ensuite, l'état mental de douleur (que Damasio nomme l'affect de souffrance), provoqué par le contenu d'Arrière-Plan et pourvu d'un véritable contenu intentionnel que Searle qualifierait de «présentatif» (en opposition aux contenus «représentatifs» tels que la croyance). Ce contenu présentatif cause, à son tour, les crispations, les rictus, voire les actes (illocutoires) expressifs.

En outre, le cas décrit par Damasio nous montre que l'événement qui se trouve à la source de la douleur peut encore susciter un contenu intentionnel, cette fois «représentatif»; perdant l'état mental de douleur bien qu'il garde la sensation physique correspondante, le patient conserve son état mental de croyance à propos de cette sensation physique.

De façon analogue, le comportement expressif a disparu, mais la capacité demeure de produire l'énoncé apparemment paradoxal : «Les douleurs sont toujours là mais je me sens très bien à présent». Et ce paradoxe se dénoue dès lors que l'on s'attache à séparer les deux strates d'élaboration cognitive.

2. UNE GÉNÉALOGIE DE L'EXPRESSIVITÉ

Ceci nous mène directement à notre second volet. On sait que, selon Searle & Vanderveken (Searle, 1985; Searle & Vanderveken, 1985; Vanderveken, 1988), un acte illocutoire expressif a pour but d'exprimer un état mental relativement à un état de choses qui est censé avoir lieu. Dans cette conception, le contenu propositionnel de l'acte illocutoire expressif fait référence à un terme intentionnel présupposé. L'exemple canonique qui sert à illustrer cette position est celui de l'énoncé exclamatif, par exemple «Quelle belle journée!», dans lequel la proposition «C'est une belle journée» ne se trouve pas assertée, mais présupposée. Or, nous l'avons vu, dans la conception searlienne de la douleur, celle-ci n'aurait pour contenu qu'un état psychologique primitif et inanalysable, seul contenu possible que l'acte expressif correspondant pourrait «présupposer» : on ne voit pas bien comment une telle acrobatie linguistique pourrait se réaliser.

À mon sens, la question des expressifs se comprend d'autant mieux que l'on cherche à placer un tel phénomène linguistique dans une perspective plus large. Partons d'une hypothèse évolutionniste selon laquelle la capacité d'expressivité pure, incarnée par le cri, précède les capacités linguistiques qui exigent la formation d'un lexique et l'élaboration de normes (Bühler, 1990; Popper, 1997; Donald, 1991; DeWaal, 1997; Tomasello, 1999). Le cri n'est pas un phénomène linguistique : il s'agit d'un son arraché par un stimulus lié à une situation particulière, mais qui n'est pourvu d'aucun contenu intentionnel. Je pense que seul le cri peut exprimer un état psychologique inanalysable, tel celui que Searle imagine dans le cas de la douleur. Toute forme d'expression linguistique doit avoir un terme intentionnel, même si celui-ci ne fait pas l'objet d'une représentation stable. Le cri, purement déictique, se réduit à l'occurrence singulière d'une réaction à un stimulus, lui aussi singulier. Comme il ne véhicule aucun contenu intentionnel, il n'est transposable à aucune autre situation. On peut dès lors postuler que le cri constitue le modèle de base, en référence duquel vont pouvoir se réaliser plusieurs types d'actes expressifs, de la plus simple interjection à des formes d'expression institutionnelles extrêmement complexes tels que des éloges funèbres, par exemple.

L'interjection apparaît, dans cette perspective hiérarchisée, comme le premier acte expressif formé sur le modèle du cri. Acte linguistique, et plus précisément illocutoire, qui « imite » le cri (« Ah », « Oh », etc.), l'interjection présente par rapport à lui plusieurs spécificités. D'abord, elle véhicule un contenu intentionnel, même si celui-ci ne prend pas la forme d'un contenu propositionnel. Elle peut, par exemple, exprimer un état mental intentionnel tel l'étonnement, la crainte ou le soulagement, face à une situation qui reste (re)présentée de façon analogique : nous nous situons alors au stade de l'Intentionnalité « présentative » (Searle, 1985), du « récit privé » (Damasio, 1999), de la « mimesis » (Donald, 1991). Contrairement au cri, l'interjection est applicable à une classe de situations similaires : si l'on émet un « Oh » d'étonnement face à une situation donnée, le contenu intentionnel véhiculé par l'interjection présentera des traits de ressemblance avec d'autres contenus mentaux formés dans des situations similaires. La mimesis serait une forme d'expression pré-linguistique utilisant le mime, la cadence ou le rythme, créant ainsi un lien iconique ou analogique entre l'événement et la représentation. Merlin Donald fait remonter l'acquisition de la capacité de mimesis à l'époque de l'*Homo erectus* (1,5 millions d'années). Du côté du développement de l'enfant, on peut situer l'apparition de cette capacité vers 18 mois-2 ans (Donald, 1991; Boysson-Bardies, 1996; Baudonnière, 1997). En outre, il faut remarquer — et il s'agit, je crois, d'un détail d'importance — que cette étape du développement cognitif correspond à celle qui inaugure (en ontogenèse comme en phylogenèse) l'accès à l'empathie cognitive, c'est-à-dire l'accès à la capacité à se représenter soi-même, et à se donner une représentation de l'autre en tant que différent de soi-même (Baron-Cohen, 1998). Ces différentes capacités constituent certaines des pré-conditions à l'émergence du langage. De telles hypothèses impliquent que l'acte de langage expressif est un acte potentiellement social, produit par un individu qui a conscience de lui-même et qui peut désormais adresser son acte à un autre, en se montrant éventuellement insincère.

Au deuxième type d'actes illocutoires expressifs appartiendraient les énoncés exclamatifs, qui sont pourvus d'un véritable contenu propositionnel; par exemple, «Quelle admirable manière de s'exprimer!». L'énoncé exclamatif possède toutes les caractéristiques linguistiques que possédait déjà l'interjection : véhiculant un contenu intentionnel, il est applicable à une classe de situations similaires, il suppose une auto-représentation de celui qui le produit, et le locuteur peut s'adresser à un auditoire. Mais il possède, en plus, un contenu propositionnel qui est présupposé, et non pas asserté. C'est là la grande différence entre un énoncé exclamatif, de nature expressive, et l'énoncé assertif correspondant. L'expressif, en présupposant le contenu propositionnel, le présente comme évident : il se donne «comme si» il était un simple cri, réponse immédiate et nécessaire à une situation. Ce mécanisme en «comme-si» ne se comprend, dans ce cas, que si l'on postule une proximité cognitive entre l'acte expressif et la capacité primitive qui est «mimée» : le cri. On postule l'existence d'un mécanisme en «comme-si» (Danblon, 2001, à paraître) qui se fonde sur l'hypothèse que l'espèce possède une mémoire cognitive des étapes de sa propre évolution. Cette hypothèse permet de comprendre l'utilisation de mécanismes linguistico-cognitifs très anciens, sans oublier pour autant que l'élaboration d'un contenu propositionnel suppose évidemment la présence de normes édifiées, par exemple, à partir de croyances collectives.

On peut enfin distinguer un troisième type d'actes illocutoires expressifs, «Merci!», «Bienvenue!», «Bon voyage et bonne chance!», etc., que je propose de qualifier d'expressifs conventionnels (sur l'aspect conventionnel de certains actes illocutoires expressifs, voir Franken & Dominicy, 2001). Cette qualification se justifie par le fait que les actes de ce type interviennent surtout pour ritualiser les relations sociales par le langage. L'expressif conventionnel présente donc, en sus des caractéristiques des exclamations, une propriété remarquable : il s'adresse *nécessairement* à un auditoire et il est prévu, voire même attendu et codifié, par les règles de la vie sociale. Si l'expressif conventionnel a pour but illocutoire, comme tout expressif, d'exprimer un état mental présentatif ou donné comme tel par le «comme-si», il suppose en outre une croyance *à propos d'une norme* et, plus précisément, d'une règle sociale. Le contenu propositionnel de cette croyance pourrait s'énoncer au moyen d'un *topos* de la forme «On remercie les gens lorsqu'ils ont rendu un service», qui décrit une norme régulative reconnue par l'ensemble de la communauté.

En synthèse, nous pouvons repérer ici trois strates de socialisation de l'expressivité. La première apparaît avec la possibilité d'adresser l'interjection à un auditoire; la deuxième, avec la propositionnalisation du contenu intentionnel véhiculé par l'exclamation; la troisième, avec la nécessité d'un auditoire inscrit dans le système de normes régulatives qui fondent l'usage de l'expressif conventionnel. Nous pouvons postuler que chacune d'entre elles a un rapport, proche ou lointain, avec son ancêtre présumé : le cri.

Subjectivité et émotion dans la prosodie de parole et du chant : espace, coordonnées et paramètres

Geneviève Caelen-Haumont et Bernard Bel
Laboratoire Parole et Langage, Université de Provence

1. INTRODUCTION

Depuis une cinquantaine d'années, les travaux en parole ont largement contribué à l'étude des relations entre structure linguistique et prosodie. Souvent centrées sur les discours de lecture, les premières études ont renforcé le sentiment que la première des fonctions de la prosodie était intonative, autrement dit qu'elle consistait à décrire, par ses contours mélodiques, l'organisation des structures linguistiques, et en particulier syntaxiques.

Le deuxième vecteur de la prosodie est celui de l'expression de la subjectivité et de l'affectivité, rôle qui a été très tôt perçu. Notre contribution, dès la fin des années 70 (Caelen-Haumont, 1978, 1981, 1991, 1997 ; Caelen-Haumont & Bel, à paraître), est de chercher à décrire comment ces deux axes, structural (linguistique et/ou musical) et affectif, se combinent, à cerner les alternances, les vicariances, les alliances, les modes de distribution. Ces derniers dépendent sans doute moins du type de discours (lecture *vs* spontané) que de la capacité de la personne à s'extravertir, c'est-à-dire à s'investir subjectivement dans ses propos qui peuvent, bien entendu, varier selon la situation.

Dans cette étude, nous fondant sur des exemples tirés de corpus spontanés de parole française et de chants marathi, nous nous proposons de contribuer à préciser, en termes d'espace, coordonnées et indices prosodiques, quelques traits de leur expression subjective.

2. PROSODIE ET ÉMOTIONS

Parallèlement à l'étude linguistique de la prosodie s'est développé, avec la même antériorité, un courant de recherches portant sur les traits distinctifs des émotions dans la parole. Dans cette voie, les premières recherches sont probablement celles de Fairbanks & Pronovost (1939), et de Fairbanks & Hoaglin (1941). Par la suite, de nombreux travaux en prosodie on vu le jour au niveau international, comme par exemple Williams & Stevens (1972). Pour le français, on peut citer, parmi les premiers travaux, Léon (1970; 1971), Fónagy & Bérard (1973), Faure (1970; 1973), puis Léon (1976), Fónagy & Sap (1977), Fónagy (1982), Scherer & Zei (1989), Zei (1995).

Dans la majorité de ces études, une description différentielle des valeurs, formes et patrons mélodiques, des durées et débits, a été entreprise en direction des principales émotions exprimées dans la parole. De nouvelles exigences en faveur d'une synthèse plus naturelle, donc plus affective, ont suscité d'ailleurs un regain de travaux dans ce domaine supporté par des projets européens (en particulier Keller, 1994; Keller *et al.*, à paraître).

3. ÉMOTIONS PRIMAIRE, SECONDAIRE, ORDINAIRE

Si la littérature oppose classiquement deux grandes catégories d'émotions (Léon, 1976), à savoir «l'émotion brute, qui est désordre physiologique» ou «émotion primaire», à «l'émotion socialisée», maîtrisée dans le langage, ou «émotion secondaire», nous ferons place ici à un autre type d'émotion, que nous appelons «l'émotion ordinaire» (Caelen-Haumont & Bel, à paraître). Cette émotion ordinaire est en fait le mécanisme à la racine de l'être subjectif, et de l'ensemble de ses sensations et de ses expressions.

Elle est liée aux croyances et valeurs profondes ou superficielles de la personne et, de ce fait, elle est toujours à l'œuvre dans le discours. Si celle-ci pose des marques spécifiques dans les contours prosodiques, elle a cependant la caractéristique de ne pas se laisser catégoriser comme dénotant une émotion primaire ou secondaire (joie, surprise, colère ou autre).

L'émotion ordinaire est simplement, en situation, l'expression d'un attachement à un sentiment, une idée, une intention à propos d'une personne ou d'un être quelconque, d'un objet ou d'une idée, exprimé par un mot qui le caractérise ou l'évoque, en fonction des motivations ou des valeurs du locuteur.

4. LES CORPUS[1]

Le corpus de parole

Douze locuteurs (6 hommes, 6 femmes) ont enregistré dans une chambre sourde, par couple, six dialogues spontanés d'une quinzaine de minutes chacun, sur des pistes séparées. Les dialogues ont été transcrits orthographiquement, finement annotés et partiellement étiquetés.

Le dialogue entre deux personnes (un «touriste» et un «employé» de l'office de tourisme local) est un jeu de rôles réalisé après entraînement. Le dialogue vise la résolution de tâches (réactualisation d'un plan de ville, établissement d'un programme de visites, mise au point d'un itinéraire en fonction de l'actualité de la ville). Il vise aussi la gestion d'un conflit d'objectifs (intérêt pour les activités sportives *vs* visites culturelles), chaque locuteur ayant aussi sous les yeux un plan partiellement différent. Dans cet article, les exemples sont tirés d'un seul locuteur, en l'occurrence une locutrice (O4).

Le corpus de chant

Les textes de plus de 50.000 chants de la «mouture» ont été collectés au Maharashtra (Inde) et classifiés selon leur contenu sémantique. Ils couvrent tous les aspects de la vie quotidienne des femmes. Simultanément, les performances des chants ont été enregistrées sur support numérique, indexées et répertoriées en relation avec les textes et les informations sur les interprètes et lieux d'interprétation (Bel, 1999). Depuis 1995, cette documentation est complétée par des enregistrements audio (et parfois vidéo), dans le but de mieux saisir les motivations des chanteuses et leurs patrons de communication.

5. PROSODIE : DE LA STRUCTURE AU LOCAL, OU DU SOCIAL À L'AFFECTIF

De la fonction linguistique à la fonction subjective

Dans notre perspective, les fonctions de la prosodie sont triples :
1. Soit la prosodie accompagne la valeur linguistique du/des groupe(s). Valeurs prosodique et linguistique sont alors au diapason, elles sont redondantes : la valeur de la prosodie est alors de type linguistique. C'est le cas typique joué par l'intonation.

2. Soit la prosodie dote l'unité d'une valeur linguistique différente, paraphrasable, donc métalinguistique.
La forme linguistique peut ainsi être de type assertif, et la prosodie exprimer par exemple une interrogation. Dans ce cas, la prosodie a une valeur linguistique propre : l'interrogation. Nous touchons alors à l'expression subjective. Ainsi, dans la construction d'un sens, le contenu psycholinguistique *implicite* de la prosodie vient souvent étoffer le contenu *explicite* de l'énoncé de l'expression d'un sentiment, simple ou plus complexe, et orienter ce contenu (*i.e.* lui donner un «sens»). Ainsi, tel patron mélodique exprime un contenu du type «attention, vous allez être surpris de ce concept», ou «pour moi, je suis convaincue que», ou «attention, vous percevez bien la nuance du mot que j'emploie, n'est-ce pas?», ou encore «ne vous préoccupez pas de ce mot, c'est juste un pont pour le suivant», etc.

3. Soit, enfin, la prosodie ajoute une valeur non linguistique. C'est le domaine purement affectif de l'expression psychologique des attitudes et des émotions. La prosodie, dans ce cas, dote la proposition, le groupe, ou le mot d'indices acoustiques spécifiques, qui altèrent soit la forme intonative canonique, soit de manière restreinte la forme acoustique du mot. Par exemple, les attitudes telles le doute, la crainte, la timidité, remodèlent la mélodie de l'intonation assertive en restreignant les écarts mélodiques, à l'inverse des émotions paroxystiques telles la colère ou la joie.

Espace intonatif, espace subjectif

L'espace de l'intonation est spécifique : c'est celui de l'expression de la structure linguistique en tant qu'héritage social propre à la communauté qui le met en œuvre, et lieu d'une pratique léguée, apprise, objectivée et partagée. Cette pratique est régulée par la convention sociale qui la dote d'un cadre normatif (standardisation), exerçant une action de type coercitif, et donc le lieu d'un invariant, ou plutôt d'un quasi-invariant prosodique.

Dans le cas de l'intonation, la structure prosodique engendrée est générale, actualisant un point de vue externe, hors temps, hors contexte, puisque syntagmatique ou syntaxique. De ce fait, elle incline généralement vers une autorité extérieure, donnant au discours une connotation de vérité générale, non contingente. Elle pose l'individu dans une relation objectivée et rationnelle au monde des personnes, des objets et des idées.

Mais, par définition, cet espace dévolu à la structure, lieu de l'exercice social, et donc du pouvoir, ne laisse en soi que peu de place à l'expression subjective. Nous faisons l'hypothèse que la mise en œuvre de la parole suppose l'existence d'un ressort dynamique de type affectif : selon nous, ce ressort essentiel est la croyance. En effet, le message, pour être reçu de manière optimale, doit être perçu, et donc produit comme l'expression d'une croyance, d'une conviction, d'une vérité du moment. Pour susciter cette croyance, puis l'adhésion (*vs* la réfutation), voire l'action, le message doit comporter cette dimension subjective, lieu de la rencontre individuelle. Une caractéristique de cette prosodie subjective, par opposition à l'intonation, serait non pas seulement de communiquer implicitement de manière affective, mais bien «d'egocentrer» l'énoncé de manière passive ou active. Cette subjectivité s'incarne nécessairement dans des paramètres physiques et dans un espace, par nature et par nécessité, distinct du premier et en rupture avec lui.

Ceci peut remettre en cause la structuration syntagmatique et/ou syntaxique de l'intonation : il y a rupture, *conflit potentiel entre deux plans et deux modes de signification*. Lorsque la structure coïncide avec l'élément (par exemple la fin d'un syntagme avec un mot lexical), et que cet élément est aussi l'occasion d'une expression subjective, c'est-à-dire d'un sens «approprié», les deux processus peuvent se combiner. Il n'y a donc plus dans ce cas alternance, mais combinaison. Ce n'est pas que la prosodie, en tant qu'expression de l'individu, soit de nature à remettre en cause la structure linguistique, car celle-ci a ses lois propres qui ne sont pas sous l'emprise prosodique, mais c'est parce que le linguistique est par ailleurs organisé et attendu, que la prosodie peut user de la liberté de remettre localement en cause la structure intonative.

Le local et la subjectivité

Cette émotion ordinaire, *a fortiori* l'émotion paroxystique, et la croyance qui l'accompagne, déterminent chez le locuteur une mobilisation de l'énergie. De fait, il semble que plus la personne tient à cette croyance, parce qu'elle appartient à ses valeurs primordiales et/ou qu'elle est menacée par la confrontation avec les autres croyances dans l'interaction, et plus l'investissement personnel est important. Ce processus va de pair avec une hyperactivité des moyens prosodiques. Celle-ci se définit en termes de contrastes fréquentiels plus importants, les valeurs de F0 pouvant être très aiguës, les pentes mélodiques ascendantes ou descendantes plus abruptes, les ruptures syntaxiques, tonales ou temporelles plus fréquentes, le rythme plus heurté, avec des phases d'accélération plus marquées et des pointes d'intensité plus fortes, ce qui correspond à un effort plus soutenu chez le locuteur.

L'espace subjectif de la prosodie

Dans notre perspective, l'espace subjectif de la prosodie se définit à l'aide d'un certain nombre de critères (Caelen-Haumont, 1991; Caelen-Haumont & Bel, soumis) :

– des indices mélodiques : F0 maximum et excursion mélodique dans le mot. Ce processus renvoie à la notion de focalisation, mais pour nous, nous n'employons pas ce terme car outre qu'il véhicule une notion floue, il se définit naturellement par rapport à son inverse, la non-focalisation. Or, le procédé prosodique n'est pas de type binaire, mais *scalaire* : l'excursion mélodique est plus ou moins importante, c'est un processus qui est à l'œuvre constamment dans le discours motivé, mais avec plus ou moins d'ampleur (Caelen-Haumont, 1991; Terken, 1991);

– une dimension : le mot lexical, plus rarement le mot grammatical ou le morphème;

– une structure mélodique (et paramètres associés) : elle repose sur une échelle de nature subjective, l'amplitude de F0 la plus grande attribuée à un mot véhiculant dans l'énoncé une valeur subjective plus forte;

– un métalangage : ce métalangage, inscrit dans l'espace du mot, implicite par nature, interpose vis-à-vis de la structure linguistique un filtre subjectif local, qui instancie, de manière plus ou moins marquée dans l'énoncé, l'ego avec sa croyance, ses motivations, ses impulsions, ses inclinations et ses répulsions. C'est le point de vue interne qui s'exprime et, en relief, au premier plan. C'est un métacontenu prosodique d'expression affective à visée métalinguistique, pragmatique et/ou psychologique;

– une fonction, celle de l'appropriation de l'acte de parole.

6. LE MÉLISME : DÉFINITION, FORMES, FONCTIONS, EXEMPLES

Intonation et mélisme sont deux formes prosodiques appartenant à des unités linguistiques distinctes. La notion de «mélisme», empruntée au domaine du chant, est une figure mélodique *sur l'étendue du mot*, telle que le nombre de notes perçues est supérieur au nombre de syllabes. Ce concept désigne dans notre étude les excursions mélodiques dans le mot parlé ou chanté. Nous étudions maintenant ces mélismes sous plusieurs aspects.

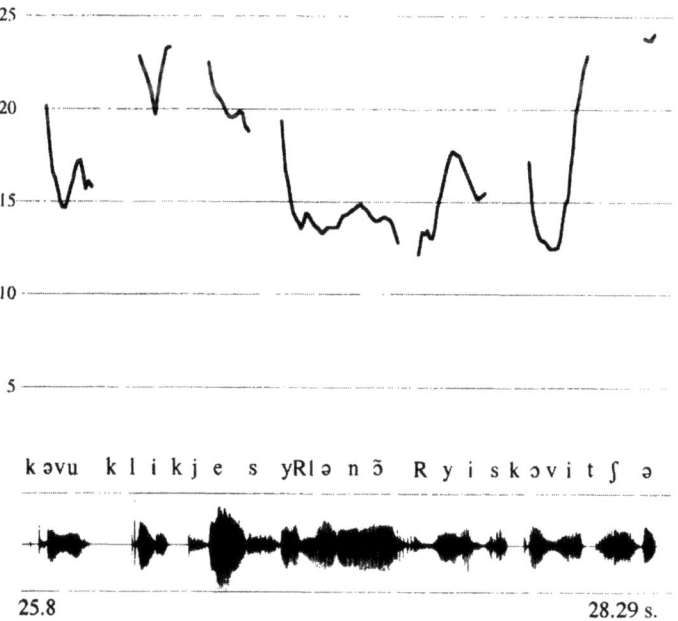

Figure 1 — Courbe mélodique et signal de la phrase «(il va falloir) que vous cliquiez sur le nom rue Hiskovitch».

Au niveau des formes, dans nos corpus, nous en avons recensé quatre : la pente simple, ascendante ou descendante, les pentes parallèles, les courbes de pentes alternées, dites «en chapeau», droit ou inversé, et enfin des formes mixtes. Ces formes diverses (que l'on retrouve aussi au niveau du groupe et de la proposition) témoignent donc au niveau local d'une large diversité et d'une grande variabilité dans les valeurs maximales et minimales. Pour plus d'efficacité, nous décrirons le mélisme par deux exemples typiques, extraits des corpus de parole et de chant.

Dans la figure 1 ci-dessus d'un extrait de parole, nous focalisons notre attention sur les mélismes des mots «cliquiez» et «Hiskovitch», le premier sous forme de chapeau droit, le deuxième, de pente ascendante. Sur le plan des registres, au niveau supra-lexical, donc intonatif, la note mélodique proche du registre infra-aigu en finale des mélismes («cliquiez» et «Hiskovitch[e]») traduit dans le premier cas un inachèvement conceptuel et syntaxique, et, dans le deuxième, simplement conceptuel. On observe un mélisme entièrement réalisé dans l'aigu («cliquiez»), donc de faible amplitude, et un autre joignant le supra-grave à l'aigu, d'une belle amplitude d'une douzaine de demi-tons.

La première fonction de cet espace subjectif et de ses mélismes est de mettre en relief le concept véhiculé par le mot, de le signaler à l'attention de l'auditeur, mais aussi de canaliser un sens. Celui-ci s'édifie sur les croyances personnelles et sur des valeurs héritées, adoptées et portées par les unités lexicales et soumises à l'attention de l'auditeur par le registre aigu. Comme le cri le montre bien par ailleurs, ce registre aigu est le véhicule de l'émotion.

Notre corpus de parole instancie de fait deux types de croyances : le premier est relatif aux consignes données avant l'enregistrement, l'autre personnel. Dans l'exemple ci-dessus, la croyance de fond est celle de la nécessité de réactualiser le plan (par le biais de la souris : «cliquiez»), en affichant les nouveaux noms («Hiskovitch»). C'est une valeur manipulatoire par nature sous-jacente. Dans le cas de «cliquiez», la croyance de fond se combine avec une croyance de surface, qui est celle de la nécessité de spécifier le geste informatique adéquat.

Dans le cas de ce jeu de rôles, il n'y a pas de conflit entre la croyance sous-jacente et la croyance personnelle de la locutrice, croyance qui affleure par moment dans son discours, car les valeurs d'emprunt qui fondent ces croyances d'héritage ont été acceptées dans le cadre de ce jeu de rôles. De la sorte, les valeurs propres à la locutrice peuvent naturellement émerger de manière alternative avec les valeurs héritées des consignes.

Dans les chants marathi, le mélisme est une séquence de notes située en un point précis de la phrase mélodique, sur laquelle s'articulent les syllabes du mot. Par rapport à la structure syntaxique conventionnelle, le mot à mettre en exergue est le cas échéant déplacé, pour coïncider avec cette figure mélodique. Dans la figure 2 ci-dessous, le mot «phiruni» (qui signifie «en tournant») est mis en relief de deux manières : il apparaît en position finale, sur une note tenue de longue durée, qui est aussi la tonique, ainsi qu'en position centrale, celle du mélisme[2].

La phrase complète signifie mot à mot : «De la ferme, Lakshmi viendra en tournant viendra en tournant». La courbe mélodique «en chapeau droit» est détaillée sur la figure 3 ci-dessous.

Dans ce chant dédié à l'évocation de Lakshmi, la déesse de la prospérité, le texte de référence donne pour cette phrase : «Lakshmi s'en reviendra de la ferme de mon fils». Or, la réalisation de cette phrase ne met pas en relief un sème du texte de référence, mais l'acte de «tourner» sémantiquement associé à «revenir». La chanteuse établit ainsi une association avec une autre image qu'elle vient d'évoquer, celle du balai qui

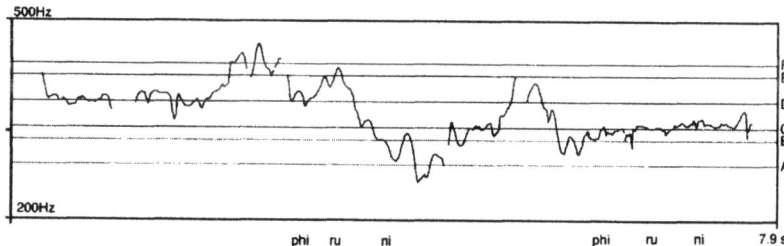

Figure 2 — Les positions du mot «phiruni» dans la phrase «vadyala Laksmi jaila [ga] phiruni [ju] jaila phiruni». La position centrale est un mélisme.

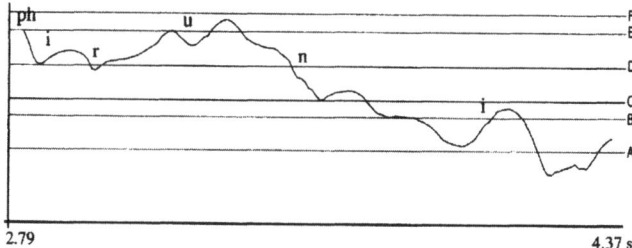

Figure 3 — Détail du mélisme sur «phiruni».

«tourne» pour nettoyer la maison, révélant en définitive un lien symbolique, que le texte d'origine ne laissait pas soupçonner, entre le balai et la déesse. Elle «personnalise» donc le sens du texte, le recentre dans une perspective et un système de croyances strictement féminins (le travail domestique comme source de prospérité) en jouant uniquement sur les structures temporelles et mélodiques des phrases chantées.

CONCLUSION

En parole comme dans le chant improvisé, la prosodie résulte de l'action entre deux forces antagonistes, une force de cohésion qui est à l'œuvre dans l'intonation (processus de globalisation et de généralisation), et une force de dissociation à l'œuvre dans le mélisme (processus d'individuation et d'appropriation).

De ce point de vue, les structures prosodiques, parole ou chant spontané, seraient des expressions iconiques de processus psychologiques qui balancent l'individu entre l'adhésion à une structure sociale (force de cohésion exprimée par l'intonation) et une rupture fondatrice d'une individualité (force de dissociation exprimée par le mélisme).

Ces processus qui, lors de la production, mettent en œuvre des traitements semblables dans l'appropriation du sens, l'expression de la subjectivité, et proposent des contours très voisins dans le mélisme en particulier, relèvent d'une sorte d'unicité des moyens prosodiques, pour ne pas dire d'invariant, traduisant l'universalité des structures cognitives, génératrices d'expression et d'expressivité.

NOTES

[1] Les fragments sonores de cet article sont accessibles sur http : //www.lpl.univ-aix.fr/lpl/ressources/sons/spont/.

[2] Voici la version «pixel» de la transcription en alphabet romain diacritique :

« vāḍvāla Lakṣmī jāīla [ga] phirunī [ju] jāīla phirunī »

La place de l'émotion dans l'argumentation et son expression dans l'interaction de vente : une étude de cas

Philippe Juven
LIDILEM, Université Stendhal - Grenoble III

INTRODUCTION

L'émotion, considérée dans son acception large — c'est-à-dire renvoyant «à tous les événements ou états du champ affectif qui se caractérisent par un ensemble d''éprouvés' psychiques spécifiques accompagnés, de façon variable en intensité et en qualité, de manifestations physiologiques et comportementales» (Cosnier, 1994, p. 14) —, devient un élément incontournable lorsqu'on s'intéresse à l'étude des interactions quotidiennes.

Le champ affectif recouvre l'ensemble des phénomènes concernant «l'expérience intersubjective» des sujets (Kerbrat-Orecchioni, 2000, p. 50) : émotions de base (au nombre variable), micro-émotions (qui déterminent l'humeur quotidienne), les sentiments mais également tous les processus de contrôle des émotions et de régulation de la relation interpersonnelle (travail de figuration, politesse, notion d'empathie, d'échoïsation). Conformément à ce que préconise Jacques Cosnier (1997, p. 25), nous utiliserons «le terme d''affect' pour parler d'émotion dans le sens large, et celui d'émotion pour le sens restreint». Les affects sont donc omniprésents dans les interactions : qu'il s'agisse de conversations familières dans lesquelles peuvent apparaître des phénomènes comme la dispute ou la confidence (Traverso, 1999, 2000) ou encore d'interactions davantage finalisées et institutionnalisées comme les interactions de vente.

La prise en considération des émotions et des affects ressentis et exprimés dans l'interaction de vente est doublement justifiée. En effet, ils interviennent :

– au niveau des moyens mis en œuvre par le vendeur pour influencer le(s) client(s) : argumentation (*cf.* le champ de la rhétorique en général), techniques de connaissance et de manipulation comme le calibrage ou l'ancrage en programmation neuro-linguistique ou encore théorie de l'engagement, méthode d'amorçage ou encore techniques d'intervention comme «le-pied-dans-la-porte» ou «la porte-au-nez» (*cf.* Beauvois & Joule, 1987, pour un récapitulatif des notions);

– au niveau des réponses comportementales des interlocuteurs (adhésion partielle ou totale aux arguments, indignation, rires, phénomènes d'échoïsation corporelle...).

A travers l'analyse d'un court extrait de notre corpus de thèse[1], nous allons essayer de déterminer la place et les fonctions qu'occupent les affects dans l'interaction de vente en observant les manifestations verbales, vocales et les conduites «proxémo-posturo-mimo-gestuelles» de l'ensemble du cadre participatif. Dans un premier temps, nous expliquerons quelles sont les marques linguistiques des affects dans le discours argumentatif, puis nous localiserons l'expression ou la communication des émotions dites primaires dans un tel contexte. Enfin, nous étudierons de quelle manière la relation interpersonnelle est gérée par les participants.

1. PRÉSENTATION DE LA SÉQUENCE

Il s'agit d'une séquence filmée d'une durée de 48 secondes mettant en scène un vendeur (Do, la quarantaine) et un couple de clients (la mère — Clm —, octogénaire, et la fille, vêtue de noir — Clf —, sexagénaire) dans un magasin d'ameublement, au rayon literie. Les clientes recherchent, pour Clm (qui déménage), un ensemble matelas et sommier de bonne qualité et à un prix convenable. Tous les interlocuteurs sont d'origine italienne et Clm éprouve des difficultés d'audition.

Lorsque débute l'enregistrement, le vendeur a déjà présenté brièvement la gamme de ses produits et a laissé délibérément les clientes opérer, seules, un premier choix de literie. Il intervient au moment où elles s'attardent devant un modèle spécifique pour lequel elles expriment des opinions contradictoires. Voir la transcription verbale de la séquence[2] à la fin de ce chapitre.

L'ensemble des comportements non verbaux : gestes céphaliques (hochements de tête, mimiques faciales, orientations du regard), gestes manuels (praxie gestuelle : mouvements de contact et de manipulation ; gestualité expressive et communicative : gestualité déictique, emblématique et co-verbale), postures et déplacements des interactants feront, pour cet article, l'objet d'une description macro-analytique.

2. LES MARQUES LINGUISTIQUES DES AFFECTS DANS LE DISCOURS ARGUMENTATIF

Le discours du vendeur repose sur deux argumentations principales : la première concerne la vente du sommier (en 127-129 que nous étudierons lors du paragraphe suivant), la seconde, la vente du matelas (en 133 jusqu'à 139). Si la première argumentation se fonde sur un élément de comparaison (principe de l'argumentation par analogie) entre le matelas (présenté en 119) et le sommier (en 129), la seconde est davantage orientée sur la personne de Clm (en 133) et plus spécifiquement sur ses affects :

133-Do : et bin / ce que vous pouvez faire aussi : **pasqu' elle aime bien** ce matelas là **pasqu'il est bien pour elle**
134-Clm : *(à Do)* ils sont bien hein↑

Le vendeur fournit d'ailleurs deux arguments, deux justifications àl'acquisition du matelas : le premier concerne directement l'affectivité de Clm (elle l'aime bien : le matelas satisfait les attentes de la cliente, ce qu'elle confirme en 134), le second concerne plutôt l'adéquation du produit avec les besoins (objectifs) de la cliente — au niveau du confort par exemple.

L'effet recherché par le vendeur ne fonctionne pas car Clf, silencieuse jusqu'alors (et parfaitement immobile à partir du tour 133 jusqu'à son intervention en 138 où elle produit un geste de pointage en direction des matelas bas-de-gamme), réfute les arguments de Do en recadrant la vente sur des produits de bonne qualité mais au prix plus abordable. On s'aperçoit bien ici de la difficulté qu'un vendeur peut avoir pour convaincre non pas un, mais plusieurs clients (et autant d'affects !).

3. L'ÉMOTION DE BASE DANS L'INTERACTION DE VENTE

Les émotions sont soumises aux pressions sociales induites, d'une part, par le contexte fortement institutionnalisé du type d'interaction considéré et, d'autre part, par le travail de figuration des interlocuteurs. Pourtant, certaines émotions dites «primaires» (joie, colère, tristesse, peur, surprise, dégoût...) peuvent apparaître au cours des échanges. Celle qui est exprimée, voire communiquée par Clf (tour 130), intervient en réaction à l'annonce de prix du vendeur présentée en 127-129. Nous allons tenter de la décrire[3] et d'en expliquer le fonctionnement :

129- Do : et le sommier i-fait mille trois cent quatre-vingt dix francs aussi

Image 10 : *Do, en face des clientes, de l'autre côté du lit, le genou posé sur le matelas, désigne de la main droite le prix du sommier qui est indiqué sur une pancarte située en tête du couchage.*

130-Clf : ↑**ulaoooo**\ (1s1/2)

Image 11.1 : *La cliente lève brusquement la tête tout en soulevant le coude du bras droit qui reste plié. Elle recule d'un pas. Do se redresse puis quitte son emplacement et s'apprête à contourner le lit pour rejoindre les clientes.*

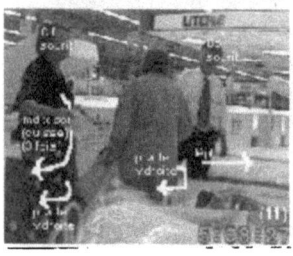

131-Do : e-c'est cher↑ (1s)

Image 11.2 : *Clf pivote vers la droite, sourit et se frappe la cuisse de la jambe droite avec une revue qu'elle tient dans sa main droite. Elle répète le mouvement deux fois. Puis, elle pivote et se dirige vers la droite, en direction, semble-t-il, des matelas premier prix. Do contourne encore le lit, il se rapproche des clientes.*

Cette réaction soudaine de Clf, teintée de surprise et d'indignation, est observable à travers l'ensemble des canaux d'expression et de communication de l'individu :

– Dans un premier temps, davantage consacré à l'expression de la surprise, on assiste à une manifestation simultanée des canaux verbaux, vocaux et kinésiques (image 11.1). La verbalisation (d'une seconde et demi) est accentuée par une intonation montante, elle-même accompagnée d'une élévation du menton et du coude de la cliente. En même temps, celle-ci recule d'un pas de manière à instaurer une nouvelle distance (plus éloignée) avec son interlocuteur.

– Dans un deuxième temps, l'expression, voire la communication[4] de ce que l'on peut considérer comme un désaccord, une désapprobation voire de l'indignation chez Clf, se manifeste par l'intermédiaire de comportements uniquement non verbaux (image 11.2). La cliente, affichant un rictus énigmatique, produit un geste autocentré (de martèlement de soi) avec une certaine emphase, puisque répété deux fois. Enfin, elle s'éloigne du vendeur dans un déplacement que l'on peut interpréter comme étant une fuite symbolique. C'est le vendeur qui, en rétablissant une distance interpersonnelle relativement proche (moins d'un mètre entre lui et ses clientes), va parvenir à maintenir la relation et pourra consécutivement proposer sa deuxième argumentation (à partir de 131 jusqu'à 139).

4. LA GESTION DE LA RELATION INTERPERSONNELLE

Cette dernière partie ne concerne que les phénomènes de contrôle des émotions et de régulation des affects. La figuration, par son système de préservation des faces, permet de maintenir une relation harmonieuse entre les participants (*cf.* la politesse) en cherchant notamment à éviter tout conflit. Les régulateurs, de divers types, nous le verrons, sont autant de moyens d'expression du lien (affectif et cognitif) entre les interlocuteurs.

Seulement, chacun revendique un rôle corrélatif à son statut (vendeur/client) dans l'interaction et, lorsque ce rôle est menacé, car non reconnu, on assiste à des tensions qui peuvent se manifester par certains indices non verbaux.

Nous avons distingué, outre le simple hochement de tête de haut en bas, une deuxième sorte de régulateur impliquant un geste manuel précis. Le premier type concerne la régulation du discours proprement dit et le second, plus complexe dans sa réalisation, concerne principalement la régulation de la relation.

La répétition d'une partie de l'énoncé ou de la totalité de l'énoncé, telle qu'elle apparaît dans les tours 119 (le début) et 125, ou encore l'énoncé confirmatif de type « oui » comme on le retrouve dans les tours 128 (admission de Clf à l'argument de Do) et 135, sont accompagnés dudit hochement de tête vertical.

Si l'on considère l'extrait suivant[5] :

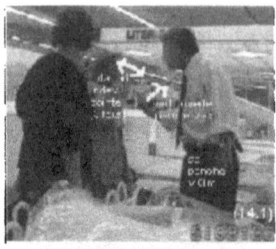

136- Clm : (les ??????? qui sont arrivées tu as pris)

Images 14.1 et 14.2 : *Clm, la main droite à hauteur du visage, index pointé vers la gauche (3 fois) et vers le haut (2 fois) produit 5 va-et-vient.*

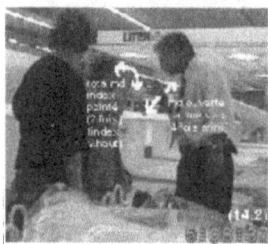

137-Do : vous pouvez vous m'écoutez / (...)

Images 14.1 et 14.2 : *La main droite ouverte de Do, paume dirigée vers la cliente et vers le bas revient dans un premier temps vers son visage puis effectue quatre va-et-vient de haut en bas.*

On se rend compte que le geste du vendeur peut avoir comme fonction d'apaiser l'engouement de Clm et correspond assez bien à l'emblème type «vas-y mollo!». Précisons également que ce geste, associé au discours, peut constituer la revendication par le vendeur d'un «droit à la parole». En tous cas, l'effet de cet acte rend muette Clm pour le reste de la séquence.

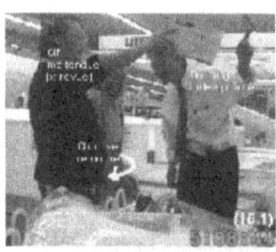

138-Clf : (ouais) mais vous avez::

Images 15.1 : *Elle désigne, bras droit tendu, main tenant la revue avec laquelle elle s'est frappée le rayon des matelas «1er prix» et regarde dans cette direction.*

139-Do : à trois cent quatre-vingt-dix francs

Images 15.1 et 15.2 : *Il désigne également, main gauche index pointé, le rayon des matelas «1er prix» mais fixe la cliente et hoche la tête lorsqu'il termine son énoncé.*

Un simple indice non verbal, comme l'orientation du regard, peut constituer un taxème de position haute (Kerbrat-Orecchioni, 1996) et devenir ainsi un acte menaçant pour l'une des faces de l'interlocuteur.

L'extrait suivant (tours 138-139) oppose le vendeur, qui vient d'intervenir auprès de Clm (en 137) et qui essaie de terminer son argumentation, à Clf qui prépare déjà une réfutation à l'argument avancé.

On peut donc interpréter ce regard insistant de deux manières complémentaires : comme l'expression d'une exaspération ou d'une colère à peine contenue, ou bien comme la revendication d'un rôle de conseiller que Clf semble décidément avoir du mal à accepter!

CONCLUSION

Les manifestations comportementales des émotions et des affects de la vie quotidienne prennent des formes multiples et variées. Si le canal verbal privilégie la divulgation des contenus cognitifs, il reste, dans le contexte de l'interaction de vente, le moyen le moins utilisé pour l'expression et la communication des affects. Le discours argumentatif considère néanmoins qu'à côté d'un «devoir croire», d'un «devoir faire», «on peut [...] argumenter des émotions [...], c'est-à-dire fonder, sinon en raison, du moins par des raisons un 'devoir éprouver'» (Plantin, 1997, p. 81).

En ce qui concerne les émotions de base, si elles sont rares, car contrôlées et régulées, à plus forte raison dans un contexte institutionnalisé, elles se manifestent, dans ce contexte, par la mobilisation simultanée de l'ensemble des moyens d'expression et de communication du sujet : canal verbal, vocal, déplacements, adoption de postures, gestes céphaliques (dont les fameuses mimiques faciales) et divers types de gestes manuels.

La gestion de la relation interpersonnelle nécessite le ménagement des affects de l'interlocuteur par l'intermédiaire de :
– régulateurs verbaux et vocaux (répétition d'énoncés ou énoncés confirmatifs);
– régulateurs non verbaux (hochements de tête ou gestes emblématiques).

Enfin, il semble que l'étude des affects peut constituer une véritable clé de voûte pour l'analyse conjointe des phénomènes d'argumentation et des comportements non verbaux observables dans l'interaction de vente.

ANNEXE : LA TRANSCRIPTION VERBALE DE LA SEQUENCE

118- Clf : non: quatre-vingt dix c'est là (1s) quatre vingt dix c'est des (lits) (???????)
(à Clm)   Clm : \u\

119- Do : quatre-vingt dix   (2s)   qua- le matelas i-fait mille trois cent vingt francs
Clm : \u\::

120- Clf : et pourquoi tu (veux) prendre dun:pill<u>o</u>:↗
(à Clm)

121- Clm : (ils sont beaux) ils sont beaux mais ça suffit

122- Clf : oui::   mais t'as dunpillo i-sont bien dunpillo là-bas:
(à Clm)

123- Do : ah: si (i-sont) plus chers

124- Clm : c'est les mérinos que (t'as) plus   (1s)

125- Do : ah:: c'est méri<u>nos</u>

126- Clm : (cette fois) que (??????)

127- Do : et: / aut-pasque comme il vous faut le sommier: aussi

128- Clf : oui:

129- Do : et le sommier i-fait mille trois cent quatre-vingt dix francs aussi

130- Clf : ↗\ulaoooo\
(1s1/2)

131- Do : e-c'est cher↗ (1s)

132- Clf : (???????)

133- Do : et bin / ce que vous pouvez faire aussi: pasqu' elle aime bien ce matelas là pasqu'il est bien pour elle

134- Clm : ils sont bien hein↗
(à Do)

135- Do : oui
<inspire>

136- Clm : (les ?????? qui sont arrivées tu as pris)

137- Do : vous pouvez vous m'écoutez↗ / vous pouvez prendre: le matelas le bon matelas à mille trois et pour le sommier vous mettez un peu moins cher /

138- Clf : (ouais) mais vous avez::

139- Do : à trois cent quatre-vingt dix francs

140- Clf : oui mais vous avez des bons là matelas j'ai vu::

NOTES

[1] Le corpus regroupe quinze interactions de vente recueillies en conditions naturelles par l'intermédiaire de deux caméras et d'un magnétophone numérique.

[2] La transcription multimodale de la séquence, où conduites verbales, vocales et non verbales de l'ensemble des interlocuteurs apparaissent simultanément, est disponible sur simple demande (philippe.juven1@libertysurf.fr). Pour des raisons d'espace, nous n'avons pu l'intégrer en entier à ce chapitre. Le lecteur pourra notamment consulter l'article présentant la méthode de transcription multimodale dans Juven, 2001, p. 320-325.
En ce qui concerne les conventions de transcription :
– / et (1s) = pause courte et pause d'une seconde ;
– (énoncé) ou (???????) = transcription probable ou inaudible ;
– énoncé : : ou énon : : cé = allongement (le nombre de : est proportionnel à la durée de l'allongement) ;
– ↑ ou ↓ = intonation montante ou descendante ;
– Le soulignement indique que deux énoncés sont produits simultanément.

[3] Dans chaque image, nous avons intégré diverses informations :
– un repérage temporel grâce à l'horloge interne de la caméra ;
– la référence de l'image (que l'on retrouve dans la grille de transcription) ;
– les gestes céphaliques, manuels, postures et déplacements des interactants. Un système de flèches permet notamment de connaître la configuration et l'amplitude du mouvement. Nous avons également indiqué la disposition exacte de l'élément corporel porteur du mouvement (pour la main : degré d'ouverture, orientation de la paume par rapport aux axes vertical, horizontal et saggital, « action » sur l'environnement —le « x » correspond à un contact —, orientation des doigts...).

[4] Dans le sens où la communication nécessite une intention.

[5] Les énoncés étant chevauchés, la production des gestes de Clm et de Do est également simultanée.

TROISIÈME PARTIE

LES EMOTIONS CHEZ L'ENFANT

Perspectives actuelles sur le développement de la compréhension des émotions chez l'enfant

Paul L. Harris et Francisco Pons[1]
Université de Oxford

Le propos de ce texte est d'offrir un aperçu historique et critique à la fois bref et étendu des recherches qui ont été menées jusqu'à présent sur le développement de la compréhension des émotions chez l'enfant. Si les textes en anglais en rapport avec ce sujet sont relativement rares (Harris, 1989), en français, ils sont, à notre connaissance, quasiment inexistants. Nous commencerons tout d'abord par décrire certaines des principales étapes du développement de cette compréhension. Nous discuterons ensuite des différences individuelles au sein de ce développement ainsi que de certaines de leurs origines. Nous continuerons en examinant certaines des conséquences de la compréhension des émotions. Enfin, nous présenterons les résultats de nos travaux sur la mise au point d'un instrument permettant de mesurer neuf composantes fondamentales de la compréhension des émotions chez l'enfant : le *Test of Emotion Comprehension* (TEC).

1. DÉVELOPPEMENT DE LA COMPRÉHENSION DES ÉMOTIONS

Nombreuses sont aujourd'hui les études sur la structure et la fonction des émotions soulignant, à la suite de Darwin, qu'il existe une continuité entre les êtres humains et non humains. De nombreux chercheurs se sont inspirés des observations rapportées par le naturaliste anglais dans son livre *The expression of the emotions in man and animals* (Darwin, 1872) et de son hypothèse sur la disposition innée et universelle des êtres humains à exprimer et à reconnaître certaines émotions de base. A un niveau général, le programme de ces chercheurs a été de voir : (1) si le pool des émotions est identique d'une culture à l'autre (nombre, expressions faciales, etc.); (2) si les bébés ont une capacité non apprise à communiquer certains états émotionnels grâce à des expressions faciales particulières; et (3) si les bébés sont capables de reconnaître de façon innée la signification émotionnelle de certaines expressions faciales chez autrui.

Ces programmes de recherche darwiniens ont été utiles et ont eu une influence déterminante sur les études sur le développement des émotions chez le bébé (Harris, 1989). Toutefois, ils négligent certaines discontinuités fondamentales séparant la vie émotionnelle des être humains de celles des autres animaux. Dans le cadre de ce texte, nous aimerions discuter plus particulièrement de trois de ces discontinuités. Premièrement, il est évident que les êtres humains peuvent communiquer leurs émotions non seulement au moyen d'expressions faciales mais aussi au moyen de mots. Ils sont capables de discuter aussi bien des émotions présentes ou réelles que des émotions non présentes passées, futures ou imaginaires. Le répertoire des capacités de communication émotionnelle des êtres humains apparaît donc comme étant qualitativement plus complexe que celui de leurs proches cousins sur le plan évolutif que sont les primates non humains. Deuxièmement, les êtres humains peuvent réfléchir sur les causes et les conséquences des émotions. Ils sont capables de construire des théories psychologiques naïves sur les émotions tout comme ils sont à même de le faire sur la mémoire. Cette capacité de réflexion des êtres humains peut avoir une influence directe sur les processus émotionnels eux-mêmes. Par exemple, réfléchir à nos angoisses ou à nos peurs peut nous aider à réguler leur intensité (chez nous-mêmes ou chez l'autre), régulations dont nous serions incapables si nous n'étions pas en possession d'une certaine capacité de réflexion sur nos émotions. La construction d'une théorie psychologique naïve des émotions n'est pas un exercice intellectuel futile. Elle peut être considérée comme un processus qui altère le fonctionnement émotionnel lui-même au sein de l'individu et entre les individus. De ce fait, nous pouvons anticiper une troisième discontinuité entre les êtres humains et les primates non humains. Dans la mesure où les êtres humains sont capables de comprendre les émotions, ce qui n'est pas le cas des primates non humains (ou alors d'une façon beaucoup plus limitée), il est probable que leurs expériences émotionnelles soient différentes, tout comme les relations émotionnelles qu'ils entretiennent les uns avec les autres.

Examinons maintenant le développement de la compréhension des émotions chez les jeunes enfants (Harris, 2000; Pons & Doudin, 2000;

Saarni, Mumme & Campos, 1998, pour des revues récentes). Nous pouvons commencer par nous poser deux questions directement en rapport avec les discontinuités décrites ci-dessus : quand et comment les jeunes enfants commencent-ils à parler des émotions ? Est-il raisonnable de postuler que les jeunes enfants commencent à construire très tôt des théories psychologiques, même naïves, au sujet des émotions ?

2. PREMIÈRES VERBALISATIONS À PROPOS DES ÉMOTIONS ET DE LEURS CAUSES

Dans le but de répondre à la première question, Wellman, Harris, Banerjee & Sinclair (1995) ont étudié les verbalisations spontanées d'enfants de 2 à 5 ans de langue maternelle anglaise. Parmi les centaines de milliers d'énoncés produits par ces enfants, ces chercheurs ont identifié ceux dans lesquels ils faisaient référence à des états ou à des processus émotionnels. Leurs analyses montrent que, dès l'âge de 2 ans, les enfants commencent à parler des émotions. Ils sont capables de faire référence à des émotions positives (se sentir heureux ou bien, rigoler et se sentir aimé ou aimer) ou négatives (se sentir fâché ou en colère, avoir peur, se sentir triste ou pleurer). En général, même si les enfants parlent surtout de leurs propres émotions, ils sont également capables de parler de celles d'autres personnes. De plus, ces verbalisations ne sont pas nécessairement provoquées par la reconnaissance d'expressions faciales. En effet, les enfants de 2 ans sont capables d'attribuer des émotions à des poupées, à des animaux en peluches ou à des personnages imaginaires. De plus, la moitié environ des énoncés produits par les enfants de 2 ans fait référence non pas à des émotions présentes mais à des émotions passées, futures ou récurrentes, cette proportion étant la même chez les enfants de 3 et 4 ans.

Cette tendance stable des enfants à parler non seulement d'émotions présentes mais aussi non présentes montre que, dès leur première apparition, les verbalisations des enfants à référence émotionnelle sont de véritables évocations. Elles sont plus que de simples substituts lexicaux ne servant qu'à exprimer des états émotionnels présents. De ce point de vue, il paraît raisonnable de considérer que les premières verbalisations émotionnelles des enfants diffèrent très clairement de n'importe quel autre système non verbal d'expression ou de reconnaissance des émotions (faciale ou autre).

D'aucuns affirmeront que cette aptitude des enfants à mettre des mots sur leurs émotions ou sur celles d'autrui montre tout au plus qu'ils sont capables de parler. Il est possible que ces verbalisations soient en réalité fausses. Afin de répondre à cette critique, Richard Fabes et ses collègues ont observé des enfants entre 3 et 5 ans en train de jouer librement dans des crèches et des jardins d'enfants (Fabes, Eisenberg, Nyman & Michaelieu, 1991). Lorsqu'un petit garçon ou une petite fille exprimait une émotion (joie, tristesse, colère, etc.), l'expérimentateur demandait à un autre enfant ayant observé ce qui s'était passé, mais n'étant pas impliqué dans la situation, d'une part d'identifier l'émotion exprimée par le petit garçon ou la petite fille, et, d'autre part, d'expliquer l'origine de cette émotion. Dès 3 ans, les identifications et les explications des enfants sont relativement correctes. Elles correspondent, pour près des deux tiers d'entre elles, aux identifications et aux explications de l'expérimentateur. A l'âge de 5 ans, ce rapport est de plus de 75 %.

3. PSYCHOLOGIE DES DÉSIRS ET DES CROYANCES

Il est possible que cette capacité des jeunes enfants à identifier une émotion et à expliquer son origine ne soit que le simple reflet d'une connaissance « scriptuelle ». De même que les enfants apprennent la séquence temporelle d'une routine journalière, son script (par exemple, le bain est suivi par la lecture d'une histoire), de la même façon, ils observeraient et se souviendraient du fait que telle situation déclenche telle émotion. Par exemple, que la disparition d'un objet provoque la tristesse ou que la présence d'un animal féroce provoque la peur. Un certain nombre d'analyses soutiennent cette interprétation (Lewis, 1989 ; Russell, 1989).

Toutefois, cette interprétation en termes de scripts n'est pas sans poser certains problèmes. Bien qu'il soit vraisemblable que certaines situations provoquent plutôt certaines émotions, il est facile de trouver des exceptions à cette règle. Par exemple, la disparition d'un objet n'est pas toujours nécessairement suivie par un sentiment de tristesse. L'émotion ressentie par l'enfant dépendra essentiellement du fait que l'objet disparu ait été ou non désiré par lui. Un autre contre-exemple est celui de l'animal féroce qui ne provoque pas invariablement la peur. Comme l'histoire du Petit chaperon rouge l'illustre si bien, l'émotion ressentie par l'enfant dépendra principalement de ses croyances portant sur l'animal féroce. Ces deux exemples montrent qu'il n'existe pas de relation systématique entre telle ou telle situation et telle ou telle émotion. Ils montrent plutôt que c'est l'évaluation de la situation faite par une personne qui détermine en premier lieu son ressenti émotionnel et que ce processus d'évaluation dépend des désirs et des croyances de la personne.

Les enfants comprennent-ils le rôle de ce processus d'évaluation ? Plus précisément, saisissent-ils que ce processus est étroitement lié aux désirs et aux croyances ? Afin d'examiner cette question, Harris, Johnson, Hutton, Andrews & Cooke (1989) ont raconté à des enfants de 4, 5 et 6 ans des histoires relativement simples mettant en scène des animaux en peluche. Par exemple : « Ellie l'éléphant aime le Coca-Cola mais déteste le lait. Ellie part faire une promenade. Pendant qu'Ellie se promène, Mickey lui joue un mauvais tour : il remplace le contenu de la bouteille de Coca-Cola par du lait. A son retour de la promenade, Ellie a très soif ». Deux questions étaient alors posées aux enfants : « Comment Ellie se sent-elle avant d'ouvrir la bouteille de Coca-Cola ? » et « Comment Ellie se sent-elle après avoir bu une gorgée de la bouteille de Coca-Cola ? » La deuxième question était considérée comme la plus facile. En effet, pour y répondre, les enfants devaient simplement réfléchir sur ce qu'Ellie veut, sur ce qu'elle désire : Ellie veut du Coca-Cola. Lorsqu'elle découvrira le vrai contenu de la bouteille, elle sera déçue. La première question était en revanche considérée comme plus difficile. Pour y répondre, les enfants devaient non seulement réfléchir sur ce qu'Ellie veut, sur ses désirs, mais aussi sur ses croyances et sur le fait que ces croyances sont erronées : Ellie croit que la bouteille contient du Coca-Cola, quand en réalité elle contient du lait. Aussi, pour répondre correctement à la première question, les enfants devaient prendre en compte non seulement les désirs d'Ellie, mais aussi ses croyances erronées.

Les résultats de cette recherche ont confirmé que la première question (désirs + croyances) est plus difficile que la deuxième (désirs). Quasiment tous les enfants, dès l'âge de 4 ans, sont capables de répondre correctement à la deuxième question relative au rôle des désirs sur les émotions. Ils disent qu'Ellie sera triste au moment où elle découvrira le vrai contenu de la bouteille. La situation est toute différente en ce qui concerne la première question relative aux croyances. A 4 ans, la plupart des enfants considèrent qu'Ellie sera triste. Ils n'arrivent pas à prendre en compte le fait qu'Ellie ne sait pas que le contenu de la bouteille a été changé. A 6 ans, par contre, la plupart des enfants considèrent qu'Ellie sera heureuse. Ils comprennent que la croyance qu'Ellie a du contenu de la bouteille est erronée. La Figure 1 montre la moyenne des réponses correctes aux deux questions pour chacun des trois groupes d'âge (quatre histoires différentes étaient racontées).

Plusieurs travaux ont confirmé la séquence développementale mise en évidence par la recherche de Harris et de ses collègues (Bradmetz & Schneider, 1999; Fonagy, Redfern & Charman, 1997; Hadwin & Perner, 1991).

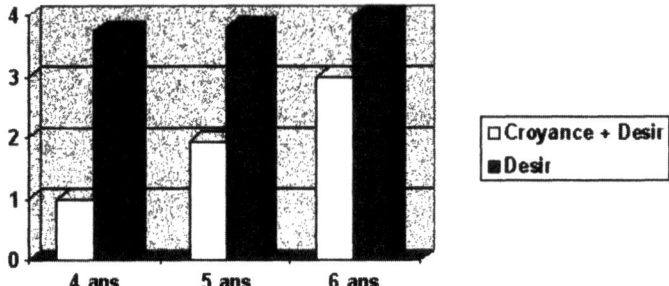

Figure 1 — Nombre moyen de réponses correctes (maximum 4) par question et par âge.

En résumé, nous pouvons considérer comme relativement établi le fait que les enfants, dès 3--4, ans comprennent qu'une personne peut poursuivre ses propres buts, avoir ses propres désirs, et que les réactions émotionnelles de cette personne dépendent de l'adéquation entre, d'une part, ses buts, ses désirs, et, d'autre part, la réalité. Les jeunes enfants se rendent compte qu'une personne sera triste si elle n'arrive pas à avoir ce qu'elle veut et heureuse si elle y arrive. Cette conception des émotions basée sur les désirs, même si elle est relativement simple, dépasse néanmoins celle qui se fonde sur les «scripts». Elle permet aux enfants de comprendre qu'à situation égale, deux personnes peuvent ressentir deux émotions différentes du fait de la variété de leur désir ou, autrement dit, qu'aucune situation n'est *a priori* nécessairement agréable ou désagréable.

A partir de 5--6 ans, les enfants comprennent de mieux en mieux que les gens ont des croyances et que ces croyances peuvent avoir une répercussion sur leurs émotions. Ils saisissent que les réactions émotionnelles d'une personne ne sont pas fondées sur les dimensions objectives de la situation mais plutôt sur les représentations subjectives, mêmes erronées, que cette personne a de la situation.

Finalement, il nous paraît intéressant de souligner que ce pattern développemental, où la compréhension de l'effet des désirs sur les émotions précède celui des croyances, semble être universel parmi les enfants normaux. Par exemple, les enfants pygmées bakas de la forêt tropicale camerounaise vivant dans une société sans écriture présentent ce même pattern. Tout comme les enfants occidentaux, les jeunes bakas se basent d'abord sur les désirs pour attribuer une émotion, puis, lorsqu'ils sont plus âgés, également sur les croyances (Avis & Harris, 1991).

4. EMOTIONS MIXTES

La compréhension que les enfants ont de l'incidence des processus d'évaluation sur les émotions ne cesse pas de se développer lorsqu'ils ont réalisé le rôle des désirs ou des croyances sur les émotions. En effet, une même situation peut provoquer non pas une mais deux émotions, voire plus. De plus, ces émotions peuvent différer du point de vue de leur valence; elles peuvent être contradictoires, voire conflictuelles. Par exemple, supposons que vous soyez en train de changer de travail. A l'idée des nouvelles opportunités que votre nouvel emploi va vous offrir, vous pouvez vous sentir agréablement excité. D'un autre côté, lorsque vous envisagez les pertes et risques associés à ce changement professionnel, vous pouvez vous sentir triste, voire angoissé. Ces réactions émotionnelles complexes sont relativement courantes dans la vie de tous les jours.

Les jeunes enfants envisagent-ils l'existence de ces émotions mixtes et, si oui, arrivent-ils à identifier correctement leur contexte d'apparition ? Les travaux précurseurs de Susan Harter et de ses collègues suggèrent que la compréhension des émotions mixtes serait relativement tardive (Harter, 1977; Harter & Buddin, 1987). Ces chercheurs ont trouvé que c'est seulement vers 10--11 ans que les enfants commencent à reconnaître l'existence des émotions mixte, d'une part, mais aussi, d'autre part, à identifier correctement des situations provoquant leur apparition. Les enfants plus jeunes sont soit incapables de reconnaître le fait qu'il est possible de ressentir plusieurs émotions en même temps, soit n'arrivent pas à imaginer une situation pouvant provoquer des émotions mixtes.

Il est possible toutefois que ces résultats soient simplement dus au fait qu'il est relativement difficile pour de jeunes enfants d'imaginer ou de se souvenir de situations causant des émotions mixtes. Il est possible que ces jeunes enfants sachent que les émotions mixtes existent mais qu'ils aient beaucoup de difficultés à donner des exemples de situations dans lesquelles elles pourraient apparaître.

Afin de tester cette hypothèse, Harris (1983) a présenté à des enfants de 6 à 10 ans des histoires dans lesquelles le personnage principal pouvait ressentir des émotions mixtes. Une des histoires décrivait par exemple le retour d'un chien domestique perdu mais blessé. Il était ensuite demandé aux enfants de dire comment le propriétaire du chien se sentait au moment où il réalisait que son chien était de retour mais qu'il était blessé. Afin d'encourager les enfants à attribuer plusieurs émotions, on leur demandait si le propriétaire du chien était heureux, fâché, triste ou effrayé. A 6 ans, la plupart des enfants considèrent que le propriétaire du chien se sent soit heureux, soit triste, mais pas les deux à la fois. A 10 ans, par contre, la plupart des enfants pensent qu'il se sent à la fois heureux et triste. Enfin, un questionnement *a posteriori* a montré que cette différence développementale n'est pas due au fait que les enfants les plus jeunes se souviennent de moins d'éléments critiques que les enfants les plus âgés. Les deux groupes d'âges se souviennent bien de la situation. Ils se souviennent des éléments conflictuels de la situation, comme le fait que le chien perdu est retourné à la maison (élément positif) et que le chien est blessé (élément négatif).

Aussi, il paraît légitime de se demander pour quelles raisons les enfants les plus jeunes ont de la difficulté à considérer l'existence des émotions mixtes, et ce tout particulièrement lorsqu'ils se souviennent clairement des éléments de la situation qui sont à l'origine de ces émotions. Une des explications possibles serait la suivante. Les enfants les plus jeunes analyseraient la situation de façon non exhaustive. Dès qu'ils auraient trouvé une émotion à attribuer, leur analyse s'arrêterait. Au contraire, les enfants les plus âgés produiraient une analyse exhaustive de la situation. Ainsi, après avoir identifié une émotion, ils chercheraient à voir si d'autres émotions ne seraient pas encore envisageables.

Peng, Johnson, Pollock, Glasspool & Harris (1992, Expérience 2) ont cherché à tester cette hypothèse au moyen d'un paradigme pré-test, test, post-test. Pour se faire, ils ont examiné des enfants entre 4 et 7 ans, à qui ils demandaient, lors des phases pré-test et post-test : « Crois-tu que tu peux te sentir à la fois heureux et triste ? » et « Dans quelle situation ? ». Les enfants recevaient 0 point s'ils niaient la possibilité des émotions mixtes et n'arrivaient pas à donner un exemple concluant. Ils recevaient 1 point s'ils reconnaissaient l'existence des émotions mixtes, mais donnaient un exemple de situation produisant deux émotions successives et éventuellement contradictoires, mais non simultanées comme c'est le cas pour les émotions mixtes. Enfin, un score de 2 points était attribué s'ils reconnaissaient la réalité des émotions mixtes et s'ils offraient un exemple de situation produisant deux émotions simultanées et contradictoires. Lors de la phase test, les enfants étaient entraînés à identifier les différents éléments critiques de la situation produisant des émotions mixtes. Par exemple, en reprenant l'exemple canin ci-dessus, il leur était demandé : « Comment se sent-il quand son chien revient à la maison ? » et « Comment se sent-il quand il réalise que son chien est blessé ? ». Ensuite, l'expérimentateur demandait aux enfants de dire comment le propriétaire du chien se sentait globalement.

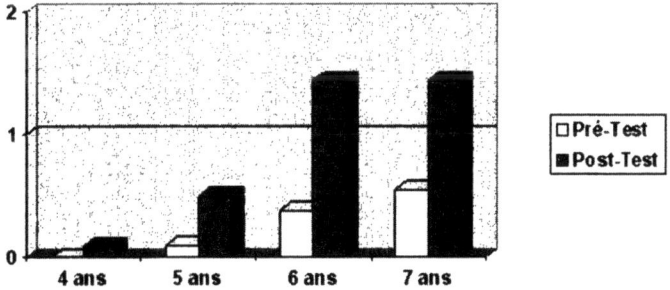

Figure 2 — Score moyen aux phases pré-test et post-test par âge.

La Figure 2 montre les effets de cet entraînement. Elle montre que l'entraînement administré aux enfants lors de la phase test a une incidence positive sur leurs réponses à la phase post-test. Dans la dernière phase, les enfants reconnaissent mieux l'existence des émotions mixtes et donnent plus facilement des exemples de situations provoquant ce genre d'émotions que dans la première phase. Cette amélioration «thérapeutique» n'est cependant observée que chez les enfants les plus âgés de 6 et 7 ans, à 4 ans cette amélioration est inexistante et à 5 ans, marginale.

En résumé, il est possible de conclure en disant que la compréhension qu'ont les enfants des émotions mixtes se développe clairement même si relativement tardivement (voir aussi Pons, Harris & Doudin, sous presse). Le fait qu'il soit possible de faire apprendre aux enfants l'existence de ce genre d'émotions montre qu'il ne faut pas être trop rigide en ce qui concerne l'identification de l'âge exact auquel ils arrivent à les comprendre. Le fait que les enfants les plus jeunes ne profitent pas de l'entraînement qui leur est offert montre que l'apprentissage de tel ou tel aspect des émotions mixtes ou plus généralement des fonctionnements émotionnels implique la présence de certains prérequis. Toutefois, la mise en évidence de cette possibilité d'apprentissage chez les enfants plus âgés montre que parler des émotions, de leur nature, de leurs causes peut avoir un effet sur leur compréhension. Dans la section suivante, nous aurons l'occasion d'examiner cet effet plus en détail.

5. DIFFÉRENCES INDIVIDUELLES DANS LA COMPRÉHENSION DES ÉMOTIONS

Jusqu'à présent, nous avons discuté du développement de la compréhension des émotions chez l'enfant dans une perspective plus ou moins générale et universelle. Nous avons tout d'abord traité de l'émergence des premières verbalisations à référence émotionnelle et des premières capacités des enfants à identifier certaines causes des émotions. Nous avons ensuite décrit le développement de la capacité des enfants à comprendre l'incidence des désirs et des croyances sur les émotions. Nous avons enfin brièvement abordé l'émergence plus tardive de la compréhension des émotions mixtes. A partir de ce point, nous pouvons nous demander, d'une part, si l'émergence de la compréhension de ces différents aspects des émotions est la même d'un enfant à l'autre et, d'autre part, quelles seraient les explications possibles de ces différences?

Dunn, Brown & Beardsall (1991), dans leurs observations en milieu naturel d'enfants d'environ 2 ans (chez eux), ont montré qu'il existe des différences individuelles très importantes et que ces différences sont relativement précoces. Ces chercheurs ont montré que le nombre d'énoncés ayant un contenu émotionnel varie énormément d'un enfant à l'autre. Certains enfants produisent plus de 25 énoncés à référence émotionnelle par heure, tandis que d'autres n'en produisent aucun. Dunn et ses collègues ont aussi remarqué qu'il existe une différence importante parmi les mères de ces enfants du point de vue de la fréquence avec laquelle elles parlent des émotions.

Ces résultats montrent que les familles varieraient du point de vue de leurs rapports aux émotions et que ces variations pourraient avoir un impact sur les enfants (Harris, 1994, 1999). Certains types de famille pourraient avoir une influence sur la façon dont les enfants parlent des émotions ; ils pourraient aussi avoir une incidence sur la compréhension qu'ont les enfants de l'effet des désirs et des croyances sur les émotions, voire sur leur compréhension des émotions mixtes.

Des travaux longitudinaux récents confirment cette hypothèse. Plusieurs chercheurs ont trouvé qu'il existe une corrélation positive entre la façon dont la famille communique sur les émotions et la compréhension que l'enfant ont de celles-ci. La période séparant l'observation de la famille et l'évaluation du niveau de compréhension de l'enfant pouvait être soit courte autour du troisième anniversaire de l'enfant (Dunn, Brown, Slomkowski, Tesla & Youngblade, 1991), soit relativement longue, d'une durée de 3 ans (Dunn, Brown & Beardsall, 1991; Brown & Dunn, 1996), voire de 5 ans et plus (Steele, Steele, Croft & Fonagy, 1999).

6. ATTACHEMENT ET DISCOURS FAMILIAUX

Il faut souligner le fait que la façon dont ces différents chercheurs mesuraient la qualité des communications familiales sur les émotions variait en fonction de leurs *a priori* théoriques. Deux approches théoriques méritent plus particulièrement d'être discutées dans le cadre de ce texte (Harris, 1999; Pons, Lawson, Harris & de Rosnay, sous presse; de Rosnay & Harris, soumis). La première est celle des chercheurs guidés par les théories de l'attachement. Dans ces modèles, les enfants sont considérés comme ne s'attachant pas de la même façon à la personne qui prend soin d'eux (en générale la mère). Un attachement «secure» serait un contexte favorable pour que les enfants puissent exprimer et communiquer leurs émotions et leurs sentiments. Ce contexte non défensif vis-à-vis des émotions permettrait aux enfants de réfléchir à leurs propres émotions ou à celles d'autrui. Ainsi, les bébés et les enfants qui seraient attachés de façon «secure» à leur mère seraient ceux qui comprendraient le mieux le monde des émotions. Dans cette première approche théorique, il est considéré que plus le bien-être émotionnel de l'enfant est élevé, meilleure sera par la suite sa compréhension des émotions.

Une autre approche théorique peut être distinguée, plus cognitivo-développementale, pour expliquer l'influence de la famille sur la compréhension des émotions des enfants. Si la personne qui s'occupe de l'enfant parle fréquemment et de façon cohérente des émotions, cela aura au moins deux conséquences positives. Premièrement, grâce aux travaux sur la capacité des enfants à se rappeler et à discuter de certains épisodes autobiographiques, nous savons que leurs mères sont plus ou moins efficaces du point de vue de l'aide qu'elles fournissent aux enfants pour se rappeler et discuter de ces épisodes (Reese & Fivush, 1993; Reese, Haden & Fivush, 1993; Nelson, 1993). Par extension, l'hypothèse peut être avancée que les mères sont plus ou moins efficaces dans les aides qu'elles fournissent à leurs enfants pour se rappeler et discuter d'épisodes dans lesquels ils ont été par exemple tristes, effrayés ou fâchés. Deuxièmement, les mères qui communiquent le plus facilement au sujet des émotions avec leurs enfants sont certainement celles qui en même temps les aident le mieux à appréhender une situation émotionnelle du point de vue de l'autre. Par exemple, de telles mères sont sans doute celles qui vont inviter leur enfant à réfléchir le plus aux émotions d'un personnage imaginaire ou aux émotions ressenties par leur petit frère ou leur petite sœur. Un certain nombre de résultats soutenant cette interprétation ont été trouvés par Garner, Jones, Gaddy & Rennie (1997). Ces chercheurs ont observé que la capacité des enfants à se mettre à la place de l'autre corrèle positivement avec la façon dont leur famille parle du monde des émotions. Plus précisément, ils ont trouvé que les discussions qui ne portent pas simplement sur ce qu'une personne ressent mais aussi sur les raisons de ce sentiment aident les enfants à se mettre du point d'autrui. En résumé, il semble plausible d'affirmer que les discours que les enfants ont en particulier avec leur mère ont une incidence sur la compréhension qu'ils ont d'épisodes émotionnels passés ou présents, voire futurs. De ce point de vue, ce n'est pas tant le bien-être de l'enfant qui a le plus d'incidence sur sa compréhension des émotions, mais plutôt la façon dont les discours familiaux l'aident à se souvenir et à réfléchir sur des épisodes émotionnellement chargés.

Il faut reconnaître qu'il n'est pas facile de distinguer clairement ces deux explications de l'incidence du milieu familial sur la compréhension des émotions de l'enfant. D'un point de vue strictement empirique, on peut s'attendre à ce que la qualité de l'attachement mère-enfant et la cohérence des communications émotionnelles intrafamiliales soient deux facteurs qui co-varient. Ces facteurs sont souvent présents en même temps au sein de la famille. En effet, plusieurs chercheurs ont montré que plus les mères ont une relation d'attachement «secure» avec leur enfant, plus elles ont tendance à engager avec lui des discours psychologiques et donc émotionnels (Meins, Fernyhough, Fradley & Tuckey, sous presse). Un certain nombre de travaux ont également montré que ces mères «secure» sont celles qui, en même temps, ont le plus de facilité à parler de leur relation avec leur propre mère (Van IJzendoorn, 1995). Toutefois, même si ces deux facteurs explicatifs ont tendance à co-varier, il est possible d'examiner leur influence respective séparément.

Premièrement, il est clair que si ces deux facteurs ont tendance à apparaître souvent en même temps, ce n'est cependant pas toujours le cas. Par conséquent, il serait intéressant d'entreprendre une recherche longitudinale où ces deux facteurs seraient mesurés en Temps 1. Plus tard, la compréhension que l'enfant a des émotions pourrait être mesurée plusieurs fois, par exemple en Temps 2 et Temps 3. La mesure de cette compréhension devrait être exhaustive. Elle devrait permettre de saisir plusieurs composantes de la compréhension des émotions de l'enfant (voir la quatrième section de ce texte pour une discussion de ce point). Un tel plan devrait permettre d'examiner la valeur explicative de chacun des deux facteurs (attachement et discours) mesurés en Temps 1 sur les compréhensions des émotions mesurées en Temps 2 et Temps 3, via, par exemple, l'analyse de la part de variance expliquée par un des deux facteurs mesuré en Temps 1 lorsque l'autre facteur mesuré en Temps 1 est inclus ou exclu de l'analyse.

Une autre recherche consisterait en l'étude de l'influence des programmes d'intervention. Certains de ces programmes ont montré que les mères ayant une relation d'attachement «insecure» peuvent bénéficier d'une intervention leur montrant comment réagir de façon plus adéquate en face de leur enfant (van IJzendoorn, Juffer & Duyvesteyn, 1995). Il serait également possible d'imaginer réciproquement des programmes d'intervention qui mettraient plus l'accent sur les discours émotionnels de la mère. Ce deuxième type de programmes chercherait à promouvoir les occasions où les enfants pourraient parler et réfléchir avec leur mère à propos d'épisodes émotionnels. Ces épisodes pourraient être tirés de leur propre vie ou de la vie de personnages imaginaires. Les analyses porteraient alors sur un examen de l'influence respective de chacun de ces deux types de programme d'intervention sur la compréhension des émotions des enfants dont les mères auraient suivi ces programmes.

En guise de conclusion à cette deuxième section, rapportons les résultats de recherches réalisées avec des enfants sourds. Plusieurs travaux menés en Australie, au Royaume Uni et en France ont montré que les enfants sourds sont retardés du point de vue de l'acquisition d'une théorie de l'esprit. Les performances de ces enfants dans des tâches classiques de fausses croyances sont relativement mauvaises par rapport à des enfants normaux du même âge (Deleau, 1996; Figueras-Costa & Harris, 2001; Peterson & Siegal, 1995). Ces travaux suggèrent que le manque d'accès aux conversations ordinaires de la vie de tous les jours serait à l'origine du retard dont souffrent les enfants sourds dans leur compréhension des états mentaux. Une autre recherche confirme cette interprétation. Peterson & Siegal (1999) ont trouvé que les enfants sourds élevés par des parents pratiquant la langue des signes ne souffrent pas d'un retard dans leur compréhension des états mentaux.

Il serait intéressent de réaliser une recherche longitudinale, du même type que celle que nous venons de décrire, avec les enfants sourds. Une telle recherche devrait permettre de pousser plus avant l'analyse des rôles respectifs de la relation d'attachement et des discours psychologiques sur le développement de la compréhension des émotions. En effet, il semble raisonnable de postuler que des enfants sourds élevés par des parents ne pratiquant pas la langue des signes n'encourent pas de risques particuliers en ce qui concerne leur relation d'attachement avec leur mère. Cependant, ces enfants auraient certainement beaucoup moins l'occasion qu'un enfant normal de discuter avec leurs parents et donc de réfléchir sur des expériences émotionnelles.

7. LA COMPRÉHENSION DES ÉMOTIONS COMME VARIABLE EXPLICATIVE

La plupart des études sur le développement de la compréhension des émotions chez l'enfant se sont surtout attachées, comme on vient de le voir, soit à décrire ce développement, soit à essayer d'expliquer les différences individuelles qui ont été observées au sein de celui-ci. Même si l'importance de la compréhension que l'individu a des émotions est depuis longtemps reconnue dans le monde de la psychologie appliquée (clinique, psychothérapeutique, etc.), rares sont cependant les recherches expérimentales sur le rôle que joue cette compréhension, autrement dit où la compréhension des émotions est envisagée non pas comme une variable à décrire ou à expliquer mais comme une variable explicative.

Seul un petit nombre de travaux expérimentaux ont abordé récemment cette question. Parmi ceux-ci, deux groupes peuvent être identifiés selon qu'ils portent, d'une part, sur l'influence de la compréhension des émotions de l'enfant sur la représentation qu'autrui se fait de lui (popularité, leadership, compétence sociale, etc.), et, d'autre part, sur l'incidence de la compréhension des émotions de l'enfant sur ses comportements sociaux effectifs (capacité de coopération, de gérer des conflits, de communiquer, comportements emphatiques, etc.), ces deux phénomènes étant naturellement étroitement liés (Pons, Doudin, Harris & de Rosnay, 2002, pour une revue récente).

8. REPRÉSENTATION SOCIALE DE L'ENFANT PAR AUTRUI

Denham, McKinley, Couchoud & Holt (1990) ont étudié des enfants préscolaires (3 ans et demi en moyenne), d'une part du point de vue de leur capacité à attribuer une émotion (la joie, la tristesse, la colère ou la peur) à une poupée se trouvant dans des situations plus ou moins prototypiques (la peur durant un cauchemar ou la tristesse en allant à l'école), et, d'autre part, du point de vue de leur popularité auprès de leurs camarades. Ils ont trouvé que plus la compréhension que l'enfant a des causes externes d'une émotion est bonne, plus il est populaire parmi ses camarades, et ce même lorsque les effets d'âge ou de sexe sont contrôlés.

Dans une étude longitudinale avec des enfants préscolaires de 4 et 5 ans, Edwards, Manstead & MacDonald (1984) ont montré que l'enfant qui arrive le mieux à reconnaître l'expression faciale d'une émotion est, 1-2 ans plus tard, le plus populaire parmi ses camarades et ce même lorsque l'effet de sa popularité initiale est pris en compte (contrôlée). Cassidy, Parke, Butkovsky & Braungart (1992), dans leur examen d'enfants suivant leur première année d'école obligatoire (environ 6 ans), ont trouvé que la compréhension des émotions de l'enfant corrèle significativement et positivement avec sa popularité auprès de ses camarades d'école. McDowell, O'Neil & Parke (2000) ont montré que des enfants scolarisés d'environ 9 ans (surtout des filles) qui ont une bonne compréhension des possibilités de contrôle de certaines émotions négatives sont également ceux qui sont considérés par l'enseignant ou leurs camarades comme socialement les plus compétents. Enfin, dans leur étude sur des pré-adolescents (11-13 ans), Bosacki & Astington (1999) ont trouvé qu'il existe une relation significative et positive entre la compréhension des émotions du pré-adolescent et ses compétences sociales évaluées par l'enseignant.

9. COMPORTEMENTS SOCIAUX DE L'ENFANT

Dunn & Cutting (1999) ont montré chez des enfants préscolaires de 4 ans qu'il existe une relation positive et significative entre la compréhension que l'enfant a des émotions et la qualité de sa relation avec un camarade (un ami proche) dans une situation de jeu (bonne coopération, niveau de conflit bas, communication efficace). Dans une étude sur une population d'enfants problématiques (3-4 ans), Hughes et ses collègues (Hughes, Dunn & White, 1998) ont trouvé une relation positive et significative entre la compréhension des émotions et le fait que l'enfant présente des problèmes comportementaux (comportements anti-sociaux, agressivité, comportements empathiques et pro-sociaux faibles). Enfin, dans une étude longitudinale, Dunn & Herrera (1997) ont trouvé que la capacité d'enfants de 6 ans à résoudre des conflits interpersonnels avec leurs amis à l'école est liée à la compréhension qu'ils ont des émotions 3 ans auparavant à l'âge de 3 ans.

Même si les résultats de ces différentes recherches doivent être interprétés avec précaution (par exemple, difficulté que suscite la détermination du sens de la relation, influence d'autres variables expliquant l'existence de la relation, incidence d'autres variables expliquant une des variables de la relation), ces recherches montrent néanmoins qu'il existe une relation entre la compréhension que l'enfant a des émotions et son image auprès d'autrui ou ses comportements sociaux (Dunn, 2000; Harris, 2000; Manstead, 1994; Pons, Doudin, Harris & de Rosnay, 2002, pour des discussions).

10. PREMIÈRE ÉTAPE VERS UNE MESURE GÉNÉRALE DE LA COMPRÉHENSION DES ÉMOTIONS

Une des particularités des recherches que nous avons présentées réside dans leur caractère relativement fragmentaire. En effet, certains chercheurs se sont surtout intéressés à la façon dont les enfants parlaient des émotions; d'autres ont porté leur attention sur la compréhension qu'ont les enfants du rôle des désirs et des croyances sur les émotions; d'autres encore ont cherché à analyser la compréhension qu'ont les enfants des possibilités de cacher certaines émotions, des émotions mixtes ou des émotions sociales relativement complexes, comme la culpabilité ou la fierté (Harris, 1989, pour une revue étendue et approfondie). Les études sur la compréhension des émotions chez l'enfant apparaissent donc comme un archipel, comme une suite d'îlots d'investigations relativement isolés les uns des autres, parmi lesquels il est difficile d'identifier des voies de communications, sinon praticables, en tout cas signalées.

Confronté à ce problème, nous avons développé un test relativement simple permettant de mesurer neuf composantes fondamentales de la compréhension des émotions chez l'enfant : le *Test of Emotion Comprehension* (TEC) (Pons, Harris & Doudin, sous presse; Pons, Harris & de Rosnay, soumis; Pons, Lawson, Harris & de Rosnay, sous presse). La méthode de mesure de ces composantes est toujours sensiblement la même. Dans un premier temps, l'expérimentateur présente et décrit une image représentant une histoire chargée sur le plan émotionnel. Dans un deuxième temps, il demande à l'enfant d'attribuer au personnage principal une réaction émotionnelle. Pour se faire, l'enfant doit choisir parmi quatre images, chacune représentant une réaction émotionnelle différente. Les Figures 3 et 4 donnent une illustration du matériel utilisé pour mesurer la compréhension, d'une part, du rôle des croyances sur les émotions et, d'autre part, des émotions mixtes.

Pour mesurer la compréhension du rôle des croyances sur les émotions, une histoire impliquant un lapin, une carotte, un buisson et un renard est racontée : le lapin est en train de manger une carotte, il aime beaucoup les carottes; derrière un buisson se trouve un renard, le renard est caché derrière le buisson, car il veut manger le lapin, le lapin ne sait pas que le renard est caché derrière le buisson. L'enfant peut voir brièvement que le renard est caché derrière le buisson : l'expérimentateur lui demande de soulever le buisson puis de le remettre à sa place. Dans cette situation, la plupart des jeunes enfants choisissent l'image représentant le lapin effrayé. Ils n'arrivent pas à tenir compte du fait que le lapin ne sait pas que le renard est caché derrière le buisson. Par contre, les enfants plus âgés optent pour l'image représentant le lapin heureux. Ils arrivent à comprendre que le lapin ne sait pas que le renard est caché derrière le buisson, et qu'il est par conséquent heureux de manger sa carotte.

Pour mesurer la compréhension des émotions mixtes, une histoire impliquant un personnage et sa bicyclette est racontée : un personnage est en train de regarder la première bicyclette qu'il vient de recevoir pour son anniversaire et, en même temps, il se demande s'il va tomber et se faire mal, car il ne sait pas monter à bicyclette. La plupart des jeunes enfants choisissent une émotion simple pour décrire l'état émotionnel du personnage principal (soit content, soit effrayé), tandis que les enfants les plus âgés arrivent à concevoir que le personnage principal se sent dans cette situation à la fois heureux et effrayé.

Trois résultats importants sont ressortis de cette recherche menée avec le TEC. Premièrement, comme prévu et en accord avec les résultats de la littérature sur ce sujet, la maîtrise que les enfants ont de chacune des neuf composantes de la compréhension des émotions se développe clairement. Deuxièmement, trois phases peuvent être identifiées dans le développement de ces neuf composantes. Lors de la première phase, vers 3 ans et clairement 5 ans, les enfants sont capables de reconnaître différentes émotions de base à partir de leur expression faciale (joie, tristesse, peur, colère, neutralité) ; ils sont aptes à comprendre certaines des causes externes des émotions (par exemple se faire chasser par un monstre peut provoquer la peur) et de saisir l'impact de certains souvenirs sur les émotions (par exemple, regarder la photo d'un être aimé récemment disparu peut provoquer la tristesse). Lors de la deuxième phase, vers 5 ans et clairement 7 ans, ils comprennent l'influence des désirs et des croyances sur les émotions. Ils sont également capables de comprendre la distinction entre une émotion apparente et une émotion ressentie. Enfin, lors de la troisième et dernière phase, vers 9 ans et très clairement 11 ans, les enfants reconnaissent l'existence des émotions mixtes, saisissent qu'il est possible de réguler son ressenti émotionnel au moyen de stratégies psychologiques (par exemple, penser à autre chose pour ne plus être triste) et que la morale peut avoir une incidence sur les émotions (par exemple, ne pas confesser d'avoir commis un acte répréhensible peut être source de culpabilité). Le troisième résultat de cette recherche concerne la relation unissant le développement de ces neufs

Figure 3 — Item utilisé pour mesurer la compréhension du rôle des croyances sur les émotions. Notons qu'un buisson amovible permet de cacher complètement le renard.

Figure 4 — Item utilisé pour mesurer la compréhension des émotions mixtes.

composantes de la compréhension des émotions. Des analyses de prédictions montrent que les trois phases qui ont été identifiées lors de l'analyse développementale sont hiérarchiquement organisées. Rares, en effet, sont les enfants qui réussissent les composantes d'une phase sans avoir réussi ceux de la phase précédente.

En guise de conclusion à cette quatrième section, mentionnons deux des principales applications que le TEC pourrait avoir (Pons, Harris & de Rosnay, 2000, pour une discussion). Premièrement, il devrait permettre au clinicien de situer un enfant par rapport à sa population de référence. Il devrait également permettre de voir quelles sont les composantes de la compréhension des émotions que l'enfant maîtrise déjà et lesquelles il lui reste encore à maîtriser. Ce type d'information pourrait être très utile dans le cadre d'interventions thérapeutiques. Deuxièmement, le TEC devrait fournir aux chercheurs réalisant des études transversales, longitudinales et/ou corrélationnelles une mesure relativement rapide de l'étendue de la compréhension des émotions de l'enfant. Rappelons que dans les études que nous avons rapportées plus haut, les chercheurs ont toujours été obligés de restreindre leur mesure de la compréhension des émotions à seulement une ou deux composantes.

CONCLUSION

Dans l'introduction, nous soulignions que les êtres humains se différencient des non humains parce qu'ils sont capables de parler de leurs émotions, de réfléchir sur leurs émotions et, par-là même, de construire des théories naïves sur les émotions. Les résultats que nous avons examinés dans ce texte montrent que ces différentes capacités sont étroitement liées. Les enfants parlent des émotions très tôt et plus ils ont l'occasion d'en parler et d'y réfléchir, plus ils semblent en avoir une théorie psychologique intuitive, cette compréhension ayant une incidence sur leurs relations sociales. Notre espoir est que, dans le futur, les recherches montreront de façon plus précise comment se construit la relation entre expérience émotionnelle, discours et réflexions sur les émotions, théories intuitives des émotions et relations sociales.

NOTE

[1] Remerciements : la rédaction de ce texte a été en partie rendue possible grâce à un subside du Fonds National Suisse de la Recherche Scientifique (subside 8210-056618).

Compétences humoristiques et compétences sociales chez des enfants de 8-10 ans

Catherine Garitte et Florence Legrand

Université Paris X, SPSE

INTRODUCTION

De façon générale, l'humour, défini comme la production ou la perception d'une incongruité (Mc Ghee 1971 ; Bariaud, 1983 ; etc.), a surtout été étudié comme une manifestation de l'activité cognitive. En ce qui concerne l'enfant, plusieurs modèles théoriques ont tenté de rendre compte de sa genèse (Sultz, 1972 ; Mc Ghee, 1971, 1972 ; etc.). Dans cette perspective développementale, l'humour a été étudié essentiellement de façon expérimentale (par exemple, à partir de dessins humoristiques), en isolant les situations de tout contexte interactif spontané et « naturel ». Or, l'humour s'exprime et trouve son sens véritable dans son rapport à autrui. En effet, que ce soit chez l'enfant ou chez l'adulte, il assure différentes fonctions. Par exemple, dans le cadre des interactions interindividuelles, il rend compte de facteurs :

– *interactifs* : l'humour favorise la fonction phatique (Garitte, 2000), il « huile » socialement les interactions sociales afin de les rendre plus plaisantes (Mc Ghee, 1998), il désamorce un conflit naissant, il maintient la cohésion dans l'interaction, etc. ;

– *émotionnels* (Bariaud, 1983) : il intervient dans les stratégies de *coping*, il préserve l'individu dans la mesure où un événement est considéré comme drôle s'il n'est pas menaçant (Wolstein, 1954, in Mc Ghee, 1998) ;

– *sociaux* : l'humour favorise les contacts sociaux, en élargissant le réseau amical de la personne faisant preuve d'humour et en augmentant sa popularité (Mc Ghee, 1980, 1998 ; Masten, 1986) ; il permet une formulation socialement acceptable des sentiments d'hostilité et d'agressivité (*cf.* Mc Ghee, 1980) — cette conduite est observable chez les enfants à partir de 6-7 ans (Sodian, 1990), c'est-à-dire lorsqu'ils sont capables de produire des messages humoristiques contenant une ambiguïté —; il assouplit un style autoritaire, conduite observée très précocement chez l'enfant selon Mc Ghee (1977, 1980);

– *de facteurs personnels* : l'humour entretient des relations avec la personnalité — les enfants considérés par leurs pairs comme peu drôles sont des enfants isolés («socialement distants», Sherman, 1985) et une faible production humoristique est souvent associée à des enfants timides et silencieux (Masten, 1986).

Il apparaît ici que l'humour intervient dans les situations sociales de façon à produire sur autrui des effets (l'amuser ou le faire rire). Ces effets peuvent refléter à la fois des motivations personnelles (décharger son agressivité, être populaire, etc.) et des motivations interindividuelles (favoriser le maintien de l'interaction). Par l'humour, l'individu révèle donc sa capacité à s'adapter à un environnement social, soit en produisant de l'humour, soit en le reconnaissant comme tel. En d'autres termes, par l'humour, l'individu révèle certaines compétences sociales puisque, pour Argyle (1994), les compétences sociales sont «des *patterns* de comportement social qui rendent les individus compétents dans certaines situations sociales, c'est-à-dire capables de produire les effets désirés sur d'autres individus... Ces effets peuvent être relatifs à des motivations personnelles, comme être populaire, ou bien à des objectifs assignés à autrui...» (in Moscovici, 1994).

Toutefois, le concept de «compétence sociale» est complexe et les définitions multiples. Par exemple, Flavell (1985), dans une perspective néo-piagétienne, le définit comme «une habileté à contrôler ses interactions sociales et à régulariser ses comportements à partir des réactions de l'environnement à ses propres comportements», Cartron & Winnykamen (1999, p. 80) le définissent comme des «habiletés à établir et maintenir le contact avec l'autre, à solliciter autrui, mais également à répondre aux sollicitations de l'autre...», et Ford (1982) considère que c'est la réalisation de buts interpersonnels. C'est pourquoi, à la suite d'Allès-Jardel (1999, p. 80), nous considérerons les compétences sociales (*social skills*) «comme l'aspect comportemental de la compétence sociale (*social competence*)», et nous considérerons que l'humour est l'une des facettes de la compétence sociale. Cette relation entre humour et compétence sociale est en filigrane dans les différents travaux de Mc Ghee (1998), dans la mesure où l'humour permet d'attirer et de maintenir l'attention, mais aussi d'exprimer ce qui est difficile à exprimer autrement. C'est cette relation entre humour et compétence sociale que nous avons tenté de tester ici, dans la mesure où, comme le dit cet auteur, les preuves empiriques font défaut.

1. MÉTHODE

Pour répondre à cet objectif, nous avons constitué deux groupes de sujets : des enfants capables de produire de l'humour (les enfants dits «drôles») et ceux qui n'en sont pas capables (enfants «pas drôles»). Cette capacité à produire de l'humour a été évaluée sur 22 enfants entre 8 et 10 ans, fréquentant un même centre de loisir, qui avaient pour consigne de transformer en dessin humoristique un dessin neutre représentant un couple d'adultes et un enfant rendant visite à un homme plus âgé (dessin issu du matériel expérimental utilisé par Bariaud, *op. cit.*). Divers crayons feutres de couleur étaient à leur disposition pour cette transformation. Une fois terminés, ces dessins ont été jugés en aveugle par 11 enfants du même âge sur une échelle en 4 points allant de «très drôle» à «pas du tout drôle». Le choix de faire juger l'aspect humoristique des dessins des enfants par leurs pairs tient au fait que la production et la compréhension de l'humour suivent un développement cognitif particulier et que les causes du comique diffèrent en fonction de l'âge. L'évaluation des dessins obtenue grâce à l'échelle a permis de regrouper les sujets en 2 catégories : ceux dont le dessin a été jugé «drôle» et ceux dont le dessin a été jugé «pas drôle». Quatre enfants dont le dessin n'a pas fait l'unanimité chez les jeunes juges ont été exclus de la population d'étude et n'ont donc pas participé à la suite de la recherche. Notre comparaison porte donc sur 18 enfants (8 filles et 10 garçons) dont 8 ont été catégorisés comme «drôles» et 10 comme «pas drôles».

Dans un second temps (le même jour que celui du recueil des dessins humoristiques), nous avons filmé ces enfants lors de la réalisation d'une tâche familière qui nous semblait mettre en exergue leurs compétences sociales, à savoir la confection collective d'un gâteau. Les enfants étaient placés par groupes de 4 et devaient réaliser un gâteau dont la recette était écrite sur une feuille et dont le matériel et les ingrédients nécessaires à sa réalisation étaient disposés sur une table. Les compétences sociales ont été opérationnalisées par différents comportements, issus d'une analyse de contenu. Ils ont été regroupés en 4 grandes catégories : les comportements «solitaires», «prosociaux», «neutres», «antisociaux» en relation avec la tâche, et les comportements «désintéressés vis-à-vis de la tâche» (*cf.* présentation de la grille comportementale en annexe). Les bandes vidéo ont fait l'objet d'un codage exhaustif et d'un double codage sur quelques séquences temporelles (en début, milieu et fin de la réalisation du gâteau). L'accord inter-juge est de 0,88 et l'un accord intra-juge de 0,91. Nous avons ensuite comparé les différentes catégories de compétences sociales en fonction des 2 groupes de sujets. La fréquence moyenne à chacune de ces catégories est présentée dans le tableau 1.

Tableau 1 — Moyennes des comportements sociaux liés ou non à la tâche (réalisation d'un gâteau) des sujets en fonction du jugement humoristique porté sur eux.

Comportements liés à la tâche	Moy. des enfants jugés «drôles»	Moy. des enfants jugés «pas drôles»
solitaires (I)	**66,00**	**66,70**
prosociaux (II) **	**180,00**	**116,50**
coopération	60,38	44,70
de partage de la tâche **	52,14	22,70
d'organisation de la tâche *	20,25	8,30
d'aide	4,62	3,50
de demande d'aide	11,88	10,80
d'acquiescement	24,00	23,10
réactions positives	5,00	3,10
de régulation	1,75	0,30
neutres (III)	**58,50**	**103,80**
antisociaux (IV)	**10,88**	**12,20**
négatifs	6,88	9,30
refus d'aide	0	0
réactions antisociales aux comportements prosociaux	3,00	2,70
réactions antisociales aux comportements antisociaux	1,00	0,20
Comportements sans rapport avec la tâche (V)	**44,62**	**60,80**
solitaires	27,38	50,00
sociaux	17,25	10,80

* $p<.06$
** $p<.01$

2. RÉSULTATS

Quels que soient les sujets, il y a plus de comportements prosociaux que de comportements antisociaux, ce qui montre que, quelles que soient leurs compétences humoristiques, les enfants ont des compétences sociales tout à fait adaptées qui leur permettent d'interagir et d'atteindre leur but sans trop de heurts. La fréquence des comportements antisociaux des enfants «drôles» n'est pas différente de celle des enfants «pas drôles», ce qui nous permet de relativiser le rôle de l'humour dans les interactions interindividuelles : même si les enfants ne font pas preuve d'humour, ils peuvent interagir avec des pairs sans difficulté et produire des comportements socialement adaptés.

Par contre, les enfants jugés «drôles» par leurs pairs présentent globalement plus de comportements prosociaux que les enfants jugés «pas drôles» (U=13,00; p<0,01). Toutefois, l'analyse de cette catégorie *item* par *item* ne révèle de différences statistiquement significatives que pour les comportements de «partage de la tâche» (U=11,50, p<0,01) et «d'organisation de la tâche» (U=19,50, p<0,06).

3. DISCUSSION

Les résultats attendus ne sont donc que partiellement satisfaisants. Toutefois, ils ne remettent pas directement en cause la relation entre humour et compétence sociale mais révèlent les problèmes méthodologiques rencontrés tout au long de cette recherche. Tout d'abord, des problèmes méthodologiques se sont posés lors de l'opérationnalisation de la variable humour. Nous ferons à ce propos trois remarques : a) la forme de l'humour évaluée est graphique, or, dans les interactions sociales, il s'agit essentiellement d'humour verbal (notons d'ailleurs que certains enfants ont fait parler les personnages à l'aide de bulles); b) certains enfants peuvent être jugés «pas drôles» non pas parce qu'ils manquent d'humour mais parce qu'ils ne savent pas dessiner et être «drôles» par ailleurs; c) nous nous sommes heurtés, comme tous les chercheurs travaillant sur l'humour, à la production de l'incongruité qui est généralement spontanée et suggérée par les éléments situationnels; d) nous n'avons évalué les compétences humoristiques qu'une seule fois. Les enfants jugés «drôles» l'auraient-ils été avec d'autres dessins?

Le deuxième problème méthodologique qui s'est posé est celui de l'âge des sujets. Cet âge a été déterminé d'une part par les théories développementales sur la compréhension et la production de l'humour et, d'autre part, par la familiarité des enfants. Or, l'adéquation à la fois théorique et méthodologique qui nous seyait lors de la constitution des groupes de sujets sied-elle au niveau des compétences sociales? En d'autres termes, les compétences sociales des enfants de 8 ans sont-elles comparables à celles des enfants de 10 ans? Les difficultés théoriques pour conceptualiser et opérationnaliser la compétence sociale ne nous ont pas permis de répondre véritablement à cette question avant le recueil des données.

Enfin, nous avons eu des difficultés pour trouver une situation d'observation qui rende compte de compétences sociales et qui soit habituelle aux enfants. Le choix de la situation a évidemment des répercussions sur les résultats. La situation choisie révèle certaines caractéristiques des compétences sociales qu'il s'agit de retrouver dans d'autres situations interactives dont les buts diffèrent (jouer, converser, résoudre un problème, etc.), de façon à extraire les compétences sociales dont l'humour rend compte. Or, l'analyse de la littérature pourtant abondante sur les compétences sociales de l'enfant ne nous a pas aidées dans la mesure où, comme le rappelle Allès-Jardel (*op. cit.*, p. 81), chez l'enfant, «il y a presque autant de dimensions de la compétence sociale qu'il y a d'études qui lui sont consacrées». D'autres études sont donc à mener en évitant les écueils tant au niveau de l'humour qu'au niveau des compétences sociales sur lesquels nous avons buté.

Annexe : La grille comportementale

I. Comportements *solitaires* liés à la tâche : comportements où l'enfant cible fait seul une activité liée à la tâche.

II. Comportements *prosociaux* liés à la tâche : comportements où l'enfant cible effectue avec d'autres enfants une activité liée à la tâche :
1. Comportements *prosociaux égalitaires* liés à la tâche :
a) comportements de *coopération* spontanée où l'enfant a le même statut que les autres enfants et ils effectuent ensemble une même activité liée à la tâche.
b) comportements de *partage* de la tâche où l'enfant cible a le même statut que les autres enfants et ils effectuent en même temps des activités différentes ou complémentaires.
2. Comportements prosociaux inégalitaires liés à la tâche où l'enfant cible n'a pas le même statut que les autres enfants :
a) comportements d'*organisation du travail* où les enfants n'ont pas le même statut et où l'enfant cible organise le travail du groupe ou d'un des membres du groupe.
b) comportements d'*aide* où les enfants n'ont pas le même statut et où l'enfant cible apporte une aide à un autre pour réaliser la tâche.
3. Comportements *prosociaux sans volonté organisatrice ou régulatrice* liés à la tâche :
a) comportements de *demande d'aide ou de participation*
b) comportements d'*acquiescement*
4. Comportements *prosociaux non liés* directement à la tâche :
a) comportements *positifs à la suite d'une agression* verbale ou gestuelle
b) comportements de *régulation des relations interpersonnelles* des autres enfants.

III. Comportements *neutres* liés à la tâche : comportements où l'enfant cible est centré sur la tâche de façon passive.

IV. Comportements *antisociaux* liés à la tâche : comportements désagréables et parfois agressifs où l'enfant cible ne tient pas compte du désir et des comportements des autres enfants et qui peuvent conduire à un climat conflictuel et tendu dans le groupe :
1. Comportements *négatifs* de l'enfant cible vis-à-vis de la tâche.
2. Comportements de *refus d'aide*.
3. Comportements *antisociaux en réponse à des comportements prosociaux*
4. Comportements *antisociaux en réponse à des comportements antisociaux*.

V. Comportements *sans rapport* avec la tâche : comportements où l'enfant cible se désintéresse de la réalisation de la tâche :
1. Comportements *solitaires sans rapport* avec la réalisation de la tâche
2. Comportements *sociaux sans rapport* avec la réalisation de la tâche

Effet d'une couleur gaie et triste sur l'usage du lexique émotionnel par des enfants de 11 ans lors de la rédaction d'un récit

Annie Piolat et Anne Gombert
Université de Provence, Centre de Recherche en Psychologie de la Connaissance, du Langage et de l'Émotion

1. OBJECTIF

L'objectif de cette recherche exploratoire est de mettre en évidence que lorsque des jeunes rédacteurs (11 ans) décrivent l'état émotionnel des protagonistes d'un récit, ils le font en fonction de leur propre état émotionnel. Plus précisément, selon la succession des étapes narratives, l'état émotionnel des protagonistes d'un récit est tour à tour gai ou neutre (situation initiale), puis triste ou malheureux (complication) et à nouveau gai ou neutre (résolution). Aussi, la présente recherche a comme but de repérer si des enfants de 11 ans traduisent lexicalement ces changements d'état émotionnel des personnages en fonction de leur propre ressenti. Les deux états émotionnels retenus étaient *être plutôt gai* ou *être plutôt triste*. Les travaux de Sinclair *et al.* (1998) ont montré que la couleur du papier sur lequel figuraient des questions d'examen avait un impact émotionnel chez des étudiants en modulant significativement leur performance. C'est ce mode d'induction de l'état émotionnel des jeunes rédacteurs qui a été retenu. Une pré-enquête a permis d'établir que les enfants de 11 ans ont estimé majoritairement que la couleur *gaie* était le *jaune* et la couleur *triste*, le *gris*. La couleur du support permettant de présenter le récit en images était de l'une ou l'autre couleur afin d'induire chez les enfants un des deux états émotionnels.

Le but de cette recherche est de montrer que les jeunes rédacteurs utiliseront différemment le lexique émotionnel qu'ils possèdent pour qualifier l'évolution de l'état émotionnel des héros lors des phases de complication et de résolution de l'histoire, en fonction de leur ressenti *gai* ou *triste* induit par la couleur du support de présentation des images décrivant le récit jusqu'à sa complication. Aussi, dans le cadre de la procédure, la capacité des jeunes enfants à traduire linguistiquement par écrit les émotions éprouvées par les protagonistes du récit a été évaluée.

2. CADRE THÉORIQUE

Les études des liens entre émotion et production écrite sont, dans leur large majorité, focalisées sur l'usage de l'écrit comme outil bénéfique de la gestion émotionnelle des stress et des traumatismes (pour une revue, *cf.* Smyth, 1998). Les raisons pour lesquelles l'écriture expressive permet une amélioration de la santé comme de la sensation du bien être des individus concernés sont loin d'être claires. Certains auteurs tentent de montrer que l'impact émotionnel de l'écriture affecte des aspects du fonctionnement cognitif comme la disponibilité des ressources attentionnelles en mémoire de travail (Klein & Boals, 2001). Parmi ces recherches, rares sont celles qui recensent les éléments linguistiques produits par les rédacteurs. L'évolution de l'usage des verbes dits de compréhension soudaine (*insight words*) comme *comprendre, réaliser*, a été notée (Pennebaker & Francis, 1996), mais le lexique émotionnel écrit a été peu étudié.

Dans une toute autre perspective, Johnson-Laird & Oatley (1989) et Galati & Sini (1995), avec respectivement un échantillon de 590 mots anglais et de 143 mots français, ont repéré la structure des quatre groupes d'émotions primaires (*joie, tristesse, colère, peur*) disponibles dans le lexique émotionnel d'adultes. En revanche, l'usage de ce lexique par des jeunes rédacteurs est peu connu. Or, en plus de l'importance de pouvoir construire des relations sociales bénéfiques (*cf.* Harris & Pons, dans cet ouvrage), la maîtrise du lexique émotionnel est indispensable à la mise en place de la compétence textuelle et plus particulièrement de la compétence narrative.

Le déploiement d'une séquence narrative (Adam, 1992) ne peut, en effet, être restreint au simple descriptif des actions successives concernant les protagonistes d'un récit. La description de ce que ressentent ces protagonistes lors de la complication et la résolution du récit constitue un savoir faire narratif indispensable. Stein & Levine (1990) ont utilisé des scénarios dont l'amorce du schéma d'incidence (la complication) est donnée à traiter à des enfants et des adultes. En leur demandant de produire une résolution, ils ont étudié comment était déduit l'état affectif des protagonistes pour chaque scénario. Cet état (*joie*, *colère*, *tristesse*) est inféré à partir de l'analyse d'une contrainte majeure (maintenir un état agréable ; modifier un état désagréable) et des spécificités du scénario (but, issue). Les sujets rendent ainsi compte verbalement de leur théorie « naïve » des émotions, quel que soit leur propre état émotionnel lorsqu'ils analysent les scénarios. Pour leur part, Martins (1985) et Bestgen (1994) ont examiné les conséquences de l'état émotionnel des individus sur leurs processus de compréhension et de rappel de textes. Par exemple, les lecteurs appliqueraient un traitement spécifique aux informations d'un récit dont la tonalité émotionnelle s'accorde avec leur propre ressenti au moment de la lecture. Afin de poursuivre ce type de recherche, il s'agirait donc de repérer si la manière dont des rédacteurs décrivent les états émotionnels des héros d'un récit est dépendante de leur propre état émotionnel.

La façon d'induire l'état émotionnel des participants à une expérience constitue un problème redoutable (de Bonis, 1996). La couleur du support de papier permettant de présenter les images du récit a été retenue.

La couleur constitue une présence saillante de la vie quotidienne des individus. Enfants et adultes paraissent classer, aimer, choisir les couleurs en fonction des stéréotypes sociaux et des catégories verbales dont ils disposent mais aussi en raison d'effets émotionnels qu'elles provoquent (Boyatis & Varghese, 1994 ; Knez & Kers, 2000 ; Terwogt & Hoeksma, 1995). Valdez & Mehrabian (1994) ont, pour leur part, fortement critiqué la méthodologie de nombreuses recherches qui tentaient d'établir une relation entre couleur et émotion. Les couleurs utilisées dans ces expériences ne sont pas choisies selon des critères suffisamment objectifs (intensité et saturation associées à chaque longueur d'onde des couleurs). Leur contribution expérimentale a consisté à repérer l'impact émotionnel des couleurs sur trois dimensions : Plaisir-Déplaisir ; Excitation-Calme ; Dominance-Soumission. De plus, selon eux, l'étude des relations couleur et émotion doit être poursuivie en contrôlant le contexte (par exemple, le bleu est une couleur jugée agréable sauf si elle concerne de la nourriture teintée en bleue). Enfin, pour les enfants, ils ont constaté que les filles préféraient largement les couleurs claires alors que les garçons n'hésitaient pas à opter pour des couleurs sombres symbolisant la puissance.

D'autres recherches conduites auprès d'importantes cohortes d'étudiants ont tenté de montrer que les couleurs provoquaient un contexte émotionnel qui influençait le traitement de l'information. L'impact émotionnel de la couleur du support de papier des questions sur le niveau de réussite à des tests et à des examens est net (Jacobs & Blandino, 1992; Sinclair, Soldat & Mark, 1998; Soldat, Sinclair & Mark, 1997). La couleur rouge provoquerait un ressenti — et en corrélat un état attentionnel — moins favorable à la concentration que la couleur bleue. Autrement dit, la mobilisation des processus de traitement de l'information serait affaiblie dans le premier cas, car l'examen serait jugé facile, alors que les efforts cognitifs nécessaires seraient préservés dans le second cas. Les étudiants ajusteraient leur fonctionnement cognitif à leur ressenti, lui-même modelé par la couleur du support des questions d'examen.

Dans le cadre expérimental qui a été mis en place, l'hypothèse est faite que ce n'est pas seulement le contenu du récit présenté en images que les enfants doivent rappeler par écrit qui déterminera l'usage d'expressions émotionnelles. La capacité des jeunes rédacteurs à rédiger ce contenu devrait être modulé par un contexte lui-même déclencheur de leur état émotionnel (présentation des images sur fond *gai* ou *triste*). Plus précisément, la capacité des enfants à utiliser le lexique émotionnel pour traduire les sentiments des protagonistes (*être triste, être gai*) devrait être modulée par leur ressenti provoqué par la couleur du papier. Compte tenu de l'âge des rédacteurs qui maîtrisent depuis peu la cohérence narrative, la narration d'un bref récit peut être considérée comme une activité intellectuellement coûteuse (Fayol, 1986). La « performance » imposée aux jeunes rédacteurs est de qualifier l'état émotionnel des protagonistes tout en racontant l'histoire. Selon les résultats de Sinclair *et al.* (1998), comparativement à la couleur triste, la couleur gaie devrait provoquer une baisse de la performance; les enfants devraient moins se concentrer sur les exigences de la consigne et ainsi employer moins de lexique émotionnel pour évoquer le ressenti des protagonistes.

3. MÉTHODE[1]

Participants

Trois classes d'élèves de cours moyen de deuxième année ont participé à l'expérience (âge moyen : 11 ans). A cet âge, les enfants sont censés maîtriser la séquence narrative (Fayol, 1986). La répartition sociologique des 3 classes était équivalente. Les enseignants n'avaient pas fait depuis un mois au moins d'allusions particulière ni au récit, ni aux expressions émotionnelles (vocabulaire et visage). Une classe de 26 enfants a répondu au questionnaire sur les couleurs et les 45 enfants des deux autres classes ont été répartis dans les groupes expérimentaux (*cf.* procédure). Pour que les groupes d'élèves *Jaune* et *Gris* soient comparables, les indications préalables des enseignants concernant le niveau scolaire des enfants ont été utilisées (classement ordonné des enfants dans chacune des deux classes). Une répartition équilibrée d'élèves de niveau scolaire élevé et plus faible a été faite dans les groupes *Jaune* et *Gris* en tenant compte à la fois de leur classe d'origine et de leur niveau scolaire au sein de chaque classe. La médiane a servi de repère pour scinder l'effectif de chaque classe en deux niveaux scolaires. Chaque groupe expérimental était constitué d'une moitié d'enfants de bons niveaux et d'une moitié d'enfants de niveau scolaire plus faible provenant à parts égales de chacun des CM2. La proportion de filles et de garçons a été équilibrée.

Matériel

Le matériel expérimental était composé d'une fiche «couleurs», d'un carnet d'images et d'un carnet d'écriture.

Le questionnaire sur les couleurs

Il comportait huit couleurs (marron, noir, bleu, violet, rouge, orange, jaune, vert) présentées en ligne. Afin de tenir compte des résultats de Valdez & Mehrabian (1994) ainsi que de Boyatzis & Varghese (1994) sur l'impact de la saturation et de la vivacité des couleurs sur les émotions ressenties par les adultes comme par les enfants, ces couleurs ont été présentées chacune sous trois estompages (vif, moyen, clair). Le pavé comportait au total 8 colonnes et 3 lignes, soit 24 carrés numérotés afin que les enfants puissent désigner les couleurs choisies par leur numéro.

Ce pavé de couleurs était suivi d'une série de 14 questions permettant aux enfants d'associer une couleur à des états émotionnels (par exemple, Q1 : *Quelle est la couleur que tu préfères parce qu'elle te semble belle et attirante ?*; Q5 : *Quelle est la couleur qui va bien avec les habits d'une dame très malheureuse ?*). Ces questions proposaient aux enfants des termes du lexique émotionnel (*chagriné, malheureux, déprimé, découragé, tristesse, peine, malheur* versus *content, heureux, joyeux, gai*) insérés dans des énoncés. Il était demandé aux enfants de choisir la couleur correspondant à l'état émotionnel décrit dans chacun des énoncés. Cette procédure a été retenue afin de pouvoir réaliser rapidement une enquête avec une passation collective et en milieu scolaire. Il n'était donc pas possible de reprendre les procédures de Boyatis & Varghese (1994) ou de Buckalew & Bell (1985), dont l'application est très longue. Les premiers chercheurs avaient demandé à des enfants âgés de 4 à 7 ans de choisir une couleur préférée parmi 9 (rose, rouge, jaune; noir, gris, vert, bleu, violet et brun), puis de les ordonner toujours selon leur préférence. De plus, ils posaient à chaque enfant la question suivante : «Quand tu regardes cette couleur que ressens-tu et pourquoi?». Les seconds avaient demandé à des enfants d'âges comparables de dessiner l'expression faciale de personnages (sensés être heureux, tristes ou indifférents) et qui étaient habillés de couleurs différentes (bleu, vert, rouge, jaune, blanc, noir ou brun).

À l'issue de cette enquête ont été retenues les couleurs qui renvoient majoritairement à l'association couleur — sentiment de bonheur et de gaieté, et à l'association couleur — sentiment de malheur et de tristesse. Plus précisément, pour calculer les pourcentages d'associations couleurs-émotions, les choix des 26 enfants aux différents items ont été cumulés. Puis, le pourcentage de réponses pour chacune des couleurs a été calculé. Les items du questionnaire 2, 3, 5, 7, 8, 9, 11, 13, 14 permettaient de repérer la couleur associée à l'état émotionnel concernant le malheur et la tristesse. Les pourcentages ont été les suivants : Noir = 33%; Gris moyen = 24%; Brun foncé = 19%; Violet clair = 16%. Comme il était impossible d'imprimer les images du récit sur un fond noir, un fond gris sombre a été retenu pour la couleur associée à une émotion triste. Les items du questionnaire 1, 4, 6, 9, 10, 12 permettaient, quant à eux, de repérer la couleur associée à l'état émotionnel concernant le bonheur et la gaieté. Les pourcentages ont été les suivants : Jaune moyen (pavé n° 70) = 19%; Rouge moyen = 14%; Bleu moyen = 10%; Vert clair = 10%; Rose clair = 9%.

Les résultats de cette enquête sont compatibles avec ceux de Boyatis & Varghese (1994) pour les couleurs à valence positive qui évoquent le bonheur, la force, l'excitation (Rose, Jaune, Bleu, Pourpre et Vert) et les couleurs à valence négative qui évoquent la tristesse, la colère, l'ennui (Brun, Noir et Gris). Toutefois, ces auteurs ont constaté que, chez les adultes, la couleur Jaune est une couleur clairement «déplaisante».

Le carnet d'images

Le contenu du récit devait être connu par les enfants afin qu'ils aient à rappeler un contenu comparable, sans avoir de problème d'imagination. De plus, afin de ne pas inciter les enfants à une stratégie de rétention «par cœur» d'une histoire racontée verbalement et afin de ne pas leur fournir de termes du lexique émotionnel, un récit très simple dans une version «en images» a été retenu (Piolat, Denhière, David, Fasce &

Maïs, 1986). Avec 14 images, ce récit raconte l'histoire du géant Gafouille et de mamie Lirette. Pour l'essentiel, Gafouille, alors même qu'il veut aider Lirette rencontrée dans une forêt à ramasser du bois, provoque la destruction de sa maison. En effet, il dépose maladroitement les arbres qu'il a ramassés pour elle au lieu de simples bouts de bois. Les images racontent un récit inachevé qui s'arrête sur la complication (bêtise malencontreuse de Gafouille). Ceci permet d'inviter les élèves à composer à leur guise la fin du récit afin de « résoudre » ce problème.

Ce récit en images dessinées à l'encre de chine et ne contenant pas de couleur était présenté dans un carnet composé de sept pages en format A4. Sur chaque page, deux images étaient superposées. Selon la conception des enfants concernant la couleur *triste* (*gris*) et la couleur *gaie* (*jaune*), des carnets à fond jaune et des carnets à fond gris ont été imprimés.

Le carnet d'écriture

Il était constitué de sept pages de fond blanc en format A4. Le fond de ce carnet d'écriture était de couleur neutre (blanc) afin que seul l'effet émotionnel de la couleur du récit en images soit impliqué.

Dans un premier temps, ce carnet présentait aux enfants la consigne rédactionnelle (« Merci d'écrire sur cette feuille l'histoire de Gafouille et de mamie Lirette, que tu viens de voir en images »). Celle-ci insistait sur la nécessité de traduire verbalement les états émotionnels des personnages (« Tu racontes ce qui s'est passé en disant ce que ressentent les personnages »). Il était aussi indiqué que l'orthographe ne comptait pas. Cette consigne était suivie par des lignes, permettant d'écrire sur la page entière.

À la suite de cette page d'écriture du récit (situation + complication), deux pages étaient destinées à mieux connaître les capacités des enfants pour (a) *désigner l'état émotionnel* des protagonistes au moment de la complication et (b) *étiqueter verbalement* les expressions émotionnelles présentées.

Sur la première page figuraient quatre portraits de Lirette; sur l'autre, quatre portraits de Gafouille. Pour Lirette et Gafouille, en plus d'un visage « neutre », un visage « souriant », « triste » et « en pleur » étaient présentés. Le style graphique était le même que celui du récit. À côté de chaque portrait, un petit carré de réponse était inséré afin que les élèves puissent indiquer leur choix en répondant à la consigne suivante : « Tu cherches l'image qui correspond le plus à ce que ressent Lirette quand

Gafouille casse sa maison en posant les arbres dessus. Tu mets une croix dans le petit carré à côté de cette image » (NB : Pour Gafouille : « ce que ressent Gafouille quand il casse la maison de Lirette... ».

Puis, les deux séries de portraits étaient à nouveau présentées avec chacun cinq demi-lignes d'écriture. Les enfants avaient pour consigne d'écrire, à côté de chacune des images, ce que ressentent les personnages, lorsque la maison a été cassée par les arbres. Il s'agissait de s'assurer que les enfants disposaient de lexique pour les émotions concernées.

Enfin, la dernière page du carnet présentait la consigne invitant les enfants *à clôturer le récit* : « Tu inventes une petite fin à cette histoire. Tu indiques bien ce que ressentent Lirette et Gafouille à la fin de cette histoire ». Un tiers de la page seulement comportait des lignes d'écriture.

Procédure

Recueil des associations « couleurs-émotions »

Un mois avant l'expérience, les 26 enfants d'une des classe de CM2 ont été invités à répondre de façon collective au questionnaire « couleur-émotion ». Les résultats ont été analysés afin de choisir la couleur du support papier des carnets d'images.

Recueil des récits et des désignations des expressions des personnages

Les enfants des deux autres classes ont été répartis de façon équilibrée (*cf. Participants*) dans le « Groupe jaune » et dans le « Groupe gris » regroupés dans deux salles de classes différentes.

Dans chacun des groupes, les expérimentateurs ont distribué le carnet d'images et le carnet d'écriture. Puis les enfants ont consulté le carnet d'images pendant 5 minutes (« Maintenant, vous allez regarder attentivement les images du carnet puis, lorsque je vous le dirai, vous le refermerez et vous ne le regarderez plus »).

Ils ont alors été invités à écrire sans tenir compte de l'orthographe, pendant 20 minutes (« Merci d'écrire sur cette feuille l'histoire du géant Gafouille et de mamie Lirette que tu viens de voir en images. Dis ce qui s'est passé et ce que ressentent les personnages de cette histoire. L'orthographe ne compte pas »).

Ils ont ensuite choisi une expression parmi 4 pour la vieille dame (3 min) et une expression pour le géant parmi 4 (3 min) : « Selon vous, quelle est l'image qui correspond le plus à ce qu'a ressenti la vieille dame quand le toit de la maison a été cassé par les arbres que le géant a posés dessus. Mettez une croix sous l'image qui vous semble le mieux correspondre au sentiment de la vieille dame. Tournez encore la page. Selon vous, quelle est l'image qui correspond le plus à ce qu'a ressenti le géant quand le toit de la maison de la vieille dame a été cassé par les arbres qu'il a posés dessus. Mettez une croix sous l'image qui vous semble le mieux correspondre au sentiment du géant. Allez-y.»

Puis, sur les pages suivantes, à côté des «portraits» sur au plus quatre courtes lignes, ils ont désigné verbalement les sentiments de Lirette (5 min) et de Gafouille (5 min).

Pour finir, ils ont été invités à conclure le récit («Maintenant, tournez la page. Vous inventez une petite fin à cette histoire et écrivez la sur les lignes. Commencez»).

Pour chacune de ces tâches, la consigne était écrite sur chaque page et a aussi été lue par l'expérimentateur.

4. RÉSULTATS

Les résultats ont été traités avec le test du F de Snédécor (Analyse de la variance).

Choix de l'expression émotionnelle à l'issue de la complication

Aucun des enfants des deux groupes n'a choisi l'image où le personnage sourit. Aussi, l'analyse de la variance a été faite avec les choix concernant trois expressions seulement (*Triste*, *Neutre* et *Pleure*) pour chacun des protagonistes. L'expression émotionnelle *Triste* (65%) a été significativement le plus souvent choisie par rapport aux expressions émotionnelles *Neutre* (20%) et *Pleure* (25%), $F(2,86) = 16,504$, $p<.001$. Les variables Protagoniste et Image interagissent significativement, $F(2,86) = 4,977$, $p =.009$. En effet, l'image *Triste* a été choisie plus souvent chez Gafouille (75%) que chez Lirette (52%), alors que les choix concernant les images *Neutre* et *Pleure* sont proches pour les deux protagonistes. Cette différence dans les choix des expressions en fonction des protagonistes est effective dans la condition *Jaune* ($F(1,43) = 6,955$, $p =.011$) puisque dans la condition *Gris*, cette différence n'est pas significative ($F(1,43) = 1,379$, $p =.24$).

Ces résultats montrent que les enfants ont différencié le ressenti des deux protagonistes. Le géant ne pleure pas, il est triste ; la vieille dame est soit en pleurs, soit triste. Il est important de noter que, comparativement aux choix *Neutre* et *Pleure*, le choix de l'expression faciale qui concerne le géant après que la maison se soit effondrée est très focalisé sur l'émotion *Triste* dans le groupe *Jaune*, alors qu'il est un peu plus réparti dans la condition *Gris*. Tout se passe comme si la couleur *gaie*, et donc le ressenti positif des enfants, rendait plus facile le repérage de l'émotion du géant à l'issue de la complication.

Disponibilité lexicale pour qualifier les quatre expressions émotionnelles

Les enfants, quel que soit leur groupe, ont utilisé un nombre significativement différent de termes émotionnels pour désigner les expressions faciales, $F(3,129) = 9,258$, $p<.001$. Les enfants ont employé plus de termes pour l'expression émotionnelle *Sourit* (m = 1,71 mots) que pour les expressions émotionnelles *Neutre* (m = 1,25 mots), *Triste* (m = 1,26 mots) et *Pleure* (m = 1,28 mots).

Les enfants du groupe *Jaune* ont produit significativement plus de termes émotionnels (m = 1,68 mots) pour désigner les expressions émotionnelles des personnages que les enfants du groupe *Gris* (m = 1,07 mots), $F(1,43) = 15,82$, $p = .0002$.

Les facteurs Couleur et Expression interagissent significativement, $F(3,129) = 8,089$, $p<.0001$. En effet, les enfants en condition *Jaune* citent plus de termes émotionnels (m = 2,34 mots) pour qualifier l'expression émotionnelle *Sourit* que les enfants en condition *Gris* (m = 1,1 mots). Alors que pour qualifier les expressions émotionnelles *Neutre* et *Pleure*, les enfants en condition Jaune (m *Neutre* = 1,04 mots ; m *Triste* = 1,45 mots ; m *Pleure* = 1,50 mots) et Gris (m *Neutre* = 1,04 mots ; m *Triste* = 1,06 mots ; m *Pleure* = 1,06 mots) utilisent un nombre comparable de termes émotionnels.

Par ailleurs, un examen de l'étendue des différents termes du lexique émotionnel montre que, dans chacune des conditions expérimentales, les enfants utilisent un éventail très restreint. Les éléments regroupés ci-après ont été cités les plus fréquemment :

Géant : Image «Sourit» = *joyeux, content*; Image «Neutre» = *normal*; Image «Triste» = *triste, malheureux*; Image «Pleure» = *pleurer, triste*.

Vieille dame : Image «Sourit» = *joyeuse, contente*; Image «Neutre» = *normal, pas contente, inquiète*; Image «Triste» = *triste, malheureuse*; Image «Pleure» = *pleurer, triste*.

Chacun des enfants met en texte ces termes avec différentes modulations (*très triste, un peu triste*). Il faut noter que la couleur du support des images n'a pas provoqué une ouverture ou une fermeture de cet éventail restreint.

Les enfants proposent pour chacune des expressions faciales au moins un étiquetage verbal fonctionnellement adapté. Ils savent et peuvent nommer ces expressions, même si les choix lexicaux sont trivaux. De plus, le groupe *Jaune* paraît étiqueter avec plus de facilité les expressions (près de deux termes) que le groupe *Gris* (un terme seulement), surtout lorsqu'il s'agit de nommer l'expression *Sourit*. Tout se passe comme si la couleur *gaie*, et donc le ressenti positif des enfants, rendait plus facile l'étiquetage verbal des expressions faciales.

Usage du lexique émotionnel dans le récit écrit

Les enfants ont employé plus de lexique émotionnel en phase de résolution du récit (m = 0,9 mot) qu'en phase de complication (m = 0,5 mot), $F(1.43) = 9.05$, $p<.005$.

Les facteurs Couleur du support (Jaune *versus* Gris) et Phase du récit (Complication *versus* Résolution) interagissent significativement, $F(1.43) = 5.90$, $p<.02$. Alors que dans le groupe *Gris*, les enfants ont produit des termes du lexique émotionnel de façon comparable en complication et en résolution, ils ont produit deux fois plus de termes en résolution (m = 1,1 mots) qu'en complication (m = 0,5 mot) dans le groupe *Jaune*. Ce résultat est comparable pour les deux protagonistes.

La consigne imposait clairement aux enfants de qualifier ce que ressentent les personnages tout en racontant l'histoire. Cette incitation a été faiblement suivie. Alors qu'ils disposent des éléments lexicaux permettant de décrire le ressenti des protagonistes, les enfants ne l'ont pas fait ou presque pas. Ils le font plus lors de la phase de résolution du récit que lors de la complication, à l'aide d'un élément du lexique émotionnel. Ils le font plus lors de la résolution du récit dans le groupe *Jaune*. Tout se passe comme si la couleur *gaie*, et donc le ressenti positif des enfants rendait plus facile l'explication de l'état émotionnel d'au moins un des protagonistes dans la mise en texte de la résolution du récit.

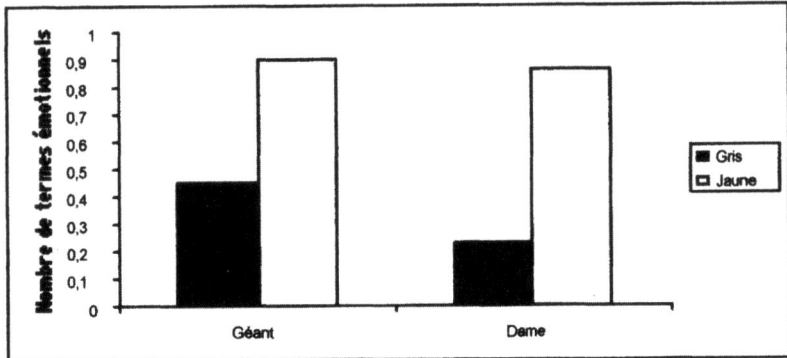

Figure 1 — Nombre de termes émotionnels donnés par les enfants pour étiqueter les portraits des deux protagonistes en fonction de la couleur du support papier de présentation des images.

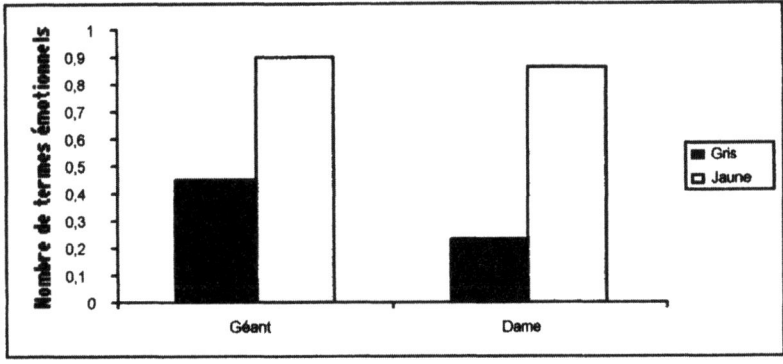

Figure 2 — Nombre de termes émotionnels utilisés par les enfants dans la phase de résolution du récit en fonction du protagoniste et de la couleur du support papier de présentation des images.

CONCLUSION

Ces premiers résultats mettent en évidence trois phénomènes dont il faudra confirmer la validité :

(a) Comme le montrent les résultats concernant le choix de l'expression émotionnelle des protagonistes à l'issue de la complication ainsi que la description des expressions émotionnelles, les enfants de 11 ans peuvent expliciter verbalement sans difficulté l'état émotionnel de protagonistes, même s'ils n'emploient que des adjectifs banals (*triste*, *content*).

(b) Pour ces enfants, rédiger un récit consiste à donner la séquence des événements sans apporter dans le même temps d'information sur l'état émotionnel des protagonistes lors de la présentation du schéma d'incidence (complication, résolution). Cela est particulièrement net lors de la production de la complication. Un ou deux termes du lexique émotionnels sont employés lors de la résolution alors que les enfants ont été incités à donner des informations sur les « sentiments » des protagonistes.

(c) Enfin, l'état émotionnel provoqué par la couleur du support papier sur lequel le récit en images a été présenté a eu un effet net sur les trois tâches (choisir une expression émotionnelle, étiqueter verbalement des expressions et rédiger un récit). Lorsque le support est considéré comme *gai* par les enfants (couleur *jaune*), ils produisent plus de termes émotionnels que lorsque le support est considéré comme *triste* (couleur *grise*). Cet effet est contraire à celui qui a été observé par Sinclair *et al.* (1998) pour les adultes. Dans un contexte émotionnel positif (Groupe *Jaune*), les enfants ne se sont pas démobilisés puisqu'ils ont mieux répondu à la consigne en produisant plus de lexique émotionnel, faisant preuve d'une plus grande attention. Comme les travaux de Valdez & Mehrabian (1994) le suggèrent, il faudrait vérifier si la couleur *jaune* provoque un « plaisir » et une « excitation » favorables à la réalisation des trois tâches ou bien si c'est la couleur *grise* qui fait chuter les performances en provoquant « déplaisir » et « calme ». À ce sujet, la duplication de ces résultats avec trois groupes, dont le *Neutre* (*Blanc*), est en cours de réalisation. Enfin, une autre hypothèse interprétative serait que tout se passe comme si les enfants prenaient leur état affectif comme norme pour évaluer celui des protagonistes du récit. Plus « l'écart affectif » entre leur ressenti et celui des protagonistes est faible, plus ils parviendraient à rendre compte verbalement de ce que ces protagonistes peuvent éprouver.

Les perspectives ainsi ouvertes sont intéressantes pour réfléchir, comme le propose Hayes (1998), sur les relations entre émotion et production écrite.

NOTE

[1] Nous remercions Agnès Kimtacz pour l'aide qu'elle nous a apportée lors du recueil et de l'analyse des résultats de cette recherche.

Parce qu'on peut mourir de rire...
Le cas d'Anna

Emmanuèle Auriac-Peyronnet
Laboratoire de Psychologie de l'Interaction, Nancy II et IUFM d'Auvergne

> « Un éclat ne saurait se prolonger, à moins qu'à force d'éclater de rire, on en vienne à mourir de rire. »
> (Roustang, 1988)

Le rire n'est pas innocent. Il est toujours manifeste, même si l'on peut rire sous cape, ou jaune, ou encore jouer les pince sans rire ! Il repose, en fait, sur un processus concourant soit au combat plus ou moins ouvert ou explicite (ironie, humour, comique, ridicule), soit à la fuite, qu'elle apparaisse comme déguisée, consentie, et plus ou moins assumée ou socialement admise (paranoïa, phénomène du bouc émissaire, schize). Or, si l'on se penche sur la littérature, l'analyse du processus de production du rire reste souvent associée à des interprétations très intellectualisées (humour : Escarpit, 1960 ; Bariaud, 1983 ; Garitte, 2000 ; ironie : Jankélévitch, 1964). Pourtant, de Platon à Freud (Victoroff, 1953), et pour ne couvrir que le siècle écoulé, de Bergson (1900) à Duvignaud (1985), des philosophes et penseurs se sont penché sur la signification profonde du rire. Ces tentatives complémentaires renseignent sur l'évidence qu'il y a à considérer la complexité du phénomène, qui s'égrène en figures à la fois différentes et connexes : humour, ridicule, ironie, crise, fou-rire, rire jaune, rire sous cape, sourire...

1. RIRE UN PHÉNOMÈNE COMPLEXE

Précisons. Le rire dans sa complexité conjugue nécessairement des facettes physiologique, sociale, émotionnelle, cognitive et culturelle. Au départ, qu'est-ce que rire ? Le dictionnaire nous renseigne : « Le rire exprime la gaieté par l'élargissement de l'ouverture de la bouche, accompagné d'expirations saccadées plus ou moins bruyante» (Petit Robert). Au-delà de cet ancrage physiologique qui le classe parmi les réponses involontaires (type réflexe) — mais soumise à un certaine maîtrise du cerveau conscient! (Lherm, 1988) —, ce puissant anti-stress (Spencer, 1860; Freud, 1905) permet de «se dégager de la réalité, planer au dessus d'elle» (Dugas). Un pont existe donc entre physiologie et cognition, même si l'on peut rire sous la torture douce du chatouillement, celle du protoxyde d'azote ou de la marijuana. Mais rire n'est pas seulement réagir... c'est aussi comprendre. Comme dit Leacock : «Le sauvage qui écrasa la tête de son ennemi à l'aide d'une matraque et s'écria 'ha! : ha!' fut le premier humoriste!». Pensez au célèbre film de la guerre du feu... Le rire est à considérer comme une conquête humaine. Car rire est avant tout une réponse émotionnelle à l'incongruité (Beattie, 1976; Kant, 1790; Schopenhauer, 1819; Spencer, 1860; William, 1940). «On rit lorsqu'on découvre tout à coup une discordance frappante entre un objet réel unique et le concept sous lequel il a été subsumé à juste titre, mais à un seul point de vue» (Schopenhauer, 1819). Cette réponse émotionnelle est un soulagement qui traduit un conflit devant la convergence du plaisant et du déplaisant (Descartes, 1949; Mc Dougall, 1903; Leacock, 1935; Eastman, 1936). C'est en ce sens que l'on peut dire que toutes les formes dérivées du rire, l'humour, l'ironie, ne sont que des formes intellectualisées, où la part du cognitif a peu à peu phylogénétiquement accompagné et surpassé la part de l'émotionnel. On ne peut expliquer le phénomène du rire sans considérer l'opération mentale de celui qui relève l'incongru, conçoit le dérage, bref conçoit cette fameuse mécanique plaquée sur du vivant (Bergson, 1900). Or, le hiatus, l'inattendu, le contraste intellectuel (voir Lalo, 1949) est toujours relatif à une norme (Duvignaud, 1985), à une expérience antérieure (Bariaud, 1983). Rire est un acte social avant tout. Comme le dit si bien Bergson : «Il semble que le rire ait besoin d'un écho» (Bergson, 1900). C'est ce qui fait que «le rire exige de nous tous tout un équipement de notions culturelles, morales, politiques» (Victoroff, 1953).

A ce titre, les discours enfantins, marqués par l'avènement de compétences sociales et affectives en construction, sont fortement concernés par le phénomène. Or, ce dernier est souvent appréhendé sous le seul ordre de l'humour (voir Garitte, 1989, 1998, par exemple). Pourtant le regard ou l'analyse spontanés de l'adulte semblent peu efficients tant ils sont bien souvent décalés (Jeanson, 1953; Bariaud, 1983). Si, «pour expliquer le rire, il faut (...) tenir compte (...) du fond mental sur lequel le rire éclate» (Eastman, 1936; Victoroff, 1953), l'écart de vue entre l'expérience enfantine et celle de l'adulte marque une quasi impossibilité d'interpréter ce «fond mental». En revanche, les ressorts des différentes figures du rire peuvent trouver leur explication dans la caractérisation des contextes sociaux de production. Trace orale, audible, le rire est un élément qui n'est point seulement para-verbal, mais bien semi-verbal. S'il survient, c'est qu'il participe logiquement à l'ordre même du discours. Aussi, notre problème sera de se demander comment, au-delà des catégories pré-établies théoriquement, interpréter les «faits de rires» dans une conversation d'enfants? Nous prendrons appui sur une étude de cas : Anna.

2. LE CAS D'ANNA

Voici le double corpus d'Anna, acquis dans une situation de travail coopératif, et constitué des deux pré- et post- tests qui précède et suit respectivement un entraînement selon un dispositif de *Jigsaw-teaching* (Auriac-Peyronnet & Capelle-Toczek, 1998; Auriac-Peyronnet, Capelle-Toczek, Amagat & Sudre, soumis). Dans les situations de tests, les quatre élèves (CE2, 8-9 ans), placés en situation de coopération simple, discutent pour construire la suite d'un conte dont on leur fournit l'amorce. Notre premier corpus d'appui est ici constitué des seules prises de paroles d'Anna. Nous soulignons les faits saillants.

Le corpus du pré-test

(Anna et E discutent de leur côté à voix basse)
Rire Anna
Rire Anna
A1 : chuchote
A2 : bonjour
A3 : //ben oui//
A4 : elles se piquent
A5 : par exemple (**rire**)
A6 : //je sais//
Rires A et E
A7 : ah oui
A8 : ben oui
A9 : un kilo de miel
A10 : dir[1] M : (**ton de remise en cause**) vingt mille
A11 : tu t'rappelles
A12 : dans l'ciel (**ton moqueur**)
A13 : dir E : arrête (**elles s'amusent** avec leur pied sous la table)
A14 : dir E : inaudible
A15 : dir M : // dans un arbre (**ton moqueur**)
A16 : dir M : dans un sapin (**ton moqueur**)
A17 : dans la forêt

A18 : un kilo d'miel (**rire**)
A19 : le château
A20 : oh
A21 : bé oh pffou
A22 : une chenille euh
A23 : ouais dis le ? lui ?
A24 : S
A25 : un soir eh ben//
A26 : **n'importe quoi** (elle regarde aussi sa montre)
A27 : c'est pas vrai on a six minutes depuis l'début
A28 : dir M : arrête (pieds sous la table)
A29 : //comme quoi//
A30 : ben oui
A33 : dir E : inaudible (à part)
A34 : eh ben on a déjà fait

Le corpus du post-test

Anna : (geste/caméra : coucou)
Anna : rires
A1 : il faut regarder la caméra
A2 : Je sais (**voix forte** + elle lève le doigt face caméra)
A : rires
A : *regarde la scène*
A : rires
A : rires
A3 : j'm'en rappelle plus
A4 : ouais et après//
A5 : il tombe dans le bateau (**geste ample**)
A6 : et «pan» (très fort *dir M*, elle fait **le geste et le bruit d'un coup de feu**)
A7 : attend la dame

3. LE CONSTAT D'ÉCHEC OU L'ÉPREUVE D'UN RIRE D'OBSTACLE

> «De toute façon, le rire est ainsi mis en rapport direct avec le problème de la liberté humaine — soit sous forme de moyen, soit sous forme d'obstacle dans l'exercice de cette liberté» (Jeanson, 1950).

Anna, intégrée dans ce groupe de travail de quatre élèves (A pour Anna, M, S et E) composée de dyades affines (Sorsana, 1986, 1996) pour une durée globale de 6 séances, va subir un procès de victimisation qu'elle co-construit avec ses pairs. La visualisation des deux échanges pré- et post-test (comptage du nombre de mots émis tous les dix tours de

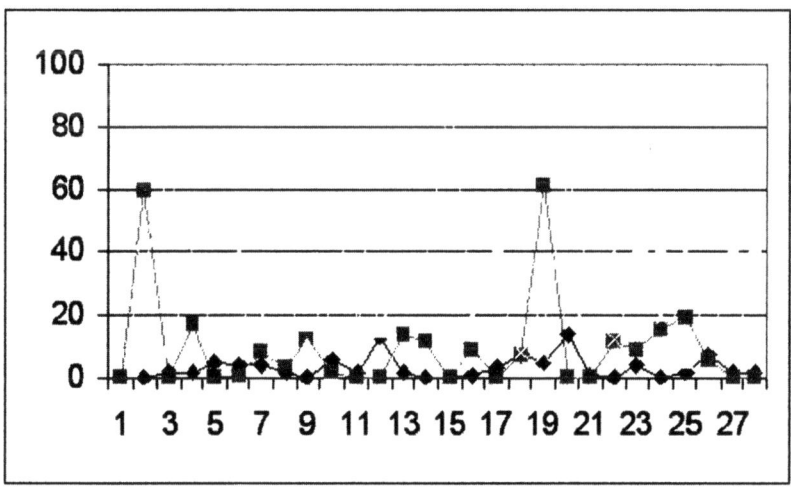

Figure 1 — Mode d'interactivité dans le groupe en pré-test. Nombre de mots prononcés par chaque individu tous les 10 tours de parole. 270 tours de parole. Courbe Anna (losanges).

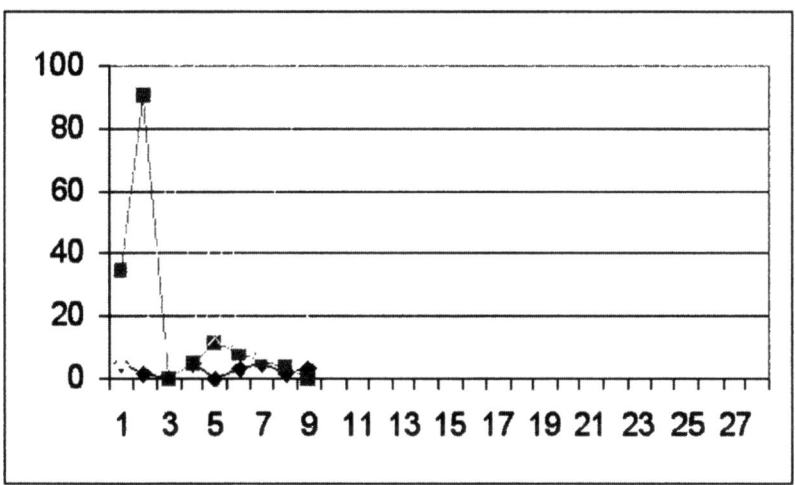

Figure 2 — Mode d'interactivité dans le groupe en post-test. 90 tours de parole. Courbe Anna (losanges).

paroles, selon une méthodologie inspirée de Chabrol & Camus-Malavergne, 1989) renseigne assez bien sur l'émergence du dysfonctionnement (voir figures 1 et 2). La courbe d'Anna est resserrée en bas du graphique en pré- et post test. A l'inverse des autres groupes qui ont évolué vers une harmonisation dans le sens d'une ré-équilibration de l'interactivité groupale, le dysfonctionnement est évident (Auriac-Peyronnet & Toczek-Capelle, 1998).

Est-ce que le rire est un des facteurs qui rentre à titre explicatif dans l'évolution de ce dysfonctionnement? L'analyse interlocutoire des propos des élèves, conduite selon les principes d'analyse de l'enchaînement conversationnel mis au point par l'équipe nancéenne (Trognon, 1982; Trognon & Brassac, 1992; Trognon, 1999), pose effectivement l'obligation d'interpréter les «faits de rire» d'Anna. Plusieurs extraits, assortis de leur contexte interlocutoire, ouvrent sur une caractérisation de plusieurs formes de logique interlocutoire associée au phénomène du rire. L'étude des extraits de discours permet de montrer que le rire est un élément qui s'insère logiquement dans le discours, ou plutôt l'échec de discours des enfants.

4. PRÉSENTATION DES EXTRAITS

Extrait 1 : un rire d'invalidation socio-cognitive

E2 : eh ben comme y sont changés en pierre comme ils arrivaient pas à retrouver les perles eh ben y vont les retrouver et comme ça//
M8 : //non
E3 : bé si//
M9 : // ils sont changés en perles
S7 : non en pierre
E4 : non en pierre?
Rire Anna
S8 : non en pierre mais c'est le p'tit l'ptit c'est le petit cadet c'est le petit cadet je crois bien qui qui est parti pour r'trouver
M10 : inaudible

Extrait 2 : un rire de suffisance

S17 : pour euh par exemple
M19 : par exemple//
A5 : par exemple (**rire**)
Rires
S18 : je sais// il faudrait aller se battre contre la sorcière... inaudible
A6 : //je sais//
Rires A et E
S19 : non
M20 : ah oui
A7 : ah oui

S20 : elles se battent contre la sorcière puisqu' y a elles vont la piquer elles vont se concentrer après ce s'ra facile pour tuer

Extrait 3 : un rire qui souligne l'incongruité

M77 : les trois les trois amis vont l'aider
S67 : y z'y étaient déjà
M78 : lesquels bé les canards (dir A) : y vont pas y vont pas venir dans la forêt les canards
Rires A
S68 : eh ben les fourmis ont aidé les canards ont aidé c'est les abeilles (maintenant?)
M79 : mais non on l'a déjà dit alors sss' oui
S69 : mmm? inaudible

Extrait 4 : un rire disqualifiant socialement

S22 : (tout bas) alors qu'est-ce qu'on peut mettre
M23 : si la reine l doit l'aider avec les foux... ah oui il combat contre la reine non allez
S23 : (tout bas) il faudrait trouver quelque chose avec les abeilles (mains sous le menton)
(...)
S24 : faut trouver un kilo d'miel
E.M. A : pfou!!! (rires)
M24 : ah ouais ben oui trouver un kilo d'miel//
S25 : pfou
E9 : mais non ils ont dans l'arbre déjà
A9 : un kilo de miel
S26 : une tonne une tonne de miel

5. ANALYSE INTERLOCUTOIRE DES EXTRAITS

Chacun de ces extraits montrent bien que le phénomène du rire croise d'autres phénomènes, comme l'accès de simultanéité dans des enchaînements sursaturés de marques (Maury-Rouan, 2000). Le rire émaille le discours selon une forme de détour local pour aménager des espaces émotionnel de refoulement, des temps pour souffler (voir Maury-Rouan, 2000), qui déclenchent en retour des effets sur la dynamique générale de co-construction cognitivo-discursive des élèves. L'interaction est à interpréter en intégrant les différents aspects cognitif, social et affectivo-émotionnel.

Dans l'extrait 1, le rire d'Anna sanctionne la proposition en aval de S (S7), en complétant et validant la figure d'ironie amorcée par E (ton interrogatif E4). Il disqualifie, dans la logique d'enchaînement, les propos de S (voir S, au plan social), et signe la connivence avec E. Le rire prend appui sur le contenu verbal prononcé et participe en sens à la régulation cognitive de l'échange, en disqualifiant parfois certaines propositions, avec des effets potentiels sur la relation sociale entre les individus. Dans l'extrait 2, le rire accompagne une répétition des paroles prononcées (A5/M19) en les soumettant au régime de l'incongruité (*cf.* extrait 3), qui est encore relevée dans les rires communs (après A5, et A6). Le rire sert de relais et fonctionne sur le mode de la contagion : il est suffisant en ce qu'il prend le pas, encore une fois, sur le contenu. L'extrait 3 illustre parfaitement l'espace d'appui que réalise le rire pour asseoir interlocutoirement (validation) l'incongruité de la proposition M78 (deuxième partie en direction de A). Il s'intègre donc dans le processus logique de déploiement de l'intelligibilité (jugement de valeur) de ce qui se dit (l'orientation des regards corroborent). On trouve alors une forme de disqualification sociale, sous forme de ligue ponctuelle contre un des élèves (S, en S24). Le contenu de S24 est rejeté par le rire qui suit. L'émission du rire disqualifie du même coup celui qui propose (effet contagion d'un registre à l'autre). Si bien que S lui-même va se servir de la formule de répétition et de l'onomatopée identique (pfou en S25) en guise de défense (sauvegarde de face). Au final, un petit parleur, Anna, timide, use de ses efforts d'intimidation par le rire avec des effets cognitifs, sociaux qui servent la construction de la situation d'enkystement qu'elle sécrète avec les autres.

CONCLUSION

Parce que c'est bien la «crainte» du ridicule qui tue et non le ridicule lui-même, le rire participe au premier chef à la construction sociale de l'individu (Jeanson, 1950). Mais, comme explique Jolibert, «la situation intimidante n'est pas une situation quelconque. Il faut que l'autre y soit engagé en même temps que le sujet». C'est pourquoi il faut passer par une analyse non pas subjective (les timides existeraient en tant que personnalité), mais «intersubjective des phénomènes affectifs d'intimidation» (Jolibert, 1997). L'avantage du cadrage inter-subjectif qui correspond à la théorie inter-locutoire est de pouvoir accrocher derrière ces «petites émotions» (Maury-Rouan, 2000), faits trop souvent «nettoyés» dans les corpus, le mode de constitution d'émotions plus graves et plus tenaces chez les individus (Auriac-Peyronnet, Toczek-Capelle, 1998). Le rire est un phénomène cognitivo-émotionnel lié à un état de conscience sociale progressivement structurée phylogénétiquement — échelle de l'humanité — puis ontonégétiquement — échelle de l'individu. On peut faire l'hypothèse avec Jolibert que, des conversations familières aux conversations scolaires, existe un passage poreux liant «petites» et «grandes» émotions, les premières pouvant, dans les corpus, «s'interpréter comme une caricature de fonctionnement efficace» (Maury-Rouan, 2000). L'analyse empirique présentée illustre cet état de fait. L'émotion devient alors parfois le centre dynamique, de gravité du cognitif.

NOTE

[1] Signifie en direction de.

Apaiser quels bébés et comment?

Mylène Hubin-Gayte
Université de Picardie, Laboratoire Ecchat

INTRODUCTION

Paradoxalement, l'apaisement est un sujet qui a été peu traité par la littérature alors que les travaux effectués sur les cris-pleurs sont nombreux. Une des raisons que l'on peut invoquer renvoie aux difficultés d'ordre méthodologique : il est difficile de faire des observations naturalistes dans une situation aussi chargée émotionnellement, et encore plus difficile de créer une situation expérimentale où il s'agit de provoquer les pleurs. D'autres raisons sont plus théoriques. Pendant longtemps, il existait une prégnance du modèle homéostasique dans les thèses psychologiques existantes (Spitz, 1968; Wallon, 1954) pour lesquelles l'apaisement ne représentait que la décharge d'une tension, et ne suscitait aucun intérêt de la part des chercheurs. Avec l'essor du courant interactionniste, l'apaisement a été reconnu comme un des premiers contextes d'interaction. Il est alors devenu un objet d'étude mais n'a pas toujours été considéré dans sa spécificité. Or, l'apaisement est un contexte particulier d'interaction. Tout d'abord, par ses pleurs, l'enfant de cet âge est l'initiateur de l'interaction. C'est également une situation d'interaction particulière, par la charge émotionnelle qu'elle comprend. Pour finir, c'est dans ce contexte que la mère fournit à son bébé ses premières et principales stimulations.

Ce sujet de l'apaisement des nourrissons correspond également à un questionnement quotidien des jeunes mères venant d'accoucher. Angoissées par les pleurs de leur bébé, leurs interrogations sur la façon d'arrêter les pleurs s'adressent le plus souvent au personnel soignant de la maternité, trouvent des réponses partielles dans la presse spécialisée, dans les manuels de puériculture. Mais il est important de souligner qu'il est difficile d'y répondre à partir de bases scientifiques, et non à travers des présupposés, des savoirs individuels provenant d'expériences vécues, ou encore de « phénomènes de modes » courants en matière de puériculture.

L'objectif de cette communication est de faire une brève revue de questions sur les stimulations reconnues comme apaisantes. Nous nous intéresserons à diverses variables : leurs modalités sensorielles, leur rythme, leur source, le type d'apaisement consécutif. Puis y succédera l'exposé des résultats d'une recherche effectuée en milieu naturel sur la façon dont les mères apaisent leur bébé.

1. LES MODALITÉS SENSORIELLES APAISANTES

Nous sommes évidemment conscients que cette analyse des modes d'apaisement par modalités sensorielles est artificiel. Mais les résultats exposés ci-dessous sont issus de recherches expérimentales dans lesquelles soit il est demandé aux mères de calmer leur bébé selon une série de techniques préétablies, soit un expérimentateur essaie lui même d'apaiser l'enfant en lui appliquant divers stimuli. Ceci pose parfois le problème de validité écologique de ces résultats. D'autre part, le pouvoir apaisant de certaines pratiques peut être dû à un effet de cumulation des stimulations (Brackbill, 1971).

Les stimulations visuelles

Brackbill (1973) a montré le pouvoir apaisant de la lumière et de différentes stimulations visuelles. Il suffit de déplacer une large cible dans le champ visuel de l'enfant en train de pleurer pour que sa réaction première soit d'abord une brève distraction, associée à un mouvement diffus, puis, s'il arrive à poursuivre la cible, il atteint alors un état d'attention qui persiste même après que la cible ait disparu. Par contre, selon Wolff (1987), si la stimulation visuelle disparaît alors que l'enfant n'a pas complètement cessé de pleurer, ses pleurs redoublent d'intensité. Ce qui est important dans les stimulations visuelles, c'est la distance, le mouvement et/ou la brillance de la cible (Brackbill, 1973). Quant à sa configuration, elle semble moins importante que d'autres caractéristiques propres à l'enfant comme l'intensité de ses cris, son degré d'éveil. C'est entre le premier et le deuxième mois de l'enfant que les mères commencent à présenter des jouets pour distraire leur bébé en train de pleurer.

Les stimulations auditives

Pour Birns, Bridger, Blank & Escalona (1965), ce sont surtout les sons à basse fréquence et continus qui sont les plus efficaces à faire cesser les pleurs. Les sons intermittents n'ont pas de pouvoir apaisant. Ce résultat se retrouve chez Brackbill *et al.* (1966, 1970) qui ont étudié, chez les nouveau-nés, l'effet apaisant de divers bruits : le battement d'un métronome, le chant d'une berceuse, la diffusion d'un enregistrement de pulsations cardiaques. Ils ont montré qu'il y a moins d'agitation et de pleurs quand il y a l'un ou l'autre des sons que lorsqu'il n'y en a pas. Mais, là encore, il est montré que chez les bébés de 1 mois, il n'y a pas du tout de pleurs dans la situation d'un son continu, tandis que dans la situation d'un son intermittent (de même fréquence), les enfants passent à peu près 1/4 du temps à pleurer.

Wolff (1987) fait entendre à des bébés d'âges différents des stimulations sonores diverses : un cliquetis, le chant d'un oiseau, une sonnette d'une assez haute fréquence, une voix également de haute fréquence. Ces différents sons stoppent les pleurs du bébé, c'est-à-dire qu'il arrête de pleurer au moins 5 secondes. Mais ces modes d'apaisement ont un effet temporaire. Les enfants pleurent de nouveau quand le son s'arrête. Pour des bébés âgés d'une semaine, les sons discordants, comme ceux produits par un cliquetis, arrêtent temporairement les pleurs plus souvent que les sons plus plaisants comme une sonnette, le chant d'un oiseau ou la voix humaine. C'est à 2 semaines que la voix humaine devient efficace, et tout particulièrement la voix de la mère, qui devient alors le meilleur mode d'apaisement sonore. A ce moment, les bruits artificiels (boites à musique) perdent leur effet apaisant, à moins qu'ils soient très forts. A 3 mois, une voix de fréquence élevée arrête les pleurs au moins temporairement dans 80 % des cas.

Les stimulations olfactives

Il faut souligner la pauvreté de la littérature sur ce sujet. Dans la continuité des travaux de Mac Farlane (1975), Schaal *et al.* (1982) ont montré que le bébé reconnaît non seulement l'odeur du sein de la mère mais également l'odeur de son cou. Pour eux, il est intéressant de rapprocher ce résultat expérimental de la pratique qui consiste à ce que la mère porte son bébé contre son épaule. Elle positionne ainsi le nez du bébé au contact ou à proximité immédiate du cou. Ce qui explique la fréquence avec laquelle le bébé s'arrête de pleurer et s'endort dans cette position verticale, bien que cette position peut être explicable par les stimulations vestibulaires qui sont ainsi fournies à l'enfant.

Les stimulations vestibulaires

Les stimulations vestibulaires sont rarement fournies à l'enfant sans qu'il n'y ait parallèlement des stimulations proprioceptives, sauf dans le cas du bercement de l'enfant dans un berceau, ou dans le cas du mouvement qui lui est imprimé quand on le secoue dans son transat. Une des techniques souvent utilisées, qui combine à la fois les stimulations vestibulaires et les stimulations proprioceptives, est de prendre l'enfant dans ses bras. Wolff (1987) observe son pouvoir apaisant dans 90 % des cas observés, Ainsworth & Bell (1972) retiennent le chiffre de 80 %. Tous sont d'accord pour reconnaître que les actes présents dans cette technique d'apaisement renvoient à plusieurs modalités de stimulation : réajustements posturaux, stimulation vestibulaire, bercement rythmique et une stimulation visuelle croissante. Pour Wolff, c'est la combinaison de ces stimulations qui est apaisante, position que partage Brackbill (1971) puisqu'elle note l'effet cumulatif de divers modes d'apaisement appliqués simultanément. Pour d'autres, comme Korner (1972), ce qui est le plus efficace à faire cesser les pleurs dans cette technique, ce sont les stimulations vestibulaires. Korner & Thoman (1972) se situent en opposition avec la littérature existant sur le sujet qui montre que le pouvoir calmant est fourni par le rythme et la continuité de ces stimulations. Pour eux, il faut souligner l'effet calmant de brèves stimulations vestibulaires-proprioceptives.

Wolff, qui s'est intéressé à l'évolution des modes d'apaisement, observe un effet apaisant de cette intervention différent selon l'âge de l'enfant. Durant les 2 premiers mois, les bébés, après avoir été bercés, recommencent à pleurer une minute après qu'ils soient remis au lit. A partir du troisième mois, le fait de porter l'enfant durant une période d'une minute est suffisant pour produire un changement d'état définitif dans 54 % des cas.

Une dernière pratique d'apaisement faisant appel aux stimulations vestibulaires consiste à promener l'enfant. Boulanger-Balleyguier (1996) a observé que le fait de promener l'enfant tous les jours est lié à une moindre fréquence des cris à l'âge de 1 mois.

Les stimulations proprioceptives

L'emmaillotement

Pour Brackbill (1971) qui l'a étudié, l'action même d'emmailloter produit très souvent un effet apaisant chez les bébés. Elle explique ce fait par la contrainte qu'implique l'emmaillotement plutôt que par le contact constant ou l'accroissement de chaleur fourni. De même, Wolff (1969) distingue un « bon emmaillotement » d'un « mauvais emmaillotement ». Un « mauvais emmaillotement » s'installe lorsque les vêtements restreignent simplement l'amplitude des mouvements de l'enfant sans les inhiber complètement. Plutôt qu'à un mode d'apaisement, il correspond davantage à un facteur de déclenchement des pleurs. Ainsi, la restriction motrice est parfois apaisante. Le fait de retenir une ou deux mains de l'enfant peut l'aider à se calmer. Une des hypothèses de Wolff (1987) est qu'en diminuant l'activité motrice de l'enfant, la restriction physique (retenir les bras), qui existe aussi lorsque l'enfant est placé contre l'épaule, peut non seulement apaiser l'enfant, mais augmenter son attention. Notons que ce résultat est en accord avec celui de Korner & Grobstein (1966) et celui de Hubin-Gayte (1994), qui montre que retenir un ou 2 bras du bébé, sans le prendre dans les bras est efficace pour arrêter les pleurs des nouveau-nés dans 35 % des cas.

Les stimulations tactiles

Le tapotement

Taper la colonne vertébrale ou d'autres parties du corps de façon ferme et rythmique est une méthode efficace pour arrêter les pleurs. Pour Wolff, soit son effet dure seulement le temps de l'application de la stimulation, soit le tapotement prolongé garde l'enfant calme assez longtemps pour qu'il arrive à s'endormir. Le meilleur niveau de tapotement semblerait correspondre à un rythme de 80 à 140 battements par minute. Au-dessous de ce niveau, l'enfant recommence à pleurer, et au-dessus, la technique devient plus difficile à pratiquer. Ce mode d'apaisement est très facilement observable dans d'autres cultures, notamment en Afrique, et dans les pays du Maghreb.

Pression sur l'abdomen

La pression sur l'abdomen exercée d'une façon ferme avec la main est aussi reconnue comme étant une technique efficace pour faire cesser les pleurs.

Dans la littérature, peu de recherches étudient les comportements d'apaisement des mères en situation naturelle. Boulanger-Balleyguier (1968) a parfois eu recours à cette méthodologie, mais elle la double d'une passation de questionnaires appliqués aux mères. Certains travaux interculturels, et notamment ceux de l'équipe de recherche de Stork (1993), utilisent également des questionnaires et des observations *in situ*. Ils étudient les comportements maternels d'apaisement, mais dans une optique comparative. Aussi, on peut mettre en évidence une certaine rareté des travaux essayant de répondre à la question suivante :

2. COMMENT LES MÈRES APAISENT LEUR NOURRISSON AU COURS DES 2 PREMIERS MOIS ?

Il s'agissait de répondre à cette question dans une recherche (Hubin-Gayte, 1994) portant à la fois sur les différences interindividuelles relatives à la consolabilité des nourrissons, et à la fois sur les pratiques maternelles d'apaisement. Quinze mères ont été observées à domicile, donnant la toilette à leur bébé. Cette situation a été choisie car durant les premières semaines du bébé, elle est assez irritante pour l'enfant. Ce qui permettait d'observer les modes d'apaisement maternels en situation naturaliste, quasi standardisée. Les observations ont été filmées en continu. Elles ont eu lieu lorsque l'enfant était âgé de 15 jours, 1 mois, 1 mois 1/2 et 2 mois. Les observations ont été codées à partir d'une grille d'observations originale comprenant 29 unités comportementales regroupées par modalités sensorielles (visuelle = R, auditive = V, tactile et proprioceptive = T, vestibulaire et proprioceptive = KB, l'indice U montre qu'il s'agit de comportements utilitaires, c'est-à-dire correspondant à des soins).

Nous intéressant à l'évolution des modalités sensorielles utilisées par chaque mère dans leurs comportements d'apaisement, nous avons calculé les pourcentages de modalités R,V,T,KB présents dans la totalité des comportements maternels.

Les échanges de regards et de paroles, ou de vocalises, qualifiés de «comportements d'accompagnement», ont une évolution symétrique : La modalité auditive atteint son maximum à 15 jours puis elle diminue progressivement pour atteindre une valeur minimale à 1 mois 1/2 et augmente de nouveau jusqu'à 2 mois. La modalité visuelle est à son minimum à 15 jours, elle augmente et atteint un sommet à 1 mois 1/2, puis redescend jusqu'à 2 mois. Ces 2 modalités, dont l'importance n'est pas égale, semblent complémentaires et avoir la même fonction : établir un apaisement à distance n'empêchant pas le bon déroulement des soins à effectuer. La période de 1 mois 1/2, où les contacts œil-à-œil sont les plus importants, correspond à ce que Robson (1967) puis Robin (1981) ont observé. C'est à cet âge que l'on assiste à de véritables captations du regard entre la mère et l'enfant qui, dans ce contexte, sont assez fortes pour remplir leur fonction apaisante.

Les modalités entraînant un contact corporel, à savoir T et KB, ont des courbes d'évolution en-deçà de V et R et parallèles. Ces 2 modalités sont très basses à 15 jours et augmentent de façon linéaire jusqu'à 2 mois. Comme cela a été souligné tout au long de l'analyse des résultats, les mères utilisent préférentiellement les modalités à distance pour apaiser leur enfant lors de la toilette et introduisent progressivement les contacts tactiles car ces derniers impliquent souvent l'interruption des soins. Les comportements utilitaires (constitués par des stimulations tactiles et vestibulaires) sont rythmés par les échanges de regards et de paroles alors qu'ils paraissent incompatibles avec des modes d'apaisement proprement dit impliquant le contact corporel.

L'approche plus générale des comportements maternels d'apaisement met en évidence le fait que les mères apaisent leur bébé, durant la toilette, essentiellement en lui parlant, en vocalisant, et/ou en le regardant, c'est-à-dire par des stimulations à distance. Elles apaisent l'enfant en lui procurant un véritable maintien à distance. Les comportements vocaux, verbaux rythment les soins corporels, qui peuvent impliquer des stimulations tactiles, proprioceptives ou vestibulaires, parfois apaisantes pour l'enfant. La toilette est un moment propice à la mise en place de cette « enveloppe sonore » qu'évoque Anzieu (1976) dans ses considérations théoriques sur la naissance d'un moi précoce ou observée par Stork (1986) dans les pratiques de maternage en Inde. Papousek (1991) a montré que le rythme, le contour mélodique des paroles de la mère sont différents selon le type de soins prodigué. Les adultes utiliseraient un contour mélodique ascendant pour stimuler l'attention de l'enfant et solliciter une réponse de sa part, un contour ascendant puis descendant pour maintenir l'attention, et un contour descendant pour calmer un enfant agité. En effet, qu'il s'agisse de paroles ou d'onomatopées, leur valeur apaisante réside dans le fait que la mère essaie de susciter et de gérer l'attention de l'enfant par un type de maintien dont l'effet apaisant est constitué davantage par le rythme que par la modalité sensorielle en elle-même. On peut faire l'hypothèse que le rythme de ses paroles s'accorde à celui de ses gestes. Ce qui en fait son pouvoir consolateur. Mais également, ceci a peut-être à voir avec la possibilité d'un partage d'état affectif, émotionnel du bébé par la mère. Le rythme et la tonalité de ses paroles sont en accord avec l'état émotionnel dans lequel elle situe son bébé. Par exemple, elle utilise un ton compatissant lorsqu'elle repère la détresse dans ses pleurs. On serait proche dans ce cas de l'accordage affectif de Stern (1989).

Il s'agit ensuite d'étudier les unités comportementales composant chaque modalité sensorielle. En ce qui concerne la modalité visuelle, les contacts œil-à-œil sont utilisés par toutes les mères dans l'apaisement de leur bébé. Par contre, les stimulations visuelles consistant à montrer un objet, à distraire l'enfant pour le calmer, ne sont présentes que chez quelques-unes. Quand elles sont observées, on ne les note qu'à partir de 1 mois 1/2. C'est à cet âge relativement tardif que les mères cherchent à distraire l'enfant, en lui montrant un objet uniquement mobile (marionnette, mobile, objet divers) ou mobile et sonore (hochet), ou encore immobile et sonore (boîte à musique).

Dans la modalité auditive, ce sont les paroles qui sont les plus nombreuses, arrivent ensuite les vocalises, les onomatopées. Dans cette modalité également, le fait de distraire l'enfant en lui faisant entendre un bruit, ou une musique, est rarement observé.

Quand les mères ont des contacts tactiles avec leur bébé dans le but de l'apaiser, elle utilisent surtout des comportements de tendresse : caresser, embrasser. Certaines ont des comportement de maintien dont l'efficacité comme technique d'apaisement a été soulignée à plusieurs reprises dans cette recherche. Soit elles posent fermement la main sur une partie du corps du bébé, soit elles lui maintiennent ou lui tiennent un bras, une jambe. Les tapotements sont peu présents dans les comportements des mères ainsi que les chatouilles qui se confondent souvent avec des caresses.

La modalité vestibulaire est de façon générale la moins observée. Le comportement le plus courant est de prendre l'enfant dans les bras et ensuite de le bercer. Ces deux comportements sont souvent émis conjointement. Il arrive ensuite aux mères de soulever, ou de changer le bébé de position.

CONCLUSION

Nous avons jusqu'alors considéré les modes d'apaisement sans tenir compte de la variabilité interindividuelle des nourrissons, et tout particulièrement de leur caractéristiques liées à leur consolabilité. Un premier temps de cette recherche a consisté, en utilisant l'échelle d'évaluation de Brazelton, d'observer d'une part avec quelle facilité les nouveau-nés s'apaisaient et, d'autre part, quelle technique était la plus efficace pour faire cesser leurs pleurs. A partir de l'observation de 40 nouveau-nés, 3 groupes de bébés ont été distingués : ceux ayant nécessairement besoin d'être pris dans les bras pour arrêter de pleurer (38 %), ceux s'apaisant par des stimulations tactiles ou proprioceptives uniquement (44 %) et, finalement, ceux se consolant par la vue ou la voix de l'adulte (18 %). Ainsi, on peut montrer aux mères qu'il n'y a pas de mode d'apaisement qui serait *a priori* plus efficace à arrêter les pleurs. Il existe toute une série de modes d'apaisement, et ce qui en fait leur valeur est le fait qu'ils soient adaptés à la sensibilité particulière de chaque nourrisson.

Références bibliographiques générales

Actes des Premières Journées Prosodie, Grenoble, 10-11 oct. 2001. GDR-CNRS, à paraître.
Adam, J.M. (1992). *Les textes : types et prototypes. Récit, description, argumentation, explication et dialogue.* Paris : Nathan.
Agnoletti, M.F. & Deferrard, J. (1988a). Expérimenter la conversation. *Verbum, XII, 1,* 83-98.
Agnoletti, M.F. & Deferrard, J. (1988b). Polyphonie et système de place dans l'énonciation. *Verbum, XI,* 1-12.
Agnoletti, M.F. (1990). La construction discursive de l'identité. *Verbum, XIII, 3,* 105-116.
Ainsworth, M.D. & Bell, S.M. (1972). Infant crying and maternal responsiveness. *Child Development, 43,* 171-190.
Allès-Jardel, M. (1999). Développement des compétences sociales chez l'enfant ; perspective écosystémique. *Texte de synthèse en vue de l'obtention de l'Habilitation à Diriger des Recherches.* Université Toulouse II-Le Mirail.
Anzieu, D. (1976). L'enveloppe sonore de soi. *Nouvelle Revue de Psychanalyse, 13,* 161-179.
Assef, C. & Priego-Valverde, B. (2000). Chut ! De toute façon on s'en fout : deux conséquences de l'émotion dans le déroulement discursif. In C. Plantin, M. Doury & V. Traverso (Eds), *Les émotions dans les interactions.* CD-Rom.
Atifi, A. (2000). Le traitement de l'attentat de Tel-Aviv dans les journaux télévisés : informer ou émouvoir ? In C. Plantin, M. Doury & V. Traverso (Eds), *Les émotions dans les interactions.* CD-Rom.
Auchlin, A. (1995). Le bonheur conversationnel : émotion et cognition dans le discours et l'analyse du discours. In D. Véronique & R. Vion (Eds), *Modèles de l'interaction verbale.* Aix-en-Provence : Publications de l'Université de Provence.
Auchlin, A. (1996a). Approche expérientielle du discours : présentation. *Cahiers de Linguistique Française, 18,* 331-338.
Auchlin, A. (1996b). Du texte à la compétence discursive : le diagnostic comme opération empathico-inductive. *Cahiers de Linguistique Française, 18,* 339-355.
Auchlin, A. (1997a). Beau mensonge et qualité de parole en pragmatique linguistique. In M. Bakkali-Yedri & A. Zeggaf (Eds), *Le beau mensonge.* Rabat : Publications de la Faculté des Lettres et des Sciences Humaines.
Auchlin, A. (1997b). L'analyse pragmatique du discours et la qualité du dialogue : arguments pour une approche systémique de la compétence discursive. In D. Luzzatti *et al.* (Eds), *Le Dialogique.* Berne : Peter Lang.
Auchlin, A. (1998a). Les dimensions de l'analyse pragmatique du discours dans une approche expérientielle et systémique de la compétence discursive. In J. Verschueren (Ed.), *Pragmatics in 1998 : Selected papers from the 6th International Pragmatics Conference.*
Auchlin, A. (1998b). Sur le seuil de la déclaration : un cas particulier de « fusion » d'affects. In N. Gelas & C. Kerbrat-Orecchioni (Eds), *La déclaration d'amour.* Gênes : Erga.

Auchlin, A. (2000a). Grain fin et rendu émotionnel subtil dans l'observation des interactions : sur le caractère «trans-épistémique» des attributions d'émotions. In C. Plantin, M. Doury & V. Traverso (Eds), *Les émotions dans les interactions*.

Auchlin, A. (2000b). Sur l'ethos. Quelques remarques. In M. Wauthion & A.C. Simon (Eds), *Politesse et idéologie. Rencontres de pragmatique et de rhétorique conversationnelles*. Louvain : Peeters.

Auchlin, A. & Perrin, L. (à paraître) Approche expérientielle et texte littéraire. In E. Roulet & M. Burger, *Les analyses de discours au défi d'un dialogue romanesque*. Nancy : Presses Universitaires de Nancy.

Auer, P. (1992). Introduction : John Gumperz' approach to contextualization. In P. Auer & A. di Luzio (Dir.), *The contextualization of language*. Amsterdam : Benjamins.

Auriac-Peyronnet, E. (1988). L'éclat (de rire). *Mémoire de Maîtrise en Sciences de l'Education*. Université Lyon II.

Auriac-Peyronnet, E. (1996). Construction d'un rôle d'autorité autour du fonctionnement de l'opérateur discursif «bon» dans l'échange conversationnel. *Interaction et Cognition, 1*, 2-3, 293-327.

Auriac-Peyronnet, E. & Toczek-Capelle, M.C. (1999). Etude psycholinguistique des processus langagiers en situation d'apprentissage coopératif chez des «petits parleurs» au C.E.2 (entrée au cycle 3). *Communication au Troisième Congrès International d'Actualité de la Recherche en Education et Formation, Bordeaux*.

Auriac-Peyronnet, E., Toczek-Capelle, M.C., Amagat, S. & Sudre, V. (soumis). Les petits parleurs au CE2. *Psychologie et Education*.

Authier-Revuz, J. (1984). Hétérogénéité(s) énonciative(s). *Langages, 73*, 98-111.

Authier-Revuz, J. (1995). *Ces mots qui ne vont pas de soi. Boucles réflexives et non-coïncidences du dire*. Paris : Larousse.

Averill, J.R. (1980). A constructivist view of emotion. In R. Plutchik & H. Kellerman (Dir.), *Emotion. Theory, research, and experience. Tome 1 : Theories of emotion*. New York : Academic Press.

Avis, J. & Harris, P.L. (1991). Belief-desire reasoning among Baka children : Evidence for a universal conception of mind. *Child Development, 62*, 460-467.

Ayer, A.J. (1970/1936). *Sprache, Wahrheit und Logik*. Stuttgart : Reclam.

Azoulay, M. (1986). Après le sourire, le rire. *France soir, Nov.*, 109-110.

Bakhtine, M. (1977). *Le marxisme et la philosophie du langage*. Paris : Editions de Minuit.

Balibar-Mrabti, A. (1995). Une étude de la combinatoire des noms de sentiment dans une grammaire locale. *Langue Française, 105*, 88-97.

Bally, C. (1932). *Linguistique générale et linguistique française*. Berne : Francke.

Bally, C. (1970/1909). *Traité de stylistique française*. Genève : Librairie de l'université Georg et Cie.

Banse, R. & Scherer, K.R. (1996). Acoustic profiles in vocal emotion expression. *Journal of Personality and Social Psychology, 70*, 614-636.

Bariaud, F. (1983). *La genèse de l'humour chez l'enfant*. Paris : PUF.

Baron-Cohen, S., Leslie, A. & Frith, U. (1985). Does the autistic child have a theory of mind ? *Cognition, 21*, 37-46.

Baron-Cohen, S. & Simon (1998). *La cécité mentale. Un essai sur l'autisme et la théorie de l'esprit*. Grenoble : Presses Universitaires de Grenoble.

Battachi, M.W., Suslow, T. & Renna, M. (1996). *Emotion und Sprache*. Frankfurt : Peter Lang.

Baudonnière, P.M. (1997). *Le mimétisme et l'imitation*. Paris : Flammarion.

Beauvois, J.L. & Joule, R.V. (1987). *Petit traité de manipulation à l'usage des honnêtes gens*. Grenoble : Presses Universitaires de Grenoble.

Bekdache, K. (1976). L'organisation verbo-viscéro-motrice au cours de la communication verbale. *Thèse 3e cycle*. Université Lyon 1.

Bel, B. (1999). Musical forms of rural Maharashtra : A cultural-sociological database. *Document en ligne* : http : //www.ccrss.ws/database.htm.

Benayoum, R. (1977). *Les dingues du nonsense. De Lewis Carroll àWoody Allen*. Paris : Balland.
Berger, P. & Luckmann, T. (1967). *Social construction of reality*. Garden City, NY : Doubleday.
Bergson, H. (1900). *Le rire : essai sur la signification du comique*. Paris : Alcan.
Berrendonner, A. (1993). Périodes. In H. Parret (Ed.), *Temps et discours*.
Bertrand, R., Matsangos, A., Périchon, B. & Vion, R. (2000). L'observation et l'analyse des affects dans l'interaction. In C. Plantin, M. Doury & V. Traverso (Eds), *Les émotions dans les interactions*.
Bestgen, Y. (1994). Can emotional valence in stories be determined from words? *Cognition and Emotion, 7*, 21-36.
Birns, B., Blank, M., Bridger, W.H. & Escalona, S.K. (1965). Behavioral inhibition in neonates produced by auditory stimuli. *Child Development, 36*, 639.
Boiten, F.A. (1993). Emotional breathing patterns. *Ph.D. Thesis*, University of Amsterdam, Psychology Department.
Boiten, F.A. (in press). Component analysis of task related respiratory patterns. *International Journal of Psychophysiology*.
Bonis (de), M. (1996). *Connaître les émotions humaines*. Hayen : Mardaga.
Bonis (de), M., De Boeck, P., Pérez-Diaz, F. & Nahas M. (1999). A two-process theory of facial perception of emotions. *Comptes rendus de l'Académie des Sciences (Sciences de la vie), 322*, 1-7.
Bosacki, S. & Astington, J. (1999). Theory of mind in preadolescence : Relations between social understanding and social comptence. *Social Development, 8*, 237-255.
Bouchard, R. (2000). «M'enfin !!!» Des petits mots pour les petites émotions? In C. Plantin, M. Doury & V. Traverso (Eds), *Les émotions dans les interactions*.
Boulanger-Balleyguier, G. (1996). *Le développement émotionnel et social du jeune enfant*. Paris : PUF.
Bower, G.H. (1981). Mood and memory. *American Psychologist, 36*, 129-148.
Boyatis, J.C. & Varghese, R. (1994). Children's emotional associations with colors. *The Journal of Genetic Psychology, 155, 1*, 77-85.
Boysson-Bardies (de), B. (1996), *Comment la parole vient aux enfants. De la naissance jusqu'à deux ans*. Paris : Odile Jacob.
Brackbill, Y. (1970). Acoustic variation and arousal level in infants. *Psychophysiology, 6*, 517-526.
Brackbill, Y. (1971). Cumulative effects of continuous stimulation on arousal level in infants. *Child Development, 42*, 17-26.
Brackbill, Y. (1973). Continuous stimulation reduces arousal level : Stability of the effect over time. *Child Development, 44*, 43-46.
Brackbill, Y., Adams, G., Cromwell, D.M. & Gray, H.L. (1966). Arousal level in neonates and preschool children under continuous auditory stimulation. *Journal of Experimental Child Psychology, 4*, 178-188.
Bradley, M.M. (2000). Emotion and motivation. In J.D. Cacioppo *et al.* (Eds), *Handbook of psychophysiology*. Cambridge : Cambridge University Press.
Bradley, M.M., Cuthbert, B.N. & Lang, P.J. (1996). Picture media and emotion : Effects of a sustained affective content. *Psychophysiology, 33*, 662-670.
Bradmetz, J. & Schneider, R. (1999). Is Little Red Riding Hood afraid of her grandmother? Cognitive vs emotional response to a false belief. *British Journal of Developmental Psychology, 17*, 501-514.
Brassac, C. (2000). Intercompréhension et communiaction®. In A.C. Berthoud & L. Mondada (Eds), *Modèles du discours en confrontation*. Berne : Peter Lang.
Brazelton, T.B. (1962). Crying in infancy. *Pediatrics, 29*, 579-588.
Brazelton, T.B. (1984). *Neonatal behavioral assessment scale*. London : Blackwell.
Brown, J.R. & Dunn, J. (1996). Continuities in emotion understanding from three to six years. *Child Development, 67*, 789-802.

Brunel, M.L. & Martiny, C. (2000). Role of unintentional gestural imitations in the empathic process. *ISRE 2000, Scientific Program, 12.*

Brunel, M.L., Martiny, C. & Cosnier, J. (1996). Motor mimicry demonstrating empathy : Sharing versus exchange mode of communicating. In N. Frijda (Ed.), *ISRE 1996.* Toronto.

Brunswik, E. (1956). *Perception and the representative design of psychological experiments.* Berkeley, University of California Press.

Bühler, K. (1934). *Sprachtheorie.* Stuttgart : Fischer Verlag.

Bühler, K. (1976/1933). *Die Axiomatik der Sprachwissenschaften. Einleitung und Kommentar von E. Ströker.* Frankfurt/Main : Vittorio Klosterman.

Bühler, K. (1990/1934). *Theory of Language.* Amsterdam : John Benjamins.

Burger, M. & Auchlin, A. (à paraître). *O zaluno : Analise do discurso e ensino de lingua materna.* Actes du colloque de Rio de Janeiro, octobre 1999.

Cacioppo, J.T., Klein, D.J., Berntson, G.G. & Hatfield, E. (1993). The psychophysiology of emotion. In M. Lewis *et al.* (Eds), *Handbook of emotions.*

Caelen-Haumont, G. (1978). Structures prosodiques de la phrase énonciative simple et étendue. *Doctorat de 3ᵉ cycle, Sciences du Langage.* Université du Mirail, Toulouse.

Caelen-Haumont, G. (1981). Structures prosodiques de la phrase énonciative simple et étendue. *Hamburger Phonetische Beitrage. Band, 34.* Hamburg : Buske.

Caelen-Haumont, G. (1991). Stratégies des locuteurs en réponse à des consignes de lecture d'un texte : analyse des interactions entre modèles syntaxiques, sémantiques, pragmatiques et paramètres prosodiques. *Thèse de doctorat d'état.* Aix-en-Provence.

Caelen-Haumont, G. (1997). Du faire-savoir au faire-croire : aspects de la diversité prosodique. *Revue Traitement Automatique des Langues, 38, 1,* 5-26.

Caelen-Haumont, G. (à paraître). Towards naturalness or the challenge of subjectivity. In E. Keller, G. Bailly, A. Monaghan, J. Terken & M. Huckvale (Eds), *Improvements in speech synthesis.*

Caelen-Haumont, G. & Bel, B. (soumis). Le caractère spontané dans la parole et le chant improvisés : de la structure intonative au mélisme. *Parole.*

Caffi, C. & Janney, R.W. (1994a). Introduction : Planning a bridge. *Journal of pragmatics, 22,* 245-249.

Caffi, C. & Janney, R.W. (1994b). Toward a pragmatics of emotive communication. *Journal of pragmatics, 22,* 325-373.

Caffi, C. (2000). Aspects du calibrage des distances émotives entre rhétorique et psychologie. In C. Plantin, M. Doury & V. Traverso (Eds), *Les émotions dans les interactions.*

Cahour, B. & Cordier, A. (1997). Relation de confiance lors des premières interactions agents/clients. *Rapport final d'une étude réalisée pour le CAPA.*

Calbris, G. (1987). Geste et motivation. *Semiotica, 65, 1/2,* 57-96.

Calbris, G. (1999). Gestuelle implicative de Lionel Jospin. *La Linguistique, 35,* 113-131.

Calbris, G. (1990). *The semiotics of French gestures.* Bloomington : Indiana University Press.

Caron-Pargue, J. & Auriac-Peyronnet, E. (1997). Etude psycholinguistique de la marque conversationnelle «bon» dans une interaction cognitive. In J. Bernicot, J. Caron-Pargue & A. Trognon, *Conversation, interaction et fonctionnement cognitif.* Nancy : Presses Universitaires de Nancy.

Cartron, A. & Winnykamen, F. (1999). *Les relations sociales chez l'enfant. Genèse, développement, fonctions.* Paris : Armand Colin.

Cassidy, J., Parke, R., Butkovsky, L. & Braungart, J. (1992). Family-peer connections : The roles of emotional expressiveness within family and children's understanding of emotions. *Child Development, 63,* 603-618.

Cavé, C., Guaïtella, I. & Santi, S. (2001). *Oralité et Gestualité. Interactions et comportements multimodaux dans la communication.* Paris : L'Harmattan.

Cervoni, J. (1987). *L'Enonciation.* Paris : PUF.

Chabrol, C. (2000). De l'impression des personnes à l'expression communicationnelle des émotions. In C. Plantin, M. Doury & V. Traverso (Eds), *Les émotions dans les interactions*.

Charaudeau, P. (2000). Une problématique discursive de l'émotion : à propos des effets de pathémisation à la télévision. In C. Plantin, M. Doury & V. Traverso (Eds), *Les émotions dans les interactions*.

Charolles, M. (mimeo). Le mixage conceptuel. Présentation des analyses de G. Fauconnier et M. Turner et application à quelques exemples. *Document de travail pour le GDR « Diversité et évolution des langues »*.

Chen, S.J. (1986). The development of the organization of infant crying : A dynamic system approach. In *Annual report of research and clinical center for child development, N&deg, 10*, 49-53.

Christophe, V. (1998a). Le partage social des émotions du point de vue de l'auditeur. *Thèse de doctorat non publiée*, Université de Lille III, France.

Christophe, V. (1998b). *Les émotions, tour d'horizon des principales théories*. Paris : Presses Universitaires du Septentrion.

Christophe, V. & Rimé, B. (1997). Exposure to the social sharing of emotion : Emotional impact, listener responses and the secondary social sharing. *European Journal of Social Psychology, 27*, 37-54.

Colletta, J.M. (2000). Manifestations émotionnelles et conduites narratives chez l'enfant : préliminaires à une étude développementale. In C. Plantin, M. Doury & V. Traverso (Eds), *Les émotions dans les interactions*. CD-Rom.

Colletta, J.M. & Tcherkassof, A. (2001). Emotions, interactions et développement. Colloque international, Grenoble, 28 et 29 juin 2001. Grenoble, L.P.S., Université Pierre Mendès France, Grenoble II, Lidilem, Université Stendhal, Grenoble III.

Collins, N.L. & Miller, LC. (1994). Self-disclosure and liking : A meta-analytic review. *Psychological Bulletin, 116*, 457-475.

Cosnier, J. (1977). Communication non verbale et langage. *Psychologie Médicale, 9, 11*, 2033-2049.

Cosnier, J. (1982). Communications et langages gestuels. In J. Cosnier *et al.*, *Les voies du langage*. Paris : Dunod.

Cosnier, J. (1994). *Psychologie des émotions et des sentiments*. Paris : Retz-Nathan.

Cosnier, J. (1997). Empathie et communication : partager les émotions d'autrui. *Sciences Humaines, 68*, 24-26.

Cosnier, J. (1998). *Le retour de Psyché*. Paris : Desclée de Brouwer.

Cosnier, J. (2000). La voix, les gestes, le corps. In B. Cerquiglini *et al.* (Eds), *Tu parles, le Français dans tous ses états*. Paris : Flammarion.

Cosnier, J. (à paraître). Own-body use for the perception of the partner's affects. About empathy and the concept of body-analyser. *ISRE 2000*. Québec.

Cosnier, J. & Brunel, M.L. (1997). De l'interactionnel à l'intersubjectif. In A. Marcarino (Ed.), *Analisi delle conversazione e prospettive di ricerca in etnometodologia*. Urbino : Quattro-venti.

Cosnier, J., Grosjean, M. & Lacoste, M. (1993). *Soins et communication. Approches interactionnistes des relations de soins*. Lyon : Presses Universitaires de Lyon.

Cosnier, J. & Huygues-Despointes, S. (2000). Les mimiques du créateur, ou l'auto-référence des représentations affectives. In C. Plantin, M. Doury & V. Traverso (Eds), *Les émotions dans les interactions*.

Cosnier, J. & Vaysse, J. (1992). La fonction référentielle de la kinésique. *Protée, 20*, 40-47.

Damasio, A.R. (1999). *Le sentiment même de soi. Corps, émotion, conscience*. Paris : Odile Jacob.

Danblon, E. (2001a). La justification argumentative. Vers une théorie de la rationalité. *Thèse de doctorat*, Université Libre de Bruxelles.

Danblon, E. (2001b). La rationalité dans le discours épidictique. In M. Dominicy & M. Frédéric (Eds), *La mise en scène des valeurs. La rhétorique de l'éloge et du blâme*.

Danblon, E. (à paraître). *Rhétorique et rationalité. Pour une généalogie des compétences socio-discursives*. Éditions de l'Université Libre de Bruxelles.

Darwin, C. (1872). *The expression of emotions in man and animal*. London : Murray.

Davitz, J.R. (1969). *The language of emotion*. New York : Academic Press.

De Waal, F. (1997). *Le bon singe. Les bases naturelles de la morale*. Paris : Bayard.

Deleau, M. (1996). L'attribution d'états mentaux chez des enfants sourds et entendants : une approche du rôle de l'expérience langagière sur une théorie de l'esprit. *Bulletin de Psychologie, L, 427*, 48-56.

Denham, S., McKinley, M., Couchoud, E. & Holt R. (1990). Emotional and behavioral predictors of preschool peer ratings. *Child Development, 61*, 1145-1152.

Depue, R.A. & Iacono, W.G. (1989). Neurobehavioral aspects of affective disorders. *Annual Review of Psychology, 40*, 457-492.

Dienstfrey, H. (1999). Disclosure and health : An interview with James W. Pennebaker. *Advances in Mind-Body Medicine, 15*, 161-195.

Dominicy, M. & Frédéric, M. (2001). *La mise en scène des valeurs. La rhétorique de l'éloge et du blâme*. Lausanne : Delachaux et Niestlé.

Donald, M. (1991). *Origins of the modern mind : Three stages in the evolution of culture and cognition*. Cambridge, MA : Harvard University Press.

Donnelly, D.A. & Murray, E.J. (1991). Cognitive and emotional changes in written essays and therapy interviews. *Journal of Social and Clinical Psychology, 10*, 334-350.

Drescher, M. (à paraître). *Sprachliche Affektivität : Darstellung emotionaler Beteiligung am Beispiel von Gesprächen aus dem Französischen*. Tübingen : Niemeyer.

Duchenne de Boulogne, G.B. (1862). *Mécanisme de la physionomie humaine (Analyse électro-physiologique de l'expression des passions)*. Paris : Jules Renouard.

Ducrot, O. (1984). *Le dire et le dit*. Paris : Editions de Minuit.

Ducrot, O. (1989). *Logique, structure, énonciation*. Paris : Editions de Minuit.

Ducrot, O. (1993). A quoi sert le concept de modalité? In N. Dittmar & A. Reich (Dir.), *Modalité et acquisition des langues*. Berlin : Walter de Gruyter.

Dunn, J. (2000). Mind-reading, emotion understanding and relationships. *International Journal of Behavioral Development, 24*, 142-144.

Dunn, J., Brown, J. & Beardsall, L. (1991). Family talk about feeling states and children's later understanding of others' emotions. *Developmental Psychology, 27*, 448-455.

Dunn, J., Brown, J., Slomkowski, C., Tesla, C. & Youngblade, L. (1991). Young children's understanding of other people's feelings and beliefs : Individual differences and their antecedents. *Child Development, 62*, 1352-1366.

Dunn, J. & Cutting, A. (1999). Understanding others, and individual differences in friendship interactions in young children. *Social Development, 8*, 201-219.

Dunn, J. & Herrera, C. (1997). Conflict resolution with friends, siblings and mothers : A developmental perspective. *Agressive Behavior, 23*, 343-357.

Duvignaud, J. (1985). *Le propre de l'homme. Histoire du rire et de la dérision*. Paris : Hachette.

Eastman, M. (1958). *Enjoyment of laughter*. New York : Simon & Shuster.

Edwards, R., Manstead, A. & MacDonald, C. (1984). The relationship between children's sociometric status and their ability to recognize facial expressions of emotions. *European Journal of Social Psychology, 14*, 235-238.

Efron, D. (1941). *Gesture and environment*. New York : King's Crown Press.

Eggs, E. (1990). Zur Logik und Rhetorik des Körpers : Affekte. *Grazer Linguistische Studien, 33/34*, 45-62.

Eggs, E. (2000). «Logos, ethos, pathos» : l'actualité dela rhétorique des passions chez Aristote. In C. Plantin, M. Doury & V. Traverso (Eds), *Les émotions dans les interactions*.

Ekman, P. (1972). Universals and cultural differences between cultures in expressive movements. In J.D. Cole (Ed.), *Nebraska symposium on motivation*. Lincoln : University of Nebraska Press.

Ekman, P. (1972). Universals and cultural differences in facial expression of emotion. In J.D. Cole (Ed.), *Nebraska symposium on motivation*. Lincoln, University of Nebraska Press.

Ekman, P. (1989). The argument and evidence about universals in facial expressions of emotion. In H. Wagner & A. Manstead (Eds), Handbook of social psychophysiology. *Wiley handbooks of psychophysiology*. New York : Wiley.

Ekman, P. (1992). An argument for basic emotions. *Cognition Emotion*, 6, 169-200.

Ekman, P., & Frank, M. (1993). Lies that fail. In M. Lewis & C. Saarni (Eds), Lying and deception in everyday life. New York : Guilford Press.

Ekman, P. & Friesen, W.V. (1969). The repertoire of nonverbal behavior. *Semiotica*, 1, 49-98.

Ekman, P. & Friesen, W.V. (1976). *Facial Action Coding System*. Palo Alto : Consulting Psychological Press.

Ekman, P. & Rosenberg, E.L. (1997). What the face reveals : Basic and applied studies of spontaneous expression using the Facial Action Coding System (FACS). *Series in affective science*. New York : Oxford University Press.

Ellis, R. & Newton, N. (2000). The interdependence of consciousness and emotion. *Consciousness and Emotion*, 1, 1, 1-10.

Epstein, S. (1987). Implications of cognitive self-theory for psychopathology and psychotherapy. In N. Cheshire & H. Thomae (Eds), *Self, symptoms, and psychotherapy*. New York : Wiley.

Ersland, S., Weisoeth, L. & Sund, A. (1989). The stress upon rescuers involved in an oil rig disaster, «Alexander Kielland» 180. *Acta Psychiatrica Scandinavica*, 80, 38-49.

Escarpit, R. (1960). *L'humour*. Paris : PUF.

Esquirol, E. (1980/1805). *Des passions considérées comme causes, symptômes et moyens curatifs de l'aliénation mentale*. Précédé de M. Gauchet & G. Swain, *Du traitement de la manie aux passions : la folie et l'union de l'âme et du corps*, et suivi de *Documents pour servir à l'histoire de l'asile*. Paris : Librairie des Deux-Mondes.

Fabes, R.A., Eisenberg, N., Nyman, M. & Michaelieu, Q. (1991). Young children's appraisals of others spontaneous emotional reactions. *Developmental Psychology*, 27, 858-866.

Fairbanks, G. & Hoaglin, L.W. (1941). An experimental study of the duration characteristics of the voice during the expression of emotion. *Speech Monographs*, 8, 85-90.

Fairbanks, G. & Pronovost, W. (1939). *Speech Monographs*, 6, 87-104.

Faure, G. (1970). Contribution à l'étude du statut phonologique des structures prosodématiques. *Studia Phonetica*, 3, 93-107.

Faure, G. (1973). Tendances et perspectives de la recherche intonologique. *Travaux de l'Institut de Phonétique d'Aix-en-Provence*, 5-29.

Fayol, M. (1985). *Le récit et sa construction. Une approche de psychologie cognitive*. Neuchâtel : Delachaux et Niestlé.

Fernandez-Vest, J. (1994). *Les particules énonciatives*. Paris : PUF.

Ferrari, A. & Auchlin, A. (1995). Le point : un signe de «ponctualisation». *Cahiers de Linguistique Française*, 17, 35-56.

Festinger, L. (1950). Informal social communication. *Psychological Review*, 57, 271-282.

Fiehler, R. (1990). *Kommunikation und Emotion. Theoretische und empirische Untersuchungen zur Rolle der Emotionen in der verbalen Interaktion*. Berlin : de Gruyter.

Figueras-Costa, B. & Harris, P.L. (2001). Theory of mind development in deaf children : A non-verbal test of false-belief understanding. *Journal of Deaf Studies and Deaf Education*.

Finkenauer, C., Luminet, O., Gisle, L., Van der Linden, M., El-Ahmadi, A. & Philippot, P. (1998). Flashbulb memories and the underlying mechanisms of their formation : Towards an emotional-integrative model. *Memory and Cognition*, 26, 516-31.

Finkenauer, C. & Rimé, B. (1998a). Socially shared emotional experiences vs. emotional experiences kept secret : Differential characteristics and consequences. *Journal of Social and Clinical Psychology*, 17, 295-318.

Finkenauer, C. & Rimé, B. (1998b). Keeping emotional memories secret : Health and subjective well-being when emotions are not shared. *Journal of Health Psychology, 3*, 47-58.
Flahault, F. (1978). *La parole intermédiaire*. Paris : Seuil.
Flavell, J.H. (1985). *Cognitive Development*. Englewood Cliffs, NJ : Prentice-Hall.
Fónagy, I. (1982). Variations et normes prosodiques. *Folia Linguistica, 16, 1/4*, 17-39.
Fónagy, I. & Bérard, E. (1973). Questions totales et implicatives. *Studia Phonetica, 8*, 53-98.
Fonagy, P., Redfern, S. & Charman, T. (1997). The relationship between belief-desire reasoning and a projective measure of attachment security (SAT). *British Journal of Developmental Psychology, 15*, 51-61.
Fónagy, I. & Sap, J. (1997). Traits prosodiques distinctifs de certaines attitudes intellectuelles et émotives. *Actes des 8ᵉ Journées d'Études sur la Parole, Aix-en-Provence*.
Ford, M.E. (1982). Social cognition and social competence in adolescence. *Developmental Psychology, 18*, 323-340.
Fraisse, P. & Piaget, J. (1968). *Traité de psychologie expérimentale. V : Motivation, émotion et personnalité*. Paris : PUF.
Franken, N. & Dominicy, M. (2001). Epidictique et discours expressif. In M. Dominicy & M. Frédéric (Eds), *La mise en scène des valeurs. La rhétorique de l'éloge et du blâme*.
Franks, D.D., Wentworth, W.M. & Ryan J. (1994). *Social perspectives on emotion*. London : JAI Press.
Fredrickson, B.L. & Branigan, C. (2001). Positive emotions. In T.J. Mayne & G.A. Bonanno (Eds), *Emotions : Current issues and future directions*. New York : Guilford Press.
Frei, H. (1971/1929). *La grammaire des fautes*. Genève : Slatkine Reprints.
Frick, R. W. (1986). The prosodic expression of anger : Differentiating threat and frustration. *Aggressive Behavior, 12*, 121-128.
Fridlund, A.J. (1994). *Human facial expression : An evolutionary view*. New York : Academic Press.
Frijda, N.H. (1986). *The emotions*. Cambridge : Cambridge University Press.
Frijda, N.H. (1988). Les théories de l'émotion : un bilan. In B. Rimé & K.R. Scherer (Eds), *Les émotions*.
Frijda, N.H. (1993). Moods, emotion episodes and emotions. In M. Lewis & J.M. Haviland (Eds), *Handbook of emotions*.
Frijda, N.H. (1998). The sexual emotions. In A. Fischer (Ed.), *ISRE'98 : Proceedings of the Xth ISRE Conference*. Amsterdam : ISRE.
Frijda, N.H. (2000). The nature of pleasure. In J. Bargh (Ed.), *Unravelling the complexities of social life : A Festschrift in honor of Robert B. Zajonc*. Washington : APA.
Frijda, N.H., Kuipers, P. & Terschure, E. (1989). Relations between emotion, appraisal, and emotional action readiness. *Journal of Personality and Social Psychology, 57*, 212-228.
Frijda, N.H., Manstead, A.R.S. & Bem, S. (2000). *Emotions and beliefs : The influence of feeling upon thought*. Cambridge : Cambridge University Press.
Frijda, N. H. & Mesquita, B. (2000). Emotions through beliefs. Beliefs through emotions. In N.H. Frijda, A.R.S. Manstead & S. Bem (Eds), *Emotions and beliefs : The influence of feeling upon thought*.
Frijda, N.H. & Tcherkassof, A. (1997). Facial expression and modes of action readiness. In J.A. Russell & J.M. Fernández-Dols (Eds), *The psychology of facial expression*.
Galati, D. & Sini, B. (2000). Les structures sémantiques du lexique français des émotions. In C. Plantin, M. Doury & V. Traverso (Eds), *Les émotions dans les interactions*.
Gallistel, C.R. (1980). *The organization of action : A new synthesis*. Hillsdale, NJ : Erlbaum.
Gardin, B. (1988). Le dire difficile et le devoir dire. *DRLAV, 39*, 1-20.
Garitte, C. (1998). *Le développement de la conversation chez l'enfant*. Bruxelles : De Boeck Université.

Garitte, C. (2000). Production d'humour lors de conversations spontanées entre enfants du même âge de 6 à 10 ans. In C. Plantin, M. Doury & V. Traverso (Eds), *Les émotions dans les interactions*.

Garner, P.W., Jones, D.C., Gaddy, G. & Rennie, K.M. (1997). Low-income mothers' conversations about emotions and their children's emotional competence. *Social Development*, 6, 37-52.

Gauchet, M. & Swain, G. (1980). *La pratique de l'esprit humain. L'institution asilaire et la révolution démocratique*. Paris : Gallimard.

Gayral, L. (1975). *Sémiologie clinique en psychiatrie*. Rueil-Malmaison : Sandoz.

Gerth, H. & Wright Mills C. (1981). Gefühl und Emotion. In G. Kahle (Dir.), *Logik des Herzens. Die soziale Dimension der Gefühle*. Frankfurt/M. : Suhrkamp.

Ghiglione, R. & Trognon, A. (1993). *Où va la pragmatique ? De la pragmatique à la psychologie sociale*. Grenoble : Presses Universitaires de Grenoble.

Gibbard, A. (1996). *Sagesse des choix, justesse des sentiments. Une théorie du jugement normatif*. Paris : PUF.

Gillibert, J. (1983). Le rire jusqu'à l'homme. *Revue Française de Psychanalyse*, XLVII, 6, 1387-1407.

Girard, R. (1982). *Le bouc émissaire*. Paris : Grasset.

Goddard, C. (1994). Semantic theory and semantic universals. In C. Goddard & A. Wierzbicka (Eds), *Semantic and lexical universals*. Amsterdam : John Benjamins.

Goffman, E. (1973). *La mise en scène de la vie quotidienne*. Paris : Minuit.

Goldman, A.I. (1989). In defense of simulation theory. *Mind and Language*, 4, 161-185.

Goodall, J. (1972). *In the shadow of man*. New York : Dell Books.

Granqvist, S. (1996). Enhancements to the visual analogue scale. *Speech, Music and Hearing - Quaterly Progress and Status Report*, KTH, 4, 61-65.

Gray, J.A. (1987). *The psychology of fear and stress*. Cambridge : Cambridge University Press.

Greimas, A.J. (1983). *Du sens. II : Essais sémiotiques*. Paris : Le Seuil.

Grobet, A. (1997). La ponctuation prosodique dans les dimensions périodiques et informationnelles du discours. *Cahiers de Linguistique Française*, 19, 83-123.

Grosjean, M. (1995). Sur quel ton le dites-vous ? In G. Jeannot & I. Joseph, *Les métiers du public*. Paris : CNRS.

Grosjean, M. (2001). Accordage et désaccordage des registres et des formes mélodiques entre locuteurs. In C. Cavé, I. Guaïtella & S. Santi (Eds), *Oralité et Gestualité. Interactions et comportements multimodaux dans la communication*. Paris : L'Harmattan.

Gross, M. (1995). Une grammaire locale de l'expression des sentiments. *Langue Française*, 105, 70-87.

Gumperz, J.J. (1992). Contextualization Revisited. In P. Auer & A. Di Luzio (Dir.), *The Contextualization of Language*. Amsterdam : Benjamins.

Hadwin, J. & Perner, J. (1991). Pleased and surprised : Children's cognitive theory of emotion. *British Journal of Developmental Psychology*, 9, 215-234.

Harris, P.L. (1983). Children's understanding of the link between situation and emotion. *Journal of Experimental Child Psychology*, 36, 1-20.

Harris, P.L. (1989). *Children and emotion*. Oxford : Blackwell.

Harris, P.L. (1994). The child's understanding of emotion : Developmental changes and the family environment. *Journal of Child Psychology and Psychiatry*, 35, 3-28.

Harris, P.L. (1999). Individual differences in understanding emotion : The role of attachment status and psychological discourse. *Attachment and Human Development*, 1, 307-324.

Harris, P. L. (2000). Understanding emotion. In M. Lewis & J. Haviland-Jones (Eds), *Handbook of emotions*. New York : The Guilford Press.

Harris, P.L., Johnson, C., Hutton, D., Andrews, G. & Cooke, T. (1989). Young children's theory of mind and emotion. *Cognition and Emotion*, 3, 379-400.

Harter, S. & Buddin, B. (1987). Children's understanding of the simultaneity of two emotions : A five-stage acquisition sequence. *Developmental Psychology*, 23, 388-399.

Harter, S. (1977). A cognitive-developmental approach to children's expression of conflicting feelings and a technique to facilitate such expression in play therapy. *Journal of Consulting and Clinical Psychology, 45*, 417-432.

Hayes, J.R. (1998). Un nouveau cadre pour intégrer cognition et affect dans la rédaction de texte. In A. Piolat & A. Pélissier (Eds), *La rédaction de textes*. Lausanne : Delachaux et Niestlé.

Haynal-Reymond, V. (2000). Manifestation des émotions chez des patients suicidaires. In C. Plantin, M. Doury & V. Traverso (Eds), *Les émotions dans les interactions*. CD-Rom.

Hénault, A. (2000). Comment saisir « l'éprouver » en sémiotique textuelle ? In C. Plantin, M. Doury & V. Traverso (Eds), *Les émotions dans les interactions*. CD-Rom.

Hirst, D.J. & Di Cristo, A. (1998). A survey of intonation systems. In D.J. Hirst & A. Di Cristo (Eds), *Intonation Systems : A Survey of Twenty Languages*. Cambridge : Cambridge University Press.

Hochschild, A.R. (2000). Emotion work, feeling rules, and social structure. In A. Branaman (Ed.), *Self and society*. Blackwell readers in sociology. Malden : Blackwell.

Hogg, M.A. (1995). Group cohesiveness. In S.T. Fiske, M.A. Hogg, H.T. Reis & G.R. Semin (Eds), *The Blackwell encyclopedia of social psychology*. Oxford : Blackwell Publishers.

Holst (von), E. & Mittelstaedt, H. (1950). Der Reafferenzprinzip. Wechselwirkung zwischen Zentralnervensystem und Peripherie. *Naturwissenschaften, 37*, 464-475.

Hubin-Gayte, M. (1994). Etude différentielle de la consolabilité des nourrisssons et des pratiques maternelles d'apaisement. *Thèse de doctorat en psychologie*. Université Paris X.

Hubin-Gayte, M. (1997). De l'utilisation de l'échelle d'évaluation néonatale de Brazelton dans l'étude de la consolabilité des nourrissons. *Devenir, 9, 2*, 51-70.

Hughes, C., Dunn, J. & White, A. (1998). Trick or treat ? Uneven understanding of mind and emotion and executive dysfunction in « hard-to-manage » preschoolers. *Journal of Child Psychology and Psychiatry and Allied Disciplines, 39*, 981-994.

Hupka, R.B., Lenton, A.P. & Hutchison, K.A. (1999). Universal development of emotion categories in natural language. *Journal of Personality and Social Psychology, 77*, 247-278.

IJzendoorn (van), M.H., (1995). Adult attachment representations, parental responsiveness, and infant attachment : A meta-analysis on the predictive validity of the adult attachment interview. *Psychological Bulletin, 117*, 387-403.

IJzendoorn (van), M.H., Juffer, F. & Duyvesteyn, M.G.C. (1995). Breaking the intergenerational cycle of insecure attachment : A review of the effects of attachment-based interventions on maternal sensitivity and infant security. *Journal of Child Psychology and Child Psychiatry, 36*, 225-248.

Irvine, J.T. (1990). Registering affect : Heteroglossia in the linguistic expression of emotion. In C.A. Lutz & L. Abu-Lughod (Dir.), *Language and the politics of emotion*. Cambridge : Cambridge University Press.

Isen, A.M. (2000). Positive affect and decision making. In M. Lewis & J.M. Haviland (Eds), *Handbook of emotions*.

Izard, C.L. (1977). *Human emotions*. New York : Plenum Press.

Jacobs, K.W. & Blandino, S.E. (1992). Effects of color of paper on which the profile of mood states is printed on the psychological states it measures. *Perceptual and Motor Skills, 75*, 267-271.

Jakobson, R. (1963). *Essais de linguistique générale*. Paris : Editions de Minuit.

Janet, P. (1975/1926). *De l'angoisse à l'extase. Etudes sur les croyances et les sentiments.* Paris : Société Pierre Janet et Laboratoire de Psychologie Pathologique de la Sorbonne.

Janoff-Bulman, R. (1992). *Shattered assumptions : Towards a new psychology of trauma*. New York : Free Press.

Jeannerod, M. (1994). The representing brain : Neural correlates of motor intention and imagery. *Behavioral and Brain Sciences, 17*, 187-245.

Jeannerod, M. (1997). *The cognitive neuroscience of action.* Oxford : Blackwell.
Jeanson, P. (1950). *Signification humaine du rire.* Paris : Seuil.
Johnson-Laird, P.N. & Oatley, K. (1989). The language of emotions : An analysis of a semantic field. *Cognition and Emotion, 3,* 2, 81-123.
Johnstone, T. (2001). *The communication of affect through modulation of non-verbal vocal parameters.* Ph.D. Thesis. University of Western Australia.
Johnstone, T., van Reekum, C., Hird, K., Kirsner, K. & Scherer, K.R. (soumis). The effect of manipulated appraisals on voice acoustics. Manuscrit soumis pour publication.
Jolibert, B. (1997). *L'éducation d'une émotion. Trac, timidité, intimidation dans la littérature.* Paris : L'Harmattan.
Juven, P. (2001). La prise en compte des conduites non verbales produites dans l'interaction de vente : méthodologie de transcription des données vidéo. In C. Cavé, I. Guaïtella & S. Santi (Eds), *Oralité et Gestualité. Interactions et comportements multimodaux dans la communication.*
Keller, E. (1994). *Fundamentals of speech synthesis and speech recognition.* Chichester, UK : John Wiley.
Keller, E., Bailly, G., Monaghan, A., Terken, J. & Huckvale, M. (à paraître). *Improvements in speech synthesis.* Chichester, UK : John Wiley.
Kerbrat-Orecchioni, C. (1980). *L'énonciation : de la subjectivité dans le langage.* Paris : Armand Colin.
Kerbrat-Orecchioni, C. (1990). *Les interactions verbales (tome I).* Paris : Armand Colin.
Kerbrat-Orecchioni, C. (1992). *Les interactions verbales (tome II).* Paris : Armand Colin.
Kerbrat-Orecchioni, C. (1994). *Les interactions verbales (tome III).* Paris : Armand Colin.
Kerbrat-Orecchioni, C. (1996). *La conversation.* Paris : Seuil.
Kerbrat-Orecchioni, C. (2000). Quelle place pour les émotions dans la linguistique du xxe siècle? Remarques et aperçus. In C. Plantin, M. Doury & V. Traverso (Eds), *Les émotions dans les interactions.*
Klein, K. & Boals, A. (2001). Expressive writing can increase working memory capacity. *Journal of Experimental Psychology, 130,* 3, 520-533.
Kleinman, S. & Copp, M.A. (1993). *Emotions and Fieldwork.* Newbury Park, CA : Sage.
Knapp, M.L. & Miller, G.R. (1993). *Handbook of interpersonal communication.* London : Sage.
Knez, I. & Kers, C. (2000). Effects of indoor lighting, gender, and age on mood and cognitive performance. *Environment & Behavior, 32,* 6, 817-831.
Korner, A.F. & Grobstein, R. (1966). Visual alertness as related to soothing in neonates : Implication for maternal stimulation and early deprivation. *Child Development, 37,* 867-876.
Korner, A.F. & Thoman, E.B. (1970). Visual alterness in neonates as evoked by maternal care. *Journal of Experimental Child Psychology, 10,* 67-78.
Korner, A.F. & Thoman, E.B. (1972). The relative efficacy of contact and vestibular-proprioceptive stimulation in soothing neonates. *Child Development, 43,* 443-453.
Kövecses, Z. (1988). *The language of love. The semantics of Passion in conversational English.* Toronto : Associated University Press.
Kövecses, Z. (1990). *Emotion concepts.* New York : Springer.
Kreiman, J. & Gerratt, B.R. (1998). Validity of rating scale measures of voice quality. *Journal of the Acoustical Society of America, 104,* 1598-1608.
Labov, W. (1984). Intensity. In D. Schiffrin (Dir.), *Meaning, form, and use in context : Linguistic applications.* Washington : Georgetown University Press.
Laing, R. (1959). *Le moi-divisé.* Paris : Stock.
Lakoff, G. & Johnson, M. (1980). *Metaphors we live by.* Chicago : Chicago University Press.
Lakoff, G. & Johnson, M. (1985). *Les métaphores dans la vie quotidienne.* Paris : Minuit.
Lalo, C. (1949). *Esthétique du rire.* Paris : Flammarion.

Lang, P.J. (1983). Cognition in emotion : Concept and action. In C. Izard, J. Kagan & R. Zajonc (Eds), *Emotion, Cognition, and Behavior*. New York : Cambridge University Press.
Lausberg, H. (1960). *Handbuch der literarischen Rhetorik*. München : Max Hueber.
Lazarus, R.S. (1984). Thoughts on the relations between emotion and cognition. In K.R. Scherer & P. Ekman (Eds), *Approaches to emotions*.
Lazarus, R.S. (1991). *Emotion and adaptation*. New York : Oxford University Press.
Lazarus, R.S., Kanner, A.D. & Folkman, S. (1980). Emotions : A cognitive-phenomenological approach. In R. Plutchik & H. Kellerman (Dir.), *Emotion. theory, research, and experience. Tome 1 : Theories of emotion*. New York : Academic Press.
Le Guern, M. (2000). Les premiers traités des passions en français. In C. Plantin, M. Doury & V. Traverso (Eds), *Les émotions dans les interactions*. CD-Rom.
Leeman, D. (1995). Pourquoi peut-on dire «Max est en colère» mais non «*Max est en peur»? Hypothèses sur la construction «être en». *Langue Française, 105*, 55-69.
Lehman, D., Wortman, C. & Williams, A. (1987). Long-term effects of losing a spouse or child in a motor vehicle crash. *Journal of Personality and Social Psychology, 52*, 218-231.
Leon, P.R. (1970). Systématique des fonctions expressives de l'intonation. Analyse des faits prosodiques. *Studia Phonetica, 3*, 56-71.
Leon, P.R. (1971). Essais de Phonostylistique. *Studia Phonetica, 4*.
Leon, P.R. (1976). De l'analyse psychologique à la catégorisation auditive et acoustique des émotions dans la parole. *Journal de Psychologie, 3-4*, 305-324.
Leventhal, H. (1984). A perceptual-motor theory of emotion. In K.R. Scherer & P. Ekman (Eds), *Approaches to emotions*.
Lewis, M. (1989). Cultural differences in children's knowledge of emotional scripts. In C. Saarni & P.L. Harris (Eds), *Children's understanding of emotion*. Cambridge : Cambridge University Press.
Lewis, M. & Haviland, J.M. (1993). *Handbook of emotions*. New York : Guilford Press.
Lherm, E. (1985). Le rire. Aspects généraux. Rire et psychopathologie infantile. *Mémoire de CES de Psychiatrie*. Clermont Ferrand.
Liberman, A.M. & Mattingly, I.G. (1985). The motor theory of speech perception revised. *Cognition, 21*, 1-36.
Luminet, O. (2002). *Psychologie des émotions. Confrontation et évitement*. Bruxelles : De Boeck Université.
Mac Farlane, A. (1975). Olfaction in the development of social preferences in the human neonate. *Ciba Foundation Symposium, 33*, 103-118.
MacDowell, K.A. & Mandler, G. (1990). Constructions of emotion : Discrepancy, arousal, and mood. *Motivation and Emotion, 13*, 105-124.
Madigan, R., Linton, P. & Johnson, S. (1996). The paradox of writing apprehension. In C. Levy & S. Ransdell (Eds), *The science of writing. Theories, methods, individual differences, and applications*. Mahwah, NJ : Lawrence Erlbaum.
Maingueneau, D. (1999). Ethos, scénographie, incorporation. In R. Amossy (Ed.), *Images de soi dans le discours*. Lausanne : Delachaux et Niestlé.
Malheiros-Poulet, M.E. (2000). L'émotion au quotidien dans le feuilleton brésilien. In C. Plantin, M. Doury & V. Traverso (Eds), *Les émotions dans les interactions*. CD-Rom.
Manstead, A. (1994). Children's understanding of emotion. In J. Russell, J.-M. Fernandez-Dols, A. Manstead & J. Wellenkamp (Eds), *Everyday conceptions of emotions*. Dordrecht : Kluwer.
Marandin, J.M. (1994). La perception syntaxique. *Le langage en images. Recherches linguistiques, X*, 64-91.
Martin, F. (2001). Rôle causal de l'émotion sur l'action : exprimer n'est pas montrer. *Document non publié*.
Martins, D. (1985). Influence des états émotionnels dans les activités de mémorisation, de rappel, d'identification et de production de matériel verbaux. *L'Année Psychologique, 85*, 577-597.

Marty, A. (1908). *Untersuchungen zur Grundlegung der allemeinen Grammatik und Sprachphilosophie*. Halle a. Salle : Niemeyer.
Masten, A.S. (1986). Humor and competence in school-aged children. *Child Development, 57*, 461-473.
Matusmoto, D. (1990). Cultural similarities and differences in display rules. *Motivation and Emotion, 14*, 195-214.
Maury-Rouan, C. (2000). Pourquoi chuchoter quand on parle de chocolats ? Gestion décalée de l'émotion aux plans verbal, vocal et mimo-posturo-gestuel. In C. Plantin, M. Doury & V. Traverso (Eds), *Les émotions dans les interactions*.
Maury-Rouan, C. & Vion, R. (1994). Raconter sa souffrance. Gestion interactive de la tension narrative. In J. Brès (Ed.), *Le récit oral*. Montpellier : Publications de l'Université Paul Valéry.
Maynard, S.K. (1993). *Discourse modality. Subjectivity, emotion and voice in the Japanese language*. Amsterdam : Benjamins.
McDowell, D., O'Neil, R. & Parke, R. (2000). Display rule application in a disappointing situation and children's emotional reactivity : Relations with social competences. *Merril Palmer Quarterly, 46*, 306-324.
Mc Ghee, P.E. (1971). Development of the humor response : A review of the literature. *Psychological Bulletin, 76, 5*, 328-348.
Mc Ghee, P.E. (1972). *The psychology of humor*. New York : Academic Press.
Mc Ghee, P.E. (1977). A model of the origins and early development of incongruity-based humour. In A.J. Chapman & H.C. Foot (Eds), *It's a funny thing, humour*. Oxford : Pergamon Press.
Mc Ghee, P.E. (1980). Development of the sense of humour in childhood : A longitudinal study. In P.E. Mc Ghee & A.J. Chapman (Eds), *Children's humour*. Chichester, UK : Wiley.
Mc Ghee, P.E. (1998). The contribution of humor to children's social development. *Journal of Children in Contemporary Society, 20, 1-2*, 119-134.
McNeill, D. (1992). *Hand and Mind : What gestures reveal about thought*. Chicago : Chicago University Press.
McNeill, D. (2000). *Language and gesture*. Cambridge : Cambridge University Press.
Mead, G.H. (1995/1934). *Geist, Identität und Gesellschaft*. Frankfurt/M. : Suhrkamp.
Meins, E., Fernyhough, C., Fradley, E. & Tuckey, M. (in press). Rethinking maternal sensitivity : Mothers' comments on infants' mental processes predict security of attachment at 12 months. *Journal of Child Psychology and Psychiatry*.
Menahem, R. (1993). La voix et la communication des affects. In B. Rimé & K.R. Scherer (Eds), *Les émotions*.
Mesquita, B. (1993). Cultural variations in emotion : A comparative study of Dutch, Surinamese, and Turkish people in the Netherlands. *Unpublished doctoral dissertation*. University of Amsterdam.
Milner, J.C. (1989). *Introduction à une science du langage*. Paris : Seuil.
Minsky, M. (1984). Jokes and the logic of the cognitive unconscious. In L. Vaina & J. Hintikka (Eds), *Cognitive constraints on communication : Representations and processes*. Dordrecht : Reidel.
Mitchell, G.W. & Glickman, A.S. (1977). Cancer patients : Knowledge and attitude. *Cancer, 40*, 61-66.
Moeschler, J. (1985). *Argumentation et conversation*. Paris : Hatier.
Mook, D.G. (1996). *Motivation : The organization of action*. New York : Norton.
Moscovici, S. (1994). *Psychologie sociale des relations à autrui*. Paris : Nathan.
Mosegaard-Hansen, M.B. (1998). *The function of discourse particles. A study with special reference to spoken standard French*. Amsterdam : Benjamins.
Mulligan, K. (1995). Le spectre de l'affect inversé et l'espace des émotions. *Raisons pratiques, 6*. Paris : EHESS.
Murray, E.J. & Segal, D.L. (1994). Emotional processing in vocal and written expression of feelings about traumatic experiences. *Journal of Traumatic Stress, 7*, 391-405.

Nahas, M. & Huitric, H. (1999). Synthesis of faces : A tool for experiments on facial expressions. *European Review of Applied Psychology*, 49, 141-149.
Nelson, K. (1993). The psychological and social origins of autobiographical memory. *Psychological Science*, 4, 1-24.
Núñez, R. (1997). Eating soup with chopsticks : Dogmas, difficulties and alternatives in the study of conscious experience. *Journal of Consciousness Studies*, 4, 2, 143-166.
Núñez, R. (1999). Could the future taste purple ? Reclaiming mind, body, and cognition. *Journal of Consciousness Studies*, 6, 41-60.
Ochs, E. & Schieffelin, B. (1989). Language has a heart. *Text*, 9, 1, 7-25.
Ortony, A., Clore, G.L. & Foss, M.A. (1987). The referential structure of the affective lexicon. *Cognitive Science*, 11, 341-364.
Owen, M.J. & Bachorowski, J.A. (2000). The evolution of emotional expression : A « selfish-gene » account of smiling and laughter in early hominids and humans. In T.J. Mayne & G.A. Bonanno (Eds), *Emotions : Current issues and future directions*. New York : Guilford.
Panksepp, J. (1998). *Affective neuroscience*. Oxford : Oxford University Press.
Paradis, R. & Vitaro, F. (1999). Les enfants rejetés par leurs pairs. *Enfance*, 4, 363-378.
Parkes, C.M. (1972). *Bereavement : Studies of grief in adult life*. London : Tavistock Publications.
Parret, H. (1993). *Temps et discours*. Louvain : Presses Universitaires de Louvain.
Pascual-Marqui, R.D., Michel, C.M. & Lehmann, D. (1995). Segmentation of Brain Electrical Activity into Microstates : Model Estimation and Validation. *IEEE Transactions on Biomedical Engineering*, 42, 658-665.
Peng, M., Johnson, C., Pollock, J., Glasspool, R. & Harris, P.L. (1992). Training young children to acknowledge mixed emotions. *Cognition and Emotion*, 6, 387-401.
Pennebaker, J.W. (1989). Confession, inhibition, and disease. In L. Berkowitz (Ed.), *Advances in experimental social psychology (Vol. 22)*. New York : Academic Press.
Pennebaker, J.W. & Beall, S.K. (1986). Confronting a traumatic event : Toward an understanding of inhibition and disease. *Journal of Abnormal Psychology*, 95, 274-281.
Pennebaker, J.W. & Francis, M. (1996). Cognitive, emotional, and language processes in disclosures. *Cognition and Emotion*, 10, 601-626.
Pennebaker, J.W. & Harber, K.D. (1993). A social stage model of collective coping : The Loma Prieta earthquake and the Persian Gulf war. *Journal of Social Issues*, 49, 125-145.
Pennebaker, J. W., Zech, E. & Rimé, B. (2001). Disclosing and sharing emotion : Psychological, social and health consequences. In M. Stroebe, W. Stroebe, R.O. Hansson & H. Schut (Eds), *New handbook of bereavement : Consequences, coping, and care*. Washington : American Psychological Association.
Pessis-Pasterman, G. (1985). Le savoir rire. Entretien avec J. Duvignaud. *Magazine Littéraire*, 220.
Peterson, C. & Siegal, M. (1995). Deafness, conversation and theory of mind. *Journal of Child Psychology and Psychiatry*, 36, 459-474.
Peterson, C. & Siegal, M. (1999). Representing inner worlds : Theory of mind in autistic, deaf and normal hearing children. *Psychological Science*, 10, 126-129.
Philippot, P. & Schaefer, A. (2000). Emotion and memory. In T.J. Mayne & G.A. Bonanno (Eds), *Emotions : Current issues and future directions*. New York : Guilford.
Picard, D. (1995). *Les rituels du savoir-vivre*. Paris : Seuil.
Piolat, A., Denhière, G., David, L., Fasce, N. & Maïs, C. (1986). Restitution orale ou écrite d'un récit lu, entendu ou présenté en images. *Bulletin de Psychologie*, 39, 407-417.
Plantin, C. (1990). *Essais sur l'argumentation*. Paris : Kimé.
Plantin, C. (1997a). L'argumentation dans l'émotion. *Pratiques*, 96, 81-100.
Plantin, C. (1997b). Les raisons des émotions. In M. Bondi (Ed.), *Forms of argumentative discourse*. Bologne : CLUEB.

Plantin, C. (1998). Techniques de l'indignation. *Communication au panel « Polylogue », IPrA Conference, Reims.*
Plantin, C. (1999a). Arguing emotions. In F. van Eemeren & al., *Proceedings of the Fourth International Conference of the International Society for the Study of Argumentation.*
Plantin, C. (1999b). La construction rhétorique des émotions. In E. Rigotti (Ed.), *Rhetoric and argumentation, Proceedings of the IADA International Conference.* Lugano.
Plantin, C, Doury, M. & Traverso, V. (2000). *Les émotions dans les interactions.* Livre et CD-Rom. Presses Universitaire de Lyon.
Plutchik, R. (1984). Emotions : A general psycho-evolutionary theory. In K.R. Scherer & P. Ekman (Eds), *Approaches to emotion.*
Pons, F. & Doudin, P.-A. (2000). Niveaux de conscience et développement : entre métacognition et métaémotion. In C. Vogel & E. Thommen (Eds), *Lire les passions.* Berne : Peter Lang.
Pons, F., Doudin, P.-A., Harris, P. & de Rosnay, M. (2002). Métaémotion et intégration scolaire. In L. Lafortune & P. Mongeau (Eds), *L'affectivité dans l'apprentissage.* Saint-Foy : Presses de l'Université du Québec.
Pons, F., Harris, P. & Doudin, P.-A. (sous presse). Teaching emotion understanding. *European Journal of Psychology of Education, 17.*
Pons, F., Harris, P.L. & de Rosnay, M. (2000). La compréhension des émotions chez l'enfant. *Psychoscope, 21,* 29-32.
Pons, F., Harris, P.L. & de Rosnay, M. (soumis). A Test of emotion comprehension (TEC) for children between 3 and 11 years : Developmental periods and hierarchical organisation.
Pons, F., Lawson, J., Harris, P. & de Rosnay, M. (sous presse). Individual differences in children's emotion understanding : Effects of age and language. *Scandinavian Journal of Psychology.*
Popper, K. R. (1997). *Toute vie est résolution de problèmes. Questions autour de la connaissance de la nature.* Paris : Actes Sud.
Power, M. & Dalgleish, T. (1997). Cognition and emotion : From order to disorder. Mahwah, NJ : Erlbaum.
Pribram, K.H. (1981). Emotions. In S.B. Filskov & T.J. Boll (Eds), *Handbook of clinical neuropsychology.* New York : Wiley.
Proceedings of the First International Conference on Speech Prosody, Aix-en-Provence, 11-13 avril 2002.
Proceedings of the ISCA Workshop on Speech and Emotion, Newcastle, Northern Ireland, sept. 5th-7th, 2000.
Proust, J. (1999). De l'attribution des intentions d'agir à l'attribution des croyances : pour une théorie « motrice » de la simulation. *Psychologie Française.*
Puustinen, M. & Winnykamen, F. (1998). Influence du sentiment d'auto-efficacité dans la demande d'aide chez des enfants de 8-9 ans. *Enfance, 2,* 173-188.
Quintilien (1976). *Institution oratoire.* (Texte établi par J. Cousin). Paris : Les Belles-Lettres.
Reboul, A. (1991). Le plaisir dans la langue : les formes linguistiques de la jubilation. *Cahiers de Linguistique Française, 12,* 127-152.
Reese, E. & Fivush, R. (1993). Parental styles of talking about the past. *Developmental Psychology, 29,* 596-606.
Reese, E., Haden, C.A. & Fivush, R. (1993). Mother-child conversations about the past : Relationships of style and memory over time. *Cognitive Development, 8,* 403-430.
Rigoli, J. (2001). *Lire le délire. Aliénisme, rhétorique et littérature en France au XIXe siècle.* Paris : Fayard.
Rimé, B. (1987). Le partage social des émotions. *Paper presented at the Symposium on Social Psychology and the Emotions, Maison des Sciences de l'Homme, Paris.*
Rimé, B. (1989). Le partage social des émotions. In B. Rimé & K.R. Scherer (Eds), *Les émotions.*

Rimé, B. (1999). Expressing emotion, physical health, and emotional relief : A cognitive social perspective. *Advances in Mind-Body Medicine, 15*, 175-179.

Rimé, B., Finkenauer, C., Luminet, O., Zech, E. & Philippot, P. (1998). Social sharing of emotion : New evidence and new questions. *European Review of Social Psychology, 9*, 145-189.

Rimé, B., Mesquita, B., Philippot, P. & Boca, S. (1991a). Beyond the emotional event : Six studies on the social sharing of emotion. *Cognition and Emotion, 5*, 435-65.

Rimé, B., Noël, M.P. & Philippot, P. (1991b). Episode émotionnel, réminiscences mentales et réminiscences sociales. *Cahiers Internationaux de Psychologie Sociale, 11*, 93-104.

Rimé, B., Philippot, P., Boca, S. & Mesquita, B. (1992). Long-lasting cognitive and social consequences of emotion : Social sharing and rumination. *European Review of Social Psychology, 3*, 225-258.

Rimé, B., Philippot, P. & Cisamolo, D. (1990). Social schemata of peripheral changes in emotion. *Journal of Personality and Social Psychology, 59*, 38-49.

Rimé, B. & Scherer, K.R. (1993a). *Les émotions*. Neuchâtel : Delachaux et Niestlé.

Rimé, B. & Scherer, K.R. (1993b). Introduction. In B. Rimé & K.R. Scherer (Eds), *Les émotions*.

Rimé, B., Yogo, M. & Pennebaker, J.W. (1996). Social sharing of emotion across cultures. *Unpublished raw data*.

Rimé, B., Zech, E., Finkenauer, C., Luminet, O. & Dozier, S. (1996). Different modalities of sharing emotions and their impact on emotional recovery. *Poster session presented at the 11th General Meeting of the European Association for Experimental Social Psychology, Gmunden, Austria*.

Rizzolatti, G. et al. (1995). Premotor cortex and the recognition of motor actions. *Cognitive Brain Research*.

Robin, M. (1981). Premiers regards, premiers échanges. *Les cahiers du nouveau né : L'aube des sens*. Paris : Stock.

Robson, K.S. (1967). The role of eye contact in maternal-infant attachment. *Journal of Child Psychology and Psychiatry, 8*, 13-25.

de Rosnay, M. & Harris, P.L. (soumis). Individual differences in children's understanding of emotion : The role of attachment.

Ross, B. (1969). *The communication of emotions*. New York : Guilford Press.

Ross, E.D. (1981). The aprosodias : Functional-anatomic organization of the affective components of language in the right hemisphere. *Annals of Neurology, 38*, 561-589.

Roulet, E. (1999a). *La description de l'organisation du discours*. Paris : Didier.

Roulet, E. (1999b). Une approche modulaire de la complexité de l'organisation du discours. In J.M. Adam & H. Nølke (Eds), *Approches modulaires : De la langue au discours*. Lausanne : Delachaux et Niestlé.

Roulet, E. et al. (1985). *L'articulation du discours en français contemporain*. Berne : Peter Lang.

Roustang, F. (1988). Comment faire rire un paranoïaque ? In *Quatre essais sur le rire, Critique*, janv.-févr., 488-489.

Russell, J.A. (1989). Culture, scripts, and children's understanding of emotion. In C. Saarni & P.L. Harris (Eds), *Children's understanding of emotion*. Cambridge : Cambridge University Press.

Russell, J.A. & Fernandez-Dols, J.M. (1997). *The psychology of facial expression*. Cambridge : Cambridge University Press.

Russell, J.A., Fernandez-Dols, J.M., Manstead, A.S.R. & Wellenkamp J.C. (1995). *Everyday conceptions of emotions. An introduction to the psychology, anthropology and linguistics of emotion*. Doordrecht, The Netherlands : Kluwer.

Ruwet, N. (1995). Etre ou ne pas être un verbe de sentiment. *Langue Française, 103*, 45-55.

Saarni, C., Mumme, D. & Campos, J. (1998). Emotional development : Action, communication, and understanding. In W. Damon (Series Ed.) & N. Eisenberg (Ed.), *Handbook of child psychology : Vol. 3. Social, emotional and personnality development*. New York : John Wiley.

Sangsue, J. & Scherer, K.R. (2000). Verbalisation émotionnelle et bien-être physique et psychique de l'adolescent. In C. Plantin, M. Doury & V. Traverso (Eds), *Les émotions dans les interactions*. CD-Rom.

Sanna, L.J. (1998). Defensive pessimism and optimism : The bitter-sweet influence of mood on performance and prefactual and counterfactual thinking. *Cognition and Emotion, 12*, 635-665.

Santi, S., Guaïtella, I., Cavé, C. & Konopczynski, G. (1998). *Oralité et gestualité. Communication multimodale, interaction*. Paris : L'Harmattan.

Schaal, B., Hertling, E., Montagner, H. & Quichon, R. (1981). Le rôle des odeurs dans la genèse de l'attachement mutuel entre la mère et l'enfant. *Les cahiers du nouveau né : L'aube des sens*. Paris : Stock.

Schegloff E., (1982). Discourse as an interactional achievement : Some uses of « uh huh » and other things that come between sentences. In D. Tannen (Dir.), *Analysing discourse : Text and talk*. Washington : Georgetown University Press.

Scherer, K.R. (1978). Personality inference from voice quality : The loud voice of extroversion. *European Journal of Social Psychology, 8*, 467-487.

Scherer, K.R. (1984a). Les émotions : fonctions et composantes. *Cahiers de Psychologie Cognitive, 4*, 9-39.

Scherer, K.R. (1984b). On the nature and function of emotion : A component process approach. In K.R. Scherer & P. Ekman (Eds), *Approaches to emotion*. Hillsdale, NJ : Erlbaum.

Scherer, K.R. (1986). Vocal affect expression : A review and a model for future research, *Pychological. Buletin, 99*, 143-165.

Scherer, K.R. (1989). Vocal correlates of emotion. In : H. Wagner & A. Manstead (Eds), *Handbook of psychophysiology : Emotion and social behavior*. London : Wiley.

Scherer, K.R. (1996). Emotion. In M. Hewstone *et al*. (Eds), *Introduction to social psychology. A european perspective*. Oxford, UK : Blackwell Publishers.

Scherer, K.R. (2000). Emotions as episodes of subsystem synchronization driven by nonlinear appraisal processes. In M. Lewis & I. Granic (Eds) *Emotion, development, and self-organization*. Cambridge : Cambridge University Press.

Scherer, K.R. (2001). Appraisal Considered as a Process of Multilevel Sequential Checking. In : K.R. Scherer, A. Schorr & T. Johnstone (Eds), *Appraisal Processes in Emotion*. New York, Oxford University Press.

Scherer, K.R. & Ekman, P. (1984). *Approaches to emotions*. Mahwah, NJ : Lawrence Erlbaum.

Scherer, K.R., Schorr, A. & Johnstone, T. (2001). *Appraisal processes in emotion : Theory, methods, research*. New York : Oxford University Press.

Scherer, K.R., Wallbott, H.G. & Summerfield, A.B.(1986). *Experiencing emotion. A cross-cultural study*. Cambridge : Cambridge University Press.

Scherer, K.R & Zei, B. (1989). La voix comme indice affectif. *Revue Médicale de la Suisse Romande, 109*, 61-66.

Schlieben-Lange, B. (1983). Vom Glück der Konversation. *LiLi, 13*, 141-156.

Schneider, B. (2002). *Emotions, interactions et développement*. Paris : L'Harmattan.

Schoenberg, B., Carr, A.C., Peretz, D., Kutscher, A.H. & Cherico, D.J. (1975). Advice of the bereaved for the bereaved. In B. Schoenberg, I. Gerber, A. Wiener, A.H. Kutscher, D. Peretz & A.C. Carr (Eds), *Bereavement : Its psychological aspects*. New York : Columbia University Press.

Searle, J.R. (1982). *Sens et expression. Études de théorie des actes de langage*. Paris : Éditions de Minuit.

Searle, J.R. (1985). *L'Intentionalité. Essai de philosophie des états mentaux*. Paris : Éditions de Minuit.

Searle, J.R. & Vanderveken, D. (1985). *Foundations of illlocutionary logic*. Cambridge : Cambridge University Press.
Shaver, P., Schwartz, J., Kirson, D. & O'Connor, L. (1987). Emotion knowledge : Further exploration of a prototype approach. *Journal of Personality and Social Psychology, 52*, 1061-1086.
Sherman, L.W. (1985). Humor and social distance. *Perceptual and Motor Skills, 61*, 1274.
Shields, S.A. (1984). Reports of bodily change in anxiety, sadness, and anger. *Motivation and Emotion, 8*, 1-21.
Shrout, P.E. & Flies, J.L. (1979). Intraclass correlations : Uses in assessing rater reliability. *Psychological Bulletin, 86*, 420-428.
Shultz, T.R. (1972). The rôle of incongruity and its resolution in children's appreciation of cartoon humor. *Journal of Experimental Child Psychology, 13*, 460-477.
Silver, R. & Wortman, C. (1980). Coping with undesirable life events. In J. Garber & M.E.P. Seligman (Eds), *Human Helplessness*. New York : Academic Press.
Simon, A. C. & Auchlin, A. (2001). Les hors-phase de la prosodie. In C. Cavé, I. Guaïtella & S. Santi (Eds), *Oralité et Gestualité. Interactions et comportements multimodaux dans la communication*.
Sinclair, R.C., Soldat, A.S. & Mark, M.M. (1998). Affective cues and processing strategy : Color coded examination forms influence performance. *Teaching of Psychology, 25*, 130-132.
Singh-Manoux, A. (1998). Partage social des émotions et comportements adaptatifs des adolescents : une perspective interculturelle. *Thèse de doctorat non publiée*. University of Paris X-Nanterre, France.
Singh-Manoux, A. & Finkenauer, C. (2001). Cultural variations in social sharing of emotions an intercultural perspective. *Journal of Cross-Cultural Psychology, 32*, 647-661.
Smith, B. (1999). Les objets sociaux. *Philosophiques, 26*, 2.
Smyth, J.M. (1998). Written emotional expression : Effect sizes, outcome types, and moderating variables. *Journal of Consulting and Clinical Psychology, 66, 1*, 174-184.
Snyders, G. (1986). *La joie à l'école*. Paris : PUF.
Sodian, B. (1990). Understanding verbal communication : Children's ability to deleberately manipulate ambiguity in referential messages. *Cognitive Development, 5*, 209-222.
Soldat, A.S., Sinclair, R.C. & Mark, M.M. (1997). Color as an environmental processing cue : External affective cues can directly affect processing strategy whithout affecting mood. *Social Cognition, 15*, 55-71.
Solomon, R. C. (1993). *The Passions. Emotions and the meaning of life*. Indianapolis : Hackett.
Sorsana, C. (1996). Relations affinitaires et co-résolution de problème : analyse des interactions entre enfants de six-huit ans. *Interaction et Cognitions, 1, 2-3*, 263-291.
Sorsana, C. (1999). *Psychologie des interactions sociocognitives*. Paris : Armand Colin.
Stankiewicz, E. (1964). Problems of emotive language. In T.A. Sebeok, A.S. Hayes & M.C. Bateson (Dir.), *Approaches to semiotics*. The Hague : Mouton.
Steele, H., Steele, M., Croft, C. & Fonagy, P. (1999). Infant-mother attachment at one year predicts children's understanding of mixed emotions at six years. *Social Development, 8*, 161-178.
Stein, N.L. & Levine, L.J. (1990). Making sense out of emotion : The representation and use of goal-structured knowledge. In N.L. Stein, B. Leventhal & T. Trabasso (Eds), *Psychological and biological approaches to emotions*. Hillsdale, NJ : Lawrence Erlbaum.
Stendhal, H. (1820). *De l'amour*. Paris : Verda.
Stern, D. (1981). *Mère et enfant : les premières relations*. Bruxelles : Mardaga.
Stern, D. (1989). *Le monde interpersonnel du nourrisson*. Paris : PUF.
Stork, H. (1993). *Les rituels du coucher de l'enfant, variations culturelles*. Paris : ESF.
Stroumza, K. & Auchlin, A. (1997). L'étrange polyphonie du texte d'apprenti rédacteur. *Cahiers de Linguistique Française, 19*, 267-304.

Sydor, G. & Philippot, P. (1996). Prévalence des symptômes de stress post-traumatique et intervention de prévention secondaire suite a une catastrophe humanitaire. *Revue Européenne de Psychologie Appliquée, 46,* 269-276.
Tait, R. & Silver, R.C. (1989). Coming to term with major negative life events. In J.S. Uleman & J.A. Bargh (Eds), *Unintended Thought.* New York : The Guilford Press.
Tappolet, C. (2000). *Emotions et valeurs.* Paris : PUF.
Teasdale, J.D. & Barnard, P. (1993). *Affect, cognition, and change.* Mahwah, NJ : Erlbaum.
Terken, J.M.B. (1991). Production and perception of prosodic prominence. *Actes du 12ᵉ ICPhS. Vol. 1.* Aix-en-Provence.
Terwogt, M.M., & Hoeksma, J.B. (1995). Colors and emotions. Preference and combinations. *Journal of General Psychology, 122, 1,* 5-17.
Thollon-Behar, M.P. (1997). *Avant le langage, communication et développement cognitif du petit enfant.* Paris : L'Harmattan.
Titchner, E.B. (1909). *Lectures on the elementary psychology of feeling and attention.* New York : Macmillan.
Tomasello, M. (1999). *The cultural origins of human cognition.* Cambridge, MA : Harvard University Press.
Tomkins, S.S. (1962). *Affect, imagery, consciousness : Vol. 1. The positive affect.* New York : Springer.
Tomkins, S.S. (1963). *Affect, imagery, consciousness : Vol. 2. The negative affects.* New York : Springer.
Traverso, V. (1996). *La conversation familière.* Lyon : Presses Universitaires de Lyon.
Traverso, V. (1999). *L'analyse des conversations.* Paris : Nathan-Université.
Traverso, V. (2000). Les émotions dans la confidence. In C. Plantin, M. Doury & V. Traverso (Eds), *Les émotions dans les interactions.*
Trognon, A. (1982). Analyse interlocutoire. *Connexion, 38.*
Trognon, A. (1999). Eléments d'analyse interlocutoire. In M. Gilly, J.P. Roux & A. Trognon, *Apprendre dans l'interaction. Analyse des médiations sémiotiques.* Aix-en-Provence et Nancy : Presses de l'Université de Provence et Presses Universitaires de Nancy.
Trognon, A. & Brassac, C. (1992). L'enchaînement conversationnel. *Cahiers de Linguistique Française, 13,* 76-107.
Turner, J.C., Hogg, M.A., Turner, P.J. & Smith, P.M. (1984). Failure and defeat as determinants of group cohesiveness. *British Journal of Social Psychology, 23,* 97-111.
Ulich, D. (1989). *Das Gefühl. Eine Einführung in die Emotionspsychologie.* München : Psychologie Verlags Union.
Ungerer, F. (1995). Emotions and emotional language in English and German news stories. In S. Niemeyer & R. Dirven (Eds), *The language of emotion.* Amsterdam : John Benjamins.
Valdez, P. & Mehrabian, A. (1994). Effects of color on emotions. *Journal of Experimental Psychology : General, 123, 4,* 394-409.
Van der Straten, A. (1991). *Premiers gestes, premiers mots.* Paris : Le Centurion.
Varela, F. (1996). *Quel savoir pour l'éthique ?* Paris : La Découverte.
Verschueren, J. (1998). *Pragmatics in 1998 : Selected papers from the 6th International Pragmatics Conference.* Anvers : IPrA.
Victoroff, D. (1953). *Le rire et le risible. Introduction à la psycho-sociologie du rire.* Paris : PUF.
Vinter, A. (1987). *L'imitation chez le nouveau-né.* Neuchâtel : Delachaux et Niestlé.
Vion, R. (1992a). Modalisation, tension et construction de la référence. In *GRAL, Papier de travail,* n° 3. Aix-en-Provence : Publications de l'Université de Provence.
Vion, R. (1992b). *La communication verbale. Analyse des interactions.* Paris : Hachette.
Vion, R. (1998a). La mise en scène énonciative des discours. In B. Caron (Ed.), *Proceedings of the 16th International Congress of Linguists.* CD-Rom. Oxford : Elsevier Science.

Vion, R. (1998b). De l'instabilité des positionnements énonciatifs dans le discours. In J. Vershueren (Ed.), *Pragmatics in 1998. Selected papers from the 6th International Pragmatics Conference.*

Vion, R. (2001). Les activités de recadrage dans le déroulement discursif. In E. Németh (Ed.), *Pragmatics in 2000 : Selected papers from the 7th International Pragmatics Conference, Vol. 2.* Antwerp : IPrA.

Volek, B. (1990). Emotive semantics and semiotics. *Grazer Linguistische Studien, 33/34*, 327-347.

Waal (de), F. (1982). *Chimpanzee politics.* London : Jonathan Cape.

Wallon, H. (1954). *Les origines du caractère.* Paris : PUF.

Watzlawick, P., Helmick Beavin, J. & Jackson, D.D. (1972). *Une logique de la communication.* Paris : Seuil.

Wellman, H.M., Harris, P.L., Banerjee, M. & Sinclair, A. (1995). Early understandings of emotion : Evidence from natural language. *Cognition and Emotion, 9,* 117-149.

Wierzbicka, A. (1973). The semantic structure for emotion words. In R. Jacobson, C.H. van Schooneveld & D.S. Worth (Eds), *Slavic poetics.* The Hague : Mouton.

Wierzbicka, A. (1999). *Emotions across language and culture : Diversity and universals. Studies in emotion and social interaction.* Cambridge : Cambridge University Press.

Wierzbicka, A. (s.d.). *The relevance of language to the study of emotion.*

Williams, C.E. & Stevens, K.N. (1972). Emotions and speech : Some acoustical correlates. *Journal of the Acoustical Society of America, 52, 4/2,* 1238-1250.

Wittgenstein, L. (1963). *Tractatus logico-philosophicus. Logisch-philosophische Abhandlung.* Frankfurt/M. : Suhrkamp.

Wolff, P.H. (1969). The natural history of crying and other vocalizations in early infancy. In B. Foss, *Determinants of infant behavior, tome IV.* London : Methuen.

Wolff, P.H. (1987). *The development of behavior states and the expression of emotions in early infancy.* Chicago : University of Chicago Press.

Wundt, W. (1973/1921). *The language of gesture.* The Hague : Mouton.

Yankélévitch, V. (1964). *L'ironie ou la bonne conscience.* Paris : Flammarion.

Yessouroun, R. (1996). Le vécu pédagogique pendant la dissertation. *Thèse de doctorat.* Université de Genève.

Yogo, M. & Onoué, K. (1998). The social sharing of emotion among Japanese students. *Poster session presented at ISRE '98, The Biannual conference of the International Society for Research on Emotion. Wuerzburg, Germany.*

Yuill, N. (1984). Young children's coordination of motive and outcome in judgements of satisfaction and morality. *British Journal of Developmental Psychology, 2,* 73-81.

Zajonc, R.B. (1984) On primacy of affect. In K.R. Scherer & P. Ekman, *Approaches to emotions.*

Zech, E. (2000). The effects of the communication of emotional experiences. *Unpublished doctoral dissertation.* University of Louvain, Faculty of Psychology, Belgium.

Zech, E. (2001). Laypeople's beliefs about the intra- and interpersonal effects of social sharing : A preliminary investigation of the belief that «talking helps»? *Manuscript submitted for publication.* University of Louvain, Louvain-la-Neuve, Belgium.

Zech, E. & Rimé, B. (2001). Verbal expression of emotional experiences : Effects on emotional recovery and perceived benefits. *Manuscript submitted for publication.* University of Louvain, Louvain-la-Neuve, Belgium.

Zei, B. (1995). Au commencement était le cri. Note sur la voix humaine, son importance et ses infinies subtilités. *Le Temps Stratégique,* 96-103.

Ziv, A. & Diem, J.M. (1987). *Le sens de l'humour.* Paris : Bordas.

Table des matières

Les émotions : une problématique pluri et inter-disciplinaire............. 5
J.-M. Colletta et A. Tcherkassof

PREMIÈRE PARTIE
L'APPROCHE PSYCHOLOGIQUE ET COGNITIVE DES ÉMOTIONS

Passions : l'émotion comme motivation 15
N.H. Frijda

Emotions, expressions faciales et primitives iconiques 33
M. de Bonis et D. Lioussine

L'étude de l'expression vocale des émotions : mise en évidence
de la dynamique des processus affectifs.. 39
K.R. Scherer, T. Bänziger et D. Grandjean

Les deux voies de communication de l'émotion (en situation
d'interaction de face à face) 59
J. Cosnier

L'impact des émotions : approche cognitive et sociale 69
B. Rimé et G. Herbette

La verbalisation des expériences émotionnelles :
effets sur la récupération émotionnelle et les bénéfices perçus 85
E. Zech

Partage social des émotions et cohésion de groupe 91
M. Espitalier, A. Tcherkassof et F. Delmas

DEUXIÈME PARTIE
LES ÉMOTIONS DANS LA LANGUE, LA PAROLE, LE DISCOURS ET L'INTERACTION

Structures verbales de l'émotion parlée et de la parole émue.............. 97
C. Plantin

Est-on honteux quand on est honteux pour autrui ?
Les émotions normatives : analyse sémantique de la construction
« être Ψ pour NP humain » 131
F. Martin

Compétence discursive et co-occurrence d'affects : « blends expérentiels »
ou (con)fusion d'émotions ?.. 137
A. Auchlin

Expression et gestion des émotions dans les interactions verbales....... 153
R. Vion

La mise en mots de la douleur.. 159
C. Maury-Rouan et B. Priego-Valverde

La dimension interactive de l'investissement affectif............................ 165
M. Drescher

Empathie et échoïsation : le contrôle des émotions comme stratégie
commerciale... 173
M.-C. Lorenzo-Basson

Du cri au discours expressif : une approche généalogique de l'expression
des émotions... 181
E. Danblon

Subjectivité et émotion dans la prosodie de parole et du chant :
espace, coordonnées et paramètres... 187
G. Caelen-Haumont et B. Bel

La place de l'émotion dans l'argumentation et son expression
dans l'interaction de vente : une étude de cas....................................... 197
P. Juven

TROISIÈME PARTIE
LES ÉMOTIONS CHEZ L'ENFANT

Perspectives actuelles sur le développement de la compréhension
des émotions chez l'enfant... 209
P.L. Harris et F. Pons

Compétences humoristiques et compétences sociales chez des enfants
de 8-10 ans... 229
C. Garitte et F. Legrand

Effet d'une couleur gaie et triste sur l'usage du lexique émotionnel
par des enfants de 11 ans lors de la rédaction d'un récit.................... 235
A. Piolat et A. Gombert

Parce qu'on peut mourir de rire... Le cas d'Anna................................ 249
E. Auriac-Peyronnet

Apaiser quels bébés et comment ?... 259
M. Hubin-Gayte

Références bibliographiques générales... 267